佐々木荘助
近代物流の先達

――飛脚から陸運の政商へ

松田裕之

佐々木荘助　近代物流の先達

――飛脚から陸運の政商へ

目次

はじめに　5
《凡例》　17
《基本用語説明》　18

I　佐々木荘助の誕生　21
その生い立ち　21／下妻の歴史と風土　28／荘助の巣立ち　37

II　飛脚問屋の幕末維新　50
飛脚という事業《ビジネス》　50／幕末動乱と宿駅制度　63／駅逓改革から郵便創業へ　71

III　陸運独占への道のり　84
駅逓司の攻勢　84／官民棲み分け体制　95／駆け引きの舞台裏　109

Ⅳ　佐々木荘助の事業戦略　119
陸運の政商へ　119／真誠講の創設　134／川蒸気・通運丸の運航　153

Ⅴ　陸運の政商が遺したもの　179
保護喪失と鉄道　179／競争激化と社内対立　196／近代企業の創成　221

あとがき　237

註一覧　249
図版出典一覧　285
参考文献一覧　291
佐々木荘助君之碑撰文・訓読　302
佐々木荘助略年譜　305

装幀／滝口裕子

はじめに

今日、情報通信技術（Information Communication Technology：ＩＣＴ）にともなって加速するグローバル化の進展が、供給側から需要側に物財を送り届ける経済活動＝物流を不断に高度化させている。これは本来、大量の物財をある地点から別の地点に長距離移動させる一次輸送と、小口の物財を特定地点から近・中距離の複数地点に送り届ける二次輸送から成り、いずれの在り方も空間と時間の制約を受けてきた。

空間の制約とはすなわち、物財を移動させる範囲にかかわるもので、その克服には輸送システムの改革が必要となる。時間の制約とは物財を移動させる速度の問題であり、その解決は運搬技術の発展に依存する。

我が国の場合、物財の輸送範囲を拡げながら輸送に要する時間を短縮するという、相反する課題の克服にむけた取り組みは、太古の昔より営々と続けられてきたが[1]、とりわけ貨幣経済の浸透が物財の流通範囲を急速に拡張しはじめた江戸中期以降、為政者や商業者の意識するところとなった。

もっとも、中央政権たる徳川幕府とその支配統制下にある各地の大名領＝藩が全国を統治する幕藩体制下では、そうした取り組みにもおのずと限界があった。物財の移動は、陸上が道中奉行の管轄する五街道を中心に、勘定奉行の支配下に置かれた脇往還や各大名領に形成された城下町を起点とする地方街道によって、また水上が近海航路や河川舟運によってそれぞれおこなわれ、その速度は人足の脚力や駄馬《だば》の持久力、川や潮の流れ、風の強弱に左右されたからだ。

そんな状況に大きな転機が訪れたのは、幕末維新の動乱を経て成立した明治政府が近代的な中央集権国家の確立に踏みだしたとき。政治・経済活動を支える社会基盤《インフラストラクチュア》、就中《なかんずく》、通信・輸送体系の刷新が行政上喫緊《きっきん》の課題として浮上したのである。

ここで、通信と輸送が密接な相互関係にあることは、ICTにかかわるイノベーションが既存の物流システムを根底から揺るがしている昨今の情勢に照らしても自明であろう。いわゆるインターネットによるオンライン型商品取引が小売市場を席巻するなかで、物流の中核をになう運輸事業もまた重大な岐路に立たされている。

このような状況の原風景はしかし、いまを去ること一五〇年前に描かれていた。封建支配を脱して近代化へと歩みはじめた新生日本は、先進欧米からふたつのICTを移入する。ひとつは符号《コード》化した情報を電気エネルギーを活用して伝送する電信。もうひとつは人手による書状送達網の全国的展開をめざした郵便。

いずれも遠距離間での意志疎通《コミュニケーション》にかかわるイノベーションであったが、既存の通信と輸送の関係に対して最も直接的に変革をせまったのは、いうまでもなく書状という情報媒体の輸送を基調とした後者である。

明治政府は中央集権化に不可欠な社会基盤のひとつとして欧米式の郵便制度を導入しようとするが、それは取りも直さず、旧来は輸送体系のなかに一体化されてきた書状送達という遠距離間の通信機能を政府主導のもとで独立の体系として整備することでもあった。

けれども、その推進にあたって、政府はいわゆる飛脚問屋との関係に頭を悩ませる。じつは彼らこそ、江戸期をつうじて主要街道の宿駅に常備された人馬を特権的に利用し、書状をはじめ金銀や為替、そして商貨と小荷物の送達を請け負ってきた民間輸送業者なのだ。

政府による郵便創業は、公・私両用の書状送達に従事し、「国用弁理之家業《こくようべんりのかぎょう》（公的利便に役立つ事業）」を自負してきた飛脚問屋にとって、大きな脅威となった。まさに民業圧迫の嚆矢《こうし》であり、明治一五（一八八二）年に歌川芳藤《よしふじ》（一八二八〜八七）の描いた風刺錦絵『開化旧弊興廃《かいかきゅうへいこうはい》くらべ』（図版1）は、それを見事に擬人化している。

右の絵の円で囲んだ部分を拡大すると、郵便は頭部に明治五（一八七二）年制定の緑色柱箱型ポストを戴《いただ》き、上衣の両袖口とズボンの両脇に朱線が入った制服をまとう。左手に持っているのは封じ文を挟んだ竹竿で、足蹴にした飛脚から奪い取ったものだ。かたや膝を屈した飛脚の頭部は鈴をつけた担《にな》い箱1。両者のあいだには「ゆうへん曰く『てめへのはこのその手かみこつちへみんなよこしてし

1 担い箱　飛脚がかついで運んだ箱。上蓋《うわぶた》を開けると中が空洞になっているもの、横に開き戸のあるもの、さらに内部が抽斗状になっているものがある。

図版1　風刺錦絵『開化旧弊興廃くらべ』（左は円内の拡大）

まへ〔郵便曰く「手前の箱のその手紙こっちへ皆よこしてしまえ」〕』」というト書がある。

結局、政府と飛脚問屋の対立は、旧来の宿駅制度と飛脚問屋の機能を統廃合した民間輸送事業を新たに起ち上げ、書状送達をになう官営郵便事業がこれと棲み分けながら協業することで和解へといたった。このときに難題の解決に立ちむかい、我が国の通信・輸送体系を新たな段階《ステージ》へと導いたのはふたりの人物である。

ひとりは郵便創業に決定的な役割を果たした前島《まえじま》密《ひそか》（図版2）。希代の行政官僚として、大久保《おおくぼ》利通《としみち》（一八三〇～七八）を筆頭に大隈《おおくま》重信《しげのぶ》（一八三八～一九二二）、伊藤《いとう》博文《ひろぶみ》（一八四一～一九〇九）といった明治政権の重鎮たちに重用された。

かたや民たる飛脚問屋の代表として前島に対峙したのが、本書の主役佐々木《ささき》荘助《そうすけ》（以下、荘助）。定飛脚《じょうひきゃく》の名で知られる江戸《えど》日本橋《にほんばし》の飛脚問屋のひとつ和泉屋《いずみや》甚兵衛《じんべえ》の支配人を務め、旧式の特権的問屋資本であった飛脚問屋を糾合して、現代物流業界の最大手たる日本通運《にっぽんつううん》株式会社（以下、日通《にっつう》）へと変貌させていく下地を整えた。

前島と荘助が互いに知略を尽くし、郵便制度の普及と近代陸運の確立に邁進する史劇《ドラマ》のなかで、通信・輸送体系の刷新がすすめられたのだが、ここで後世における両名のあつかいを比較すれば温度差を感じずにはいられない。

前島が古今の官僚中、才覚・実績・人格のいずれにおいても最高位に格付け《ランキング》される人物であることに異論をはさむ者は少ないだろう。東京遷都の建言、鉄道敷設の立案、官営郵便の創業、『郵便報知』

図版２　前島　密（右は幕臣時代、左は官僚時代）

紙の発刊、海運政策の建議、郵便為替・郵便貯金の創始、訓盲院の設立、官営電話の開設など、彼がその実現に関与した行政上の改革は枚挙にいとまない。ために、これまで歴史の教科書にその名が登場し、顕彰も盛んにおこなわれてきた。手記・口述筆記や自叙伝(2)のほかに、評伝や伝記、そして小説も出版され、通信史、交通史、郵便創業史にかんする著作物の多くはかなりの頁数を前島の業績に割いている。

くわえて、前島の出身地である新潟県上越市下池《じょうえつしもいけ》部《べ》には前島記念館[2]が建つ。また、郵政博物館[3]は、創業期の郵便関連史料を常設展示するだけでなく、特別展や企画展をつうじて前島の業績などを丹念に紹介してきた(3)。

かたや荘助には一人称で記したり語ったりした自叙の類いがなく、日通関係者や在野の交通史家の手になる小伝があるのみ(4)。経営史・通信史・物流史の研究者が荘助の事績にふれることもあるが、その場合も「郵便創業の脇役」や「旧式輸送業たる飛脚の代表者」として描くことが多かった。

平成二七(二〇一五)年四月二九日〜六月二八日に荘助関連史料を所蔵する物流博物館4が『物流人物伝　佐々木荘助』と題した小企画展(5)を開催しているが、これも同時期に郵政博物館で開催された『前島密　生涯とその業績展』の協力事業という位置づけである。

とはいえ、前島の名を不朽とした郵便創業は、それまで二世紀余にわたり書状・金銀・為替・商貨・小荷物の輸送を請け負ってきた飛脚問屋との連携なしには困難であった。通信・輸送体系の刷新にあたり、飛脚問屋は家業中最も利益の多い書状送達を官営郵便に明け渡す苦渋の決断を強いられる。荘助はこれを飛脚問屋の総意として実現したばかりでなく、物財輸送に特化した民間事業体＝内国通運会社(以下、内国通運)の創設にも尽力した。やがて日通へと発展を遂げる同社の起ち上げに際して発揮したその経営手腕《マネジメントスキル》は、まさに黎明期実業史の白眉ともいえる。

それにもかかわらず、歴史に名を刻んだのは前島であり、荘助の名は忘れ去られた。それはなぜなのか。

ここで四葉の荘助像(図版3)を掲げておく。右から一番目は物流博物館所蔵の肖像画。裏書には「天保五年十一月朔日《ついたち》出生　明治十二歳六月八日写成　時年四拾四才六ヶ月　写像生荒木」とあり、当時としては珍しい油彩画である。同二番目はおそらく五〇代前後で、内国通運の頭取・社長を務め

図版3　佐々木荘助（右から盛年期、壮年期、晩年期①、晩年期②）

ていた時代のものか。そして、同三番目・四番目はいずれも晩年期に撮られたものと推測されるが、右の二葉に較べると、口許に締りがなく、覇気と生気の衰えをはっきりと感じとれる。

四葉の肖像に表われた容貌の変化は、加齢のせいもあろう。が、それ以上に最晩年の荘助は、心身共に消耗が激しかった。原因は政治環境の変化が内国通運に深刻な経営危機をもたらしたことにある。我が国の輸送体系の近代化に道筋をつけ、以降の物流事業の発展に不可欠な土台を築いた稀代の実業家は、その責任を一身に負って、みずから死を選んだ。明治二五（一八九二）年四月六日（実際の死亡は翌日）のことだ。

ともすれば「自殺が家名を汚す」という考えも根強かった戦前期、荘助の最期を公然と語ることが憚《はばか》られる空気は社内においてもみられた。

2前島記念館　一九三一年一一月七日前島密の生家跡に開設された記念館。前島の書簡・遺品・遺墨など約二〇〇点を展示。

3郵政博物館　郵便博物館から逓信総合博物館を経て二〇一四年三月一日東京スカイツリータウン・ソラマチ九階に開館。郵便や通信にかんする厖大な収蔵品を展示・紹介。

4物流博物館　日本通運株式会社本社内に設置された通運史料室を前身とし、一九八七年に物流史料館と改称。一九九八年に東京都港区高輪に移転し、現名となる。物流を専門にあつかう日本唯一の博物施設。

荘助の死からわずか二週間後に創刊された『通運』5第壹號《いちごう》は、雑録欄に「吾人《ごじん》が推戴《すいたい》する本社長佐々木荘助氏は本月七日を以て不帰《ふき》の客となれり吾人は恰も父母を亡《うしな》ふたるの思《おもい》をなせり誰か本社に従事するもの之を悲さらんや」という社長急死の報を掲載しているが、その死因に対する直接的な言及はない(6)。

また、荘助の自死から三年を経た明治二八（一八九五）年四月、内国通運関係者や故人の縁者・知人が寄附金を募り、東京隅田河畔（東京本所向島土手筋千鳥坂ノ前方）に「佐佐木荘助君之碑」（図版4／以下「荘助碑」）を建立したが、帝国大学（現・東京大学）教授を務めた重野安繹《しげのやすつぐ》（一八二七〜一九一〇）の手になる撰文は、荘助の死を「以病歿（病ヲ以テ歿《ぼっ》ス）」＝病没としている。

「荘助碑」はその後、道路改修にともなって別の場所に移されたが、移設に際して台石を置かなかったためにみずからの重さによって次第に埋没。しかも、戦時中の空襲——昭和二〇（一九四五）年三月一〇日未明の大規模空襲か——で被弾した結果、地上露出部が約三〇センチメートルにわたって破損した。

現在は修復が施されて隅田川神社（東京都墨田区堤通二丁目）敷地内に堂々と屹立《きつりつ》しているが、在野の交通史家・笠松慎太郎《かさまつしんたろう》（一八七五〜一九六五）は昭和三〇年頃に「荘助碑」を眺めて、「いとも壮大な頌徳碑《しょうとくひ》が斯《か》くまでみじめな有様に置かれてあることは何とも歎《なげ》かわしい」(7)と慨嘆している。

荘助の死にかんする語りが禁忌《タブー》とされたことは、大正七（一九一八）年に編纂された最初の社史『内国通運株式会社発達史』（以下、『内国通運史』）、そして昭和一三（一九三八）年編纂の『国際通運株

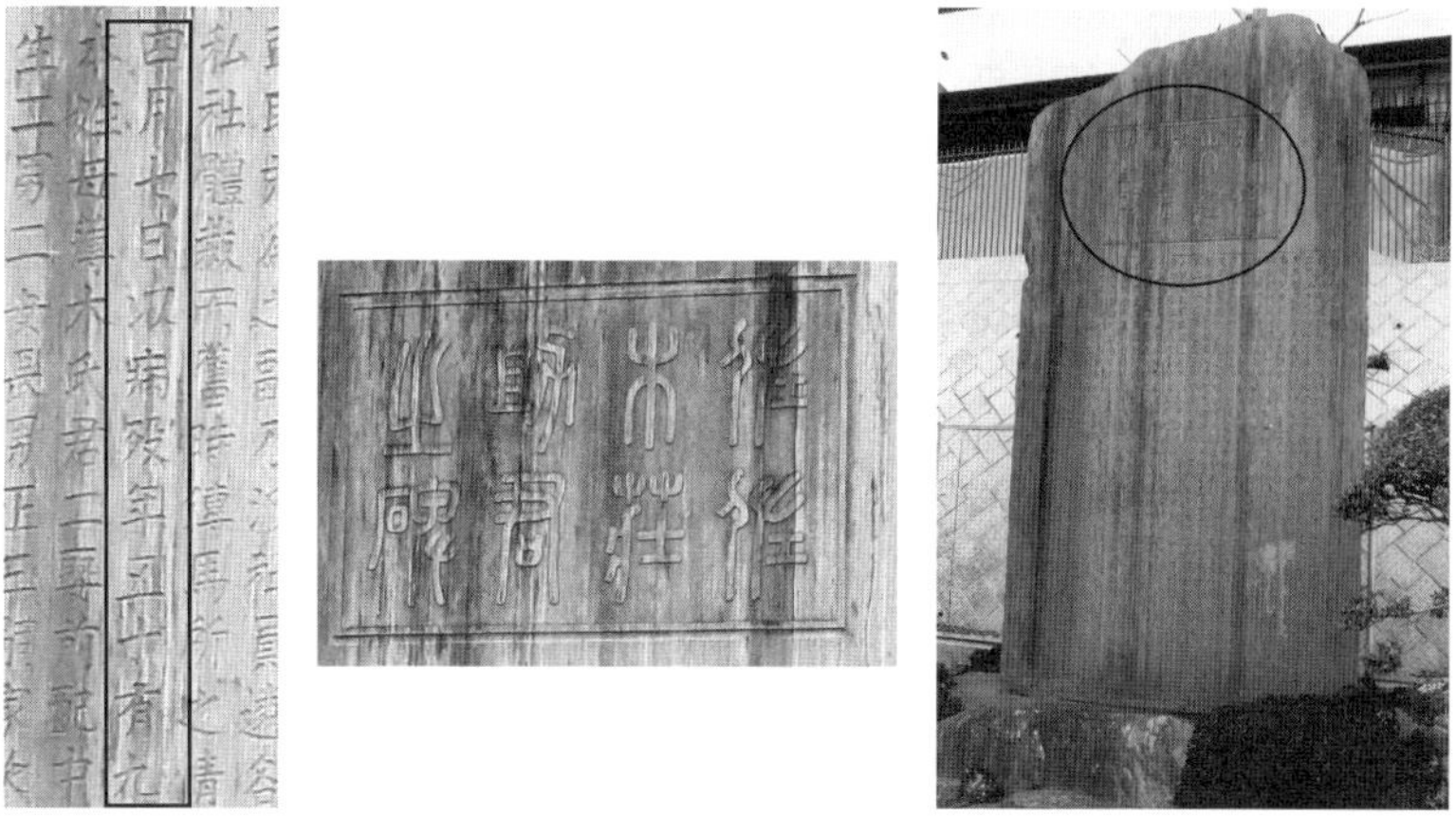

図版4 「佐佐木荘助君之碑」（右から全体、題字部拡大、「以病歿」の記載部拡大）

式会社史』（以下『国際通運史』）からもうかがえる。いずれも荘助の死について「明治二十五年四月（……）暴《にわ》かに歿《ぼっ》したる」とのみ記している(8)。

日通自身が創業の功労者の最期に公然と言及したのは、ようやく昭和三七（一九六二）年に発刊された『社史』（以下『日通社史』）においてである。そこには「たびかさなる心痛と株主への責任から社長佐々木荘助が自殺をはかり」と記されている(9)。

いみじくも明治・大正期を代表する社会派ルポライターの横山源之《よこやまげんの》助《すけ》（一八七一～一九一五）は、荘助の無念に思いを馳せながら「同氏の生涯を知れる者は、此の姓名を耳にせるばかりにても、無韻《むいん》の哀詩を読むの心地がする〔同氏の生涯を知る人は、彼の名前を聞くだけで、韻を踏むことなく終わる哀しい詩を読むような気持ちになる〕」(10)と評した。

5『通運』 陸運業の発展をめざして、内国通運関係者が結成した親睦団体である鶴鳴会の機関誌。

けれども、これから語るように、荘助は電信や郵便の導入を軸として通信・輸送体系の変革を推進した明治政府の殖産興業政策にいち早く呼応して、定飛脚問屋を母体とする合本《ごうほん》型事業組織＝内国通運のもとに各地の内陸輸送業者を再編・統合、以て列島全土にわたる陸運の網状組織《ネットワーク》を明治維新後わずか一〇数年のあいだに構築した。

インターネットやソーシャル・ネットワーキング・サービスに象徴されるＩＣＴの急速な進歩が従来の物財輸送の在り方を大きく転換しつつある。いまを去ること一五〇年前、荘助はこうした転換の衝撃を真っ向から受け止め、それへの適応にむけて力強い一歩を踏みだした。その生きざまを、歴史の闇のなかで朽ちさせるのはもったいない。

近年、坂本龍馬（一八三五～六七）、小栗忠順《おぐりただまさ》（一八二七～六八）、岩崎彌太郎（一八三四～八五）、渋澤栄一（一八四〇～一九三一）たちを近代的な会社組織設立の先駆とする見解も巷間《ちまた》に溢れている。それらのなかには司馬遼太郎《しばりょうたろう》（一九二三～一九九六）や城山三郎《しろやまさぶろう》（一九二七～二〇〇七）の人気作品やテレビドラマの焼き直しにすぎないものも少なからずみられる。

筆者は必ずしも大衆人気を否定するわけではないが、それに便乗したり迎合したりすることで、現況に照らして問うべき先人の存在に目が届かないのは本末転倒であると感じる。彼らが生涯をかけて蓄えた経験知のなかに現在的な価値をどのくらい認めうるのかを、やはり選定の基準として重視するべきであろう。

さて、私見はこのあたりにとどめ、本書の流れを簡単に示しておきたい。

まず、荘助が和泉屋甚兵衛に入店するまでの足跡をたどる。じつは彼の前半生を知る手がかりはほとんど残されていない。よって、さしあたりは現時点での取材と調査によって可能な推測を整理してみた。謎につつまれた青少年期のなかに、荘助を陸運近代化の推進者へと成長させた糧《かて》が発掘できるかもしれない、という思いからである。

つぎに、和泉屋甚兵衛をはじめとする江戸の定飛脚問屋が幕末維新期における通信・輸送体系の揺らぎのなかでいかなる境遇に置かれたのか、そのなかで荘助がどのような課題にむきあっていたのかを考える。

判然とせぬ前半生とは対照的に、荘助の後半生はさまざまな文書記録によって裏づけられる。明治維新時には和泉屋の支配人を務め、当主の吉村甚兵衛から厚い信頼を寄せられ、経営上の重要事項にかかわる意思決定を任されていた。

欧米型の郵便制度の整備を急ぐ政府＝《イコール》官と対峙した荘助は、その牽引者たる前島との駆け引きを経て、主家の和泉屋を中心とした定飛脚問屋の合本型事業組織を設立。江戸期の飛脚継立制度を下敷きとして、「日本全国どこへでも」という今日の物流事業が拠って立つ定礎を創りあげていく。

近代的な内陸輸送網の形成とほぼ同義の関係にある荘助の活躍を描いたのち、つかのまの栄光から悲劇的な最期へとつながった蹉跌《さてつ》の実相にせまり、黎明期の我が国実業界において「陸運の政商」が果たした役割と後世に残した影響に新たな光をあてたい。

ポール・ヴァレリー（Valery, Paul：一八七一～一九四五）は「我々は未来に後退《あとずさ》りして進んでいく（Nous entrons dans l'avenir à reculons）」⑪という言葉によって、未来を予測することの困難を可視的かつ叙情的に表現した。我々がこの眼でしっかりと捉えられるのは過去の風景であり、未来は肩越しの視界に一瞬飛び込む不確かな像でしかない。

ならばなおさらのこと、死者たちの姿に眼を凝らさねばなるまい。彼らの眼には未来であった我々の現在、その狭間に生じた出来事のなかには、必ずや我々が未来への道筋を描くための啓示《ヒント》が数多《あまた》ちりばめられているはずだ。忘却という「二度目の死」に瀕した佐々木荘助の生涯を紙上によみがえらせるのも、この理《ことわり》にしたがった筆者なりの営為なのである。

《凡例》

（一）年月日：年月日は日本の元号表記のあとの（　）内に西暦表記を記した。なお、明治六年一月一日以前は旧暦、以後は陽暦を使用した。

（二）距離や重量などの単位：単位は旧表記の直後の（　）内に現在一般に通用している単位に換算した数値を記した。

（三）固有名詞・語句・旧地名：一般に馴染みが薄いと思われる固有名詞の説明や語句にかんする補足は、欄外に設けた脚注に適宜記した。また、旧地名は表記直後の（　）内に現在の地名を記した。

（四）政府・各省が発した布告や布達の名称については、内閣官房局編・刊『法令全書』の目次記載によった。

（五）掲載図版と参考にした文献：本書では図版資料として写真・絵・図表を使用した。それらの出典については、巻末の「図版出典一覧」にまとめた。また、「註一覧」に記載はないが、執筆の過程で参考にした史資料、著書、論文等は巻末「参考文献一覧」に挙げた。

（六）巻末に「佐々木荘助君之碑撰文・訓読」、「佐々木荘助略年譜」を付した。適宜参照されたい。

《基本用語説明》

本書には江戸期・明治初期の通信・輸送に関連した用語が頻出する。それらのうちでも特に重要なものについて、左に簡単な説明を付しておく。適宜参照されたい。

継立（つぎたて）　宿駅ごとに書状・金銀・為替・商貨・小荷物をリレー形式で継ぎ送ること。宿継《しゅくつぎ》、馬継《うまつぎ》ともいう。（同義）→　逓送《ていそう》、駅逓《えきてい》、継送《つぎおくり》

宿駅（しゅくえき）　主要街道や脇往還の二〜三里（八〜一二キロメートル）ごとに設けられ、伝馬《てんま》と称する継立用の駄馬や人足の継ぎ替え、旅客の休泊をになった商業集落。（同義）→　宿場《しゅくば》

宿駅制度（しゅくえきせいど）　宿駅に一定数の駄馬・人足を常備させると同時に、旅行者の休泊施設の整備を義務付けた制度。

問屋場（といやば）　宿駅において駄馬・人足を常備し、次宿までの継立と旅客運送の業務をおこなった公的施設。各宿駅に一カ所ないし複数を配置。

助郷（すけごう）　宿駅常備の駄馬・人足の不足に応じて、駄馬・人足を提供した宿駅周辺の郷村をさすと同時に、駄馬・人足の提供という賦役《ふえき》自体も意味する。

飛脚問屋（ひきゃくどんや）　江戸期をつうじて書状・金銀・為替・商貨・小荷物の全国逓送を請け負った民間事業者。大坂の「三度飛脚」、京都の「順番飛脚」、江戸の「定飛脚」が連携し、五街道を中心に脇往還でも逓送請負業務を展開した。

五街道（ごかいどう） 江戸日本橋を起点とした主要な五つの陸上交通路。東海道、中山道、甲州道中、日光道中、奥州道中をいう。これらの呼称は享保元（一七一六）年に定められた。各道中の概要は左表のとおり。

街道名	東海道		中山道	甲州道中	日光道中	奥州道中
行程	江戸－京都	江戸－大坂	江戸－草津	江戸－下諏訪	江戸－鉢石	宇都宮－白河
	一二六里 六町一間	一三七里 四町一間	一二九里 一〇町八間	五三里 二四町余り	三六里 一一町二〇間	二一里 一八町一四間
	約四九六km	約五三九km	約五〇八km	約二一一km	約一四三km	約八四km
宿数	五三	五七	六七	四五	二一	一〇

脇往還（わきおうかん） 姫街道、伊勢街道、伊勢別街道、善光寺街道、善光寺西街道、日光例幣使《れいへいし》街道、日光壬生《みぶ》街道、日光御成《おなり》街道などの支街道。（同義）→脇街道

回（廻）漕（かいそう） 船舶による貨物の水上輸送をさす。（同義）→運漕、舟運《しゅううん》

河岸（かし） 河川や運河、湖、沼の岸にできた港、船着場、荷揚場、河岸問屋などの水運関連施設をさす。

小運送業（こうんそうぎょう） 鉄道および港湾の貨物積み込み手続きの代行や貨物集配をおこなう。「小運送」という用語は、鉄道を「大運送」と称したことに対応して、明治後期から使用されたと考えられる。やがて関連法の改変にともない小運送業から通運業を経て、今日では利用運送業と呼ばれている。

Ⅰ　佐々木荘助の誕生

その生い立ち

本書の主役である佐々木荘助の生い立ちは詳《つまび》らかでない。さきに紹介したが、図版3右端の油彩肖像画カンヴァスの裏書《うらがき》によると、荘助の生年月日は天保五（一八三四）年十一月一日である。また、明治二三（一八九〇）年に本戸偉太郎1が編纂した『常総名家傳　第一巻』（以下『名家傳』）収録「佐々木荘助」は最も早く世にでた荘助の小伝であるが、そこには「荘助ハ常陸《ひたち》眞壁郡《まかべごほり》下妻《しもつま》（現・茨城県下妻市―引用者）ノ豪商長谷川《はせがわ》屋又右衛門《またえもん》ノ第六子ナリ。天保五年十一月生ル」(1)とある。同じく、荘助の自死を報じた明治二五年四月一〇日付『朝野新聞』掲載「佐々木氏の略伝」（以下『朝野略伝』）は「天保五年十一月を以って茨城県真壁郡下妻町に生まる」(2)と記し、総合雑誌『太陽』初代主筆として知られる坪谷《つぼや》善四郎《ぜんしろう》（一八六二～一九四九）も同年九月刊行の『実業家百傑傳　第二巻』収録「佐々木荘助君」（以下『百傑傳』）で「佐々木荘助君は茨城県眞壁郡下妻町の人長谷川又右

1本戸偉太郎　生没年不詳。姓名読み方は不詳。「木戸偉太郎」という表記もみられるが、『常総名家傳』表紙には「本戸偉太郎」と記載。同書奥付に「茨城縣平民」「東京芝區櫻田和泉町七番地寄留」とある。

衛門の第六男にして天保五年其家に生る」(3)としている。

荘助の母については、「荘助碑」撰文に「母ハ薄木氏」とある。のちに荘助と先妻の朝子とのあいだに生まれた次女が薄木保吉に嫁いだ。明治二五年四月一二日付『改進新聞』所載「佐々木荘助氏の死状」（以下『改進死状』）によると、死を決した荘助は女婿《じょせい》の保吉に遺書を送って後事を託したという(4)。

荘助の生年を知る手がかりとして、谷中霊園《やなかれいえん》（東京都台東区谷中七丁目）に「故内國通運會社社長佐々木荘助墓」（図版5／以下「荘助墓」）が立つ。その墓誌には「行年《ぎょうねん》五十九歳」とある。「荘助碑」撰文も「明治二十五年四月七日以病歿、年五十有九」と記している。

一般に行年は数え年をもちいて算出するので、「荘助墓」墓誌・「荘助碑」撰文に刻まれた五九歳は、死去時の満年齢五七歳に二歳を加算したものと考えられる。よって、逆算すれば、一八三四年＝「天保五年」となるわけだ。

荘助の生涯と事績を調査し、荘助の子孫や縁者とも接触した物流理論の泰斗・平原直《ひらはらすなお》（一九〇二〜二〇〇二）も、昭和二八（一九五三）年一〇月に刊行した加藤朔郎《かとうさくろう》との共著『通運讀本　歴史』（以下『歴史』）と、同年一一月に同書の自身執筆部分を抜粋して刊行した私家版『通運史稿――通運の誕生から成長まで――』（以下『史稿』）のなかで、「荘助は、茨城県真壁郡下妻町の長谷川又右衛門の六男として、天保五年に生まれた」(5)と述べている。

しかし、平原はその五年後に一隅社編集部が刊行した『通運讀本・通運資料　佐々木荘助篇』（以下『荘助篇』）の大部を執筆した際に、「戸籍面によると、（荘助は）茨城県真壁郡下妻町で、天保六年（一八三五年）一一月一日、佐々木又太夫の六男に生まれた（傍点は引用者による）」[6]と記している。実際、流通経済大学物流科学研究所平原直物流資料室蔵『佐々木荘助遺文書目録』（佐久間精一家所蔵）を確認したところ、「謄本　三通」も含まれていることから、平原が荘助の戸籍謄本を閲覧したことはまちがいないだろう[7]。

図版5 「故内國通運會社社長佐々木荘助墓」

ここで荘助の生年を戸籍謄本に記された「天保六年」とすると、「荘助墓」墓誌と「荘助碑」撰文にある「五九歳」という行年に一致しない。おそらく平原も戸籍謄本を眺めながら「まことに奇妙なことである」と首をかしげたと推測される。

とはいえ、いわゆる壬申《じんしん》戸籍[2]を嚆矢とする戦前期の戸籍作成には、現在のそれと比較して、かなり杜撰《ずさん》な面がみられる。

2壬申戸籍　一八七一年太政官布告第一七〇号により翌一八七二（壬申）年に編成された最初の全国的戸籍。居住地による登録で作られたが、士族・平民・新平民などの族称を残す。

家長たる戸主が家族全員の姓名、年齢、続柄、職業、寺・氏神などを、その家が属する小区[3]の長＝戸長に届けでて、戸長は戸主の自己申告をほぼそのまま原簿に載録するのが通常であった。よって、戸籍謄本といえども、「全幅の信頼が置ける史料」とはいい難い面も多分にある(8)。

そのせいもあろうか、平原は『荘助篇』巻末の「佐々木荘助年譜」に「記念碑々文には、父長谷川又右衛門（荘助に至り佐々木姓に復帰）とある。坪谷善四郎著『実業家百傑伝』（明治二五年九月三〇日出版）には、父長谷川又右衛門、生年は天保五年としており、享年五八となっている」(9)という予防線めいた但し書きも添えている。

最終的には平原も、図版3右端の油彩肖像画の裏書に記された生年月日や「荘助墓」墓誌、「荘助碑」撰文にある「五九歳」という行年によって、荘助の生年を確定したようだ。『荘助篇』刊行から四二年を経た平成一二（二〇〇〇）年、平原は『物流史談―物流の歴史に学ぶ人間の知恵』の第三章「日本物流開拓に命をささげた佐々木荘助・その足跡と自殺の真相」（以下「自殺の真相」）で、「（荘助は）天保五年に生まれた」(10)と述べている。

以上のことから、荘助の生年はやはり「天保五年」とするのが妥当と思われるが、後世を惑わすのはその生年ばかりではない。平原も『荘助篇』でふれているが、荘助の父は「長谷川又右衛門」なのか、それとも「佐々木又太夫」なのか……。

「荘助碑」撰文には左の記述がある。

「君諱《いみな》末金、通称荘助、佐佐木氏、系出自左兵衛尉盛綱、常陸國真壁郡下妻人（中略）君父又右衛

門有故冒長谷川氏、至君復本姓〔君諱ハ末金、通称ハ荘助、佐々木氏、系ハ左兵衛尉盛綱《さひょうえじょうもりつな》ヨリ出ズ、常陸国《ひたちのくに》真《ま》壁《かべ》郡《ごほり》下妻《しもつま》ノ人（中略）君ノ父ハ又右衛門、故有テ長谷川氏ヲ冒《おか》ス、君ニ至ツテ本姓ニ復ス〕」

これによると、つまり、「佐々木又太夫」と「長谷川又右衛門」は同一人物と考えられる。荘助の父は鎌倉時代の武将・左衛門尉佐々木盛綱（一一五一～不詳）に連なる家系として「佐々木」姓を名乗っていたが、何らかの事情で下妻の商家「長谷川」家に入り、長谷川又右衛門と改名した、ということだろう。そして、荘助は長じたのちに、何らかの理由で父の旧姓「佐々木」に復したことになる。

それでは、荘助の父・長谷川又右衛門こと佐々木又太夫とは、いかなる身分の人間であったのか。また、長谷川家に生まれた荘助が、なぜ実父の旧姓である佐々木を名乗ったのか。

平原は『歴史』および『史稿』執筆にさきだって、昭和二六（一九五一）年二～四月、長谷川家の子孫A氏と荘助の後妻に連なる太田家の子孫B氏に取材を試みている。当時、A氏は茨城県西茨城郡笠間町《かさまちょう》（現・茨城県笠間市）に、B氏は茨城県真壁郡下妻町大町《おおまち》（現・茨城県下妻市下妻丙《へい》）に在住していた。

ちなみに、「荘助碑」建碑費寄附者のなかには、「長谷川」姓の者八人――荘助の姉長谷川マツをはじめ長谷川捨三郎、長谷川虎吉、長谷川藤太郎、長谷川金三郎、長谷川義七、長谷川伊之助、長谷川

3小区　一八七一年四月公布の全国惣体ノ戸籍法にもとづいて生まれた各府県内の区割りで、現在の市町村に相当する。戸長が監督する小区を幾つか合わせたものが大区であり、その長を区長と称した。

栄次郎――が含まれている(11)。

そのうち長谷川捨三郎については、筆者が入手した『明治二十七年十一月三十日現在　内國通運株式會社株主名簿』および『明治廿八年十一月三十日現在　内國通運株式會社株主名簿』の「ハ之部」に記載があり、いずれにおいても持株は「二株　八〇、〇〇〇円」、住所は「福島縣田村郡三春町字仲町八十番地」となっている。それ以外の七名は右株主名簿に記載がない。

話をもどすと、平原がA・B両氏と交わした書簡・メモ類（現在は流通経済大学物流科学研究所平原直物流資料室所蔵）は、荘助の出生や幼少期にかんする記録や記憶が当時すでに残っていなかった事実を伝えている。

A氏が平原に宛てた昭和二六年二月一七日付書簡には「下妻の日通代理店主や下妻町長を訪問種々調査したが皆目わかりません。（中略）役所の台帳を調べましたが、佐々木姓の女主人にて一家ありましたが絶家となって居ります。（中略）古老を呼んでいただきましたが、下妻の佐々木姓および荘助なる人物は全然心当たりなしとの事で少なからず失望（中略）御寺一ヶ所調べましたが全然わかりません。尚、古老の云うに、本人は江戸勤めの士族にて郷里に帰らない（中略）それ共《とも》下妻町内でいう下妻庄の人かも知れないと申して居ります」とある。

A氏はさらに二月二一日付書簡に「（荘助）本人の直系の遺族は居りませんが傍系の人に会いました」として、「（平原と）面会の上申上げたいと存じます」と記している。

A氏との面会日は不明だが、そのときに平原がとったと思しきメモには、A氏が「荘助碑」建碑寄附者の子孫に会ったこと、そして、荘助の父である長谷川又右衛門が天保七（一八三六）年九月一八日に死去したことなどの記載がある。

その後、B氏からも四月四日消印の葉書で「古文書等を調べましたがそれらしきものは残念乍《なが》らありませんでした」との連絡が平原にあった。このときB氏は「我が祖系に可《ママ》くも立派な人があった事を拝読し感奮して愈々《いよいよ》家業に精勤努力致します」と書き添えていることから、荘助の事績は荘助の後妻方の一族に伝わってなかったことが知れる。

付言すると、笠松慎太郎は「平原主幹の斡旋で故人（荘助のこと―引用者）の出身地である茨城県下妻市に遠い縁者があることが判《わか》り、同家仏壇の中から故人の壮年時代における写真や、頌徳《しょうとく》碑建設当時の記録ならびに式典当日における社員総代藪正一《やぶしょういち》氏の祭文などが発見されたことはこのうえない仕合せであった」[12]と述べているが、平原のメモ類から推測すると、この「遠い縁者」とは荘助の姉である長谷川マツの養子となった櫻井勝之助の親戚筋の者と推察される。

右のような取材をもとに、平原は『歴史』と『史稿』を刊行したが、以降、平原の『荘助篇』を除けば、荘助にかんする評伝には郷土史家の千葉忠也が昭和三九（一九六四）年に雑誌『郷土ひたち』に発表した「日立地方陸運継立所の設置出願人　吉村甚兵衛・佐々木荘助の人物について」と題する小論があるのみ。しかも、千葉は荘助の略歴について『名家傳』の記述をそのまま引用している[13]。

平原も昭和二六年の調査以降は荘助の出自にかんする有力な情報をつかめなかったようだ。事実、「自殺の真相」にも「長谷川又右ヱ《ママ》門の六男として生まれた（荘助が）いつ、どういう事情で佐々木姓となったかは私（平原―引用者）にも分かっていない」[14]という述懐がある。

平原による『歴史』、『史稿』、『荘助篇』の刊行から六〇余年を経て、筆者もまた荘助の出生にかかわる事情を探ろうと下妻市を訪ねてみたが、記憶の風化は一段とすすんでいた。というよりも、「黎明期実業史にその名を刻む異能の経営者が下妻の出身である」という事実を、肝心の下妻の人びとがほとんど知らない。平成二〇（二〇〇八）年に茨城県立歴史館が編集した『輝く茨城の先人たち』にも荘助の名はなかった[15]。

そう、さきにも述べたように荘助は忘却という「二度目の死」を迎えようとしている。そして、このままではそれが確実なものとなる。筆者は、これまでも知る人ぞ知る実業家の評伝を執筆してきたが[16]、彼らの人生にふれながらいつも切実に願うことがある。それは、少なくとも郷土の人びとには先人が残した功績を語り継いでもらいたい、ということだ。

幸いにもこの度は、物流博物館学芸員の玉井幹司氏、下妻市ふるさと博物館[4]学芸員の菊池桃子氏、下妻市教育委員会教育部生涯学習課文化係係長の赤井博之氏の協力を賜り、荘助の出生から幼少期にかけての動向にせまる情報や史料も入手できた。つぎに、それらを踏まえながら、荘助が和泉屋甚兵衛に入店するまでの経緯《いきさつ》を推理してみたい。

下妻の歴史と風土

まずは、荘助の郷里である下妻の成り立ちを振り返っておこう[17]。同地は戦国期から多賀谷《たがや》氏が下妻城（多賀谷城）を本拠として整備をすすめてきた。

転機が訪れたのは、慶長五（一六〇〇）年の関ヶ原の戦。徳川家康（一五四二～一六一六）に与《くみ》しなかった多賀谷重経《しげつね》（一五五八～一六一八）は、石田三成の率いる豊臣方に味方したものと断ぜられ、みずから下妻城を退転する。その後、重経の子である三経《みつつね》とその養子の宣家《のぶいえ》もあいついで下妻の地を後にした。

多賀谷氏の去った下妻城と所領六万石は、江戸に幕府を開いた徳川家康の直轄するところとなり、幕府代官頭・伊奈《いな》忠次《ただつぐ》（一五五〇？～一六一〇）の管理下に置かれた。忠次による検地の実施と領内の再整理を経て、慶長一〇（一六〇五）年に家康の第一一子徳川頼房《よりふさ》が正式に下妻を拝領し、一〇万石を以て立藩している(18)。

ところが、頼房が慶長一四年に水戸へ転封されたあと、元和元（一六一五）年に松平忠昌が三万石を以て入封されるまで、下妻は一〇年にわたり藩主不在の状態が続く。その間、吉右衛門なる者――近隣の土豪か盗賊と推察される――が下妻城に保管されていた武器・弾薬・建築材を略奪、さらに城内の建物はおろか城周辺の武家住居や代官宿舎も破壊した。荒城を任された忠昌の治世はわずかに一年、ついで入封した松平定綱も二年で遠江国掛川《とおとうみのくにかけがわ》（現・静岡県掛川市）へ去るにおよび、下妻は廃藩

4下妻市ふるさと博物館　一九九六年下妻市大字長塚に開館。下妻の歴史や衣食住、農業、商業、年中行事、風俗習慣にかんする貴重な資料を収集・保存している。

を余儀なくされる(19)。

その後、幕府の直轄下に置かれること一世紀、正徳二（一七一二）年になってようやく美濃・信濃・甲斐・武蔵・相模に八千石を知行していた旗本の井上正長《まさなが》（一六五四〜一七二一）が第六代将軍・徳川家宣《いえのぶ》の遺命として二千石の加増を受けたうえで、改めて常陸真壁郡・武蔵《むさし》埼玉《さいたま》郡・下野《しもつけ》都賀《つが》郡に総計一万石を拝領した。「無城格」の大名となった正長は、拝領地のなかで最もまとまりのある下妻四〇〇〇余石に藩庁たる陣屋《じんや》を構える。以降、下妻井上家は初代の正長から最後の藩主正巳《まさおと》まで一四代を重ね、明治維新を迎えた(20)。

さて、井上家治世下の下妻藩領は、東を小貝川《こかいがわ》[5]、西を鬼怒川《きぬがわ》[6]が流れ、両川に挟まれた台地に大《たい》宝沼《ほうぬま》、砂沼《さぬま》、龍沼、陣屋沼などが点在する湖沼地帯であった。そのために、作量増加を企図して干拓による新田開発をおこなえば灌漑《かんがい》が難しくなり、用水路開削を計画すれば、今度は利益を異にする村方の対立で難航するというジレンマに悩まされる(21)。

藩財政の基《もとい》をなす農業生産性の低さは、下妻陣屋を囲む城廻《しろめぐり》村の村高が三二一石余であるのに対して、戸数は本百姓が二九五軒、水呑が九一軒、村民数は男一一三九人、女五三〇人に達していたことからも明白。領地経営の困難さに由来する心労のせいか、歴代藩主の多くは短命であり、一四人のうち養子が一〇人を数えた(22)。

そんな苦難続きの農業とは対照的に、下妻の商業活動は盛んであった。一般的にみると、「無城格」大名の構えた陣屋の界隈には、家中屋敷、商業機能をになう町場、寺社などが所在し、「小さな城下町」という様相を呈する。これを陣屋元村と称し、商人や職人も身分的には農民と見立てられ、いわゆる農間渡世として商業や手工業を営むという形式がとられた。ために、行政上は村でありながら、実質は陣屋を中心とした在町《ざいまち》となっていたのである(23)。

改めて下妻陣屋の界隈を眺めれば、関東を南北にむすぶ下妻街道7と東西に走る瀬戸井《せとい》街道8が交わる十字路に位置するうえ、商品流通の大動脈ともいうべき利根川水系に沿って設けられた河川輸送基地＝河岸にも隣接している。

とくに江戸後期における鬼怒川舟運の発達を背景として、下妻より南に下った宗道《そうとう》河岸（現・下妻市宗道〜本宗道一帯）は常陸や下総の農産物等を高瀬船《たかせぶね》9や艜船《ひらたぶね》10で江戸に運びだしたり、江戸からの荷を陸揚げしたりする拠点としてにぎわう。最盛期には廻船問屋の蔵が立ち並び、毎日一〇〇艘もの

5 **小貝川**　利根川の支流で、関東平野を北から南に流れる全長約一一一キロメートルの一級河川。下妻東部で鬼怒川に合流。

6 **鬼怒川**　水源を帝釈《たいしゃく》山地の鬼怒沼に発し、関東平野東部を北から南へと流れ利根川に合流する全長約一七七キロメートルの一級河川。

7 **下妻街道**　江戸千住から草加《そうか》柿木《かきのき》を経て野田から利根川を渡り、岩井を経て下妻にいたる脇往還。

8 **瀬戸井街道**　水戸から柿岡・北条を経て下妻に達し、古河を経て利根川北岸の瀬戸井にいたる脇往還。

9 **高瀬船**　河川や浅海で人や荷物を輸送した喫水の浅い木造の小型帆船。利根川を往来する高瀬船は通常よりも大きく、長さ二〇メートル、横幅三・五メートルにおよび、舟子六人で操船した。

10 **艜船**　平田船とも表記。長さ約一五〜二四メートル、横幅三〜四メートルの喫水の浅い木造帆船。船首に水押《みよし》、船尾に船室があり、急流を遡上する場合は曳船《ひきふね》が曳航《えいこう》した。

船が出入りした。陸揚げされた荷は下妻大町の潮田《うしおだ》問屋や同田町《たまち》の池田問屋を介して、下総の結城《ゆうき》や下野の小山《こやま》・烏山《からすやま》方面、常陸の真壁・下館《しもだて》・笠間方面に配送された(24)。

このように下妻藩領は江戸中期より「商高農低」の状況が続き、商農間の格差が拡大した結果、洪水・旱魃《かんばつ》の発生にともなう農民の愁訴《しゅうそ》は治政の多難さに拍車をかける。譜代家臣のなかにさえ一〇人扶持の薄禄者が少なくはなく(25)、足軽《あしがる》や中間《ちゅうげん》といった武家奉公人の経済的な困窮は推して知るべし、であろう。

そんな彼らが士分を捨てて商の道に転じたとしても、さほどの不思議はない。あまつさえ、いずこの藩でも下士や武家奉公人は登用制のもとに置かれていたことから、世襲制の上士に較べて士分への執着心が概して薄い。その分、生活重視の傾向は強く、江戸時代も半ばをすぎた頃から「食えぬ武士《さむらい》よりも羽振りのよい商人《あきんど》」という生き方の見直しもさほど珍しくはなくなった。

かたや商家も、読み書き算盤に長けた下士を中年者《ちゅうねんもの》11として採用したり、死籍を継がせたり、婿や養子に迎えたりした。これによって、人的資源の側面から営業体制の維持と安定を確保できるからだ。商品流通の全国的展開と農業停滞による武士の窮乏を背景として、江戸末期には士と商のあいだの流動性が高まっていく(26)。

ここで「荘助碑」撰文の一節「君諱末金、通称荘助、佐佐木氏、系出自左兵衛尉盛綱」という一節を想起すれば、荘助の父・長谷川又右衛門こと佐々木又太夫は、士分とかかわりのある人間だったことがうかがえる。

下妻井上家は入封当初から江戸詰であり、下妻陣屋には「下妻表《しもつまおもて》　暫《にしばらく》　御在勤《ございきん》」を拝命した役人を常駐させていた。彼らは町同心・山方同心を配下に置いて領内管理をおこなう。井上家にも参勤交代が許されたのは、ようやく寛政元（一七八九）年になってからで、翌年より三～四カ月間の「藩主御《ご》在邑《ざいゆう》（藩主の領地在住）」が実施される(27)。

前出A氏の書簡には、荘助の父である佐々木又太夫＝長谷川又右衛門の素姓をめぐって「江戸勤めにて郷里に帰らない武士」という古老の推理も紹介されていたが、明治維新前後作成の下妻藩分限帳に記載された一三〇人の家臣中、二〇〇石取の家老格から金壱両弐分壱人扶持の坊主勤《ぼうずつとめ》にいたる九一人が江戸詰であった(28)。

佐々木又太夫がこうした江戸詰の足軽か中間《ちゅうげん》の子弟ならば、長男でない限り、家計を扶《たす》けるために商家の養子となる道を択《えら》ぶことは十分に考えられる。ただし、これを裏づける文書類は見当たらない。下妻藩のような小大名家の場合、下士の人事記録が明治維新の混乱のなかで消失・散逸していることも多い。

右記以外の可能性を探っていたところ、菊池桃子氏を介して「下妻中心部から北東に約半里（二キロメートル）離れた小貝川中流東岸の高道祖村《たかさいむら》（現・下妻市高道祖）に、旗本の佐々木家が拝領した知

11中年者　丁稚奉公を経ずに中途採用される者。奉公を経た者たちとは処遇に違いがあり、一般的には重要事務を担当できないとされていたが、才覚のある者については手代に昇る場合も少なからずみられた。

行所（領有地）がある」という情報をいただいた。

同村は江戸期をつうじて、計一〇におよぶ領主の支配下に置かれた。一村が二人以上の旗本や大名家臣によって知行されることを相給《あいきゅう》と称するが、『旧高旧領取調帳』によると、幕末期の高道祖村の年貢高構成は、佐々木勘四郎七四二石、今村万三郎一四一石、森川助之進八二石、三枝《さえぐさ》巳之輔《みのすけ》六四石、朝比奈勝之助五六石、飯田孫兵衛三石、永井寿之助一石に加えて、佐倉藩領分二六二石、常願寺朱印五石、安藤伝蔵支配所一七二石となっている(29)。

「荘助碑」撰文には「君諱末金、通称荘助、佐佐木氏、系出自左兵衛尉盛綱」とあったが、高道祖村を知行した佐々木家もまた、盛綱の父・佐々木秀義を棟梁《とうりょう》とする近江《おうみ》宇多《うだ》源氏《げんじ》の佐々木氏を祖としている(30)。

もっとも、高道祖村を知行所とした右記の旗本七家は、知行所の管理を名主に委託した不在領主にすぎない。相給にして石高一千石未満の知行所にわざわざ陣屋を構えて代官を置けば、維持経費によってたちまち家計が圧迫されてしまう。よって、不在領主である佐々木家が下妻在の商家と縁を持つ可能性はきわめて低いと結論できよう(31)。

以上のごとく、佐々木家のルーツにかんする筆者の調査は「ないない尽くし」に終わった。裏を返せば、荘助の出自を確定しうる史料——記録だけでなく記憶も含めて——がもはや残されてはいないことになる。

よってここでは、佐々木又太夫の素姓は判然としないまま、彼がいつの頃か士分に見切りをつけ、商家の長谷川家に入って「又右衛門」を名乗った可能性が高いということを確認するにとどめたい。息子の荘助に「末金」なる諱を付けたのは、長谷川家に入籍した佐々木又太夫の心底に、いまだ士分への未練や士《さむらい》としての矜持《きょうじ》が残っていたためとも考えられる。

それではつぎに、佐々木又太夫が入籍した長谷川家とは、いかなる物品をあつかう商家だったのか。これについては、「荘助碑」建碑費寄附者のなかに、「長谷川」姓の者が八人含まれていたことを想起すべきであろう。

ただし、長谷川捨三郎は、内国通運株式会社の株主で、福島県在住となっていることから、同県下の運送関連業者である可能性が高い。よって、荘助の縁者は残りの七人に含まれていると考えられる。大正四年五月三〇日発行の『茨城縣下妻市街付近全圖　確實信用家名鑑案内』なる商工業者の宣伝用地図[32]は、「下妻停車場」（現・関東鉄道常総線下妻駅）周辺で営業する商家を紹介したものだが、そこに「和漢砂糖調達所　和洋菓子製造卸小売　常陸下妻町坂本　長谷川寅次郎」という名がみえる。この長谷川寅次郎が建碑寄附者中の長谷川姓七人のいずれかに連なる人物である可能性は高い。

平原の下妻取材メモによると、荘助の実姉である長谷川マツの養子・勝之助（旧姓櫻井）の娘が嫁いだのは坂巻家。『茨城縣下妻市街付近全圖』によると、同家は下妻丁の小豆砂糖問屋となっており、菓子商とは商売上のつながりを感じさせる。

また、『下妻市史』には「旧幕期から製茶販売で知られた上宿の長谷川銕五郎《てつごろう》」という記載がある[33]。『茨城縣下妻市街付近全圖』にも「於大正博覧會褒状受領　銘茶　藤花園　常陸下妻町　長谷

川商店　上宿」が掲載されており、これがおそらく長谷川銕五郎の店舗であろう。「長谷川銕五郎」の荷印は「⿱ヘ大」（「サシヤマ」に「大」）、「長谷川寅次郎」の荷印は「⿱入大」（「イリヤマ」に「大」）であることから、おそらく両者は同族であろう。

筆者が水戸地方法務局下妻支局保管『旧土地台帳』を調べたところ、明治二二年に長谷川銕五郎が萩原作平なる人物に売却した下妻乙一五〇一番地所を、明治二六年に長谷川寅次郎が買い取り、昭和二二年に寅次郎子息の清一がこれを相続している。

このときすでに寅次郎の店舗があった場所は曹洞宗多寶院《たほういん》（現・下妻市下妻乙一〇三五）に売却されており、その他の所有地も常総鉄道株式会社に譲渡されていた。『ゼンリン住宅地図茨城県下妻市』（二〇一八年七月発行）で「常陸下妻町坂本」に該当する区域を調べてみたが、現在その一帯に長谷川姓の家は確認できなかった。

余談ながら、旧上宿一帯は銘茶として名高い下妻茶を産する粟飯原山《あいはらやま》（現・下妻市下妻字相原山）の南裾に位置し、茶取引の拠点であった。享保年間（一七一六～三六年）における下妻在住の「農間渡世」の商工業者のうち、茶問屋は三九軒あり、造酒屋《つくりざかや》の一五軒、紺屋の一五軒、薬種問屋の五軒を圧倒している[34]。『名家傳』をはじめ『百傑傳』、『朝野略伝』はいずれも長谷川又右衛門を「豪商」と称していることから[35]、ブランド力の高い銘茶をあつかう茶商のほうがその呼称にふさわしい気がしなくもない。

閑話休題《それはさておき》。右が下妻での調査をつうじて筆者のつかんだ情報である。荘助の出自に直接つながるものは残念ながらえられなかったが、それらをつなぎあわせると、長谷川家が菓子や茶といった嗜好品を商う下妻中心地の商家であり、佐々木又太夫はそこに迎えられて長谷川又右衛門を名乗った、という推測は成り立つであろう。

下妻は水陸交通の要衝であり、安政二（一八五五）年には城廻・西当郷《にしとうごう》・南当郷《みなみとうごう》、東当郷《ひがしとうごう》の下妻四カ村で計二三軒の旅籠《はたご》が営業していた(36)。商人の往来や商家同士の交流が盛んなことをうかがわせ、普段から菓子や茶に対する需要も高かったにちがいない。

いずれにせよ、荘助の実家である長谷川家は下妻在町の裕福な商家であり、又右衛門は荘助を含めて男女六人の子どもに恵まれ、後継の心配もなかったであろう。建碑寄附者に名を連ねた長谷川姓の人物八人のうち、福島県の長谷川捨三郎を除いた七人から又右衛門の跡を継いだり、分家を興して菓子商や茶商を営んだりする者がでたと考えられる。

荘助の巣立ち

さて、ここまで推論に推論を重ねてきたが、それは荘助のなかに陸運近代化の先駆となる素養や資質が育まれた背景にせまるためである。俗に「三つ子の魂百までも」というが、下妻に生まれた荘助はどのような環境のもとで商才を磨いたのだろうか。

平原の取材メモによると、天保七（一八三六）年九月八日に長谷川又右衛門が死去している。このとき荘助はまだ二歳に満たず、父の記憶はほとんどなかったであろう。ために、生前の父については母や兄姉たちから思い出話として聞かされる程度であったと想像される。第六子——おそらくは末子——であったことから、家督を相続できる立場にもない。

若年死亡率が高かった江戸期、長男と二男を跡取りとして自家に留め置き、三男以下の男子は元服《げんぷく》する一二～一六歳頃を機に、本家を離れて年季奉公にでるのが商家の通例であった(37)。『名家傳』は、元服後の荘助の消息を左のように伝える。

「年十二三ノ比《くらい》ころ、下総《しもうさ》結城《ゆうき》町《ちょう》（現・茨城県結城市）ノ商賣某ノ丁稚《でっち》トナリ、居ル両三年、自ラ以《お》為《もえ》ラク此地邊境《へんきょう》ニ位シ市井《しせい》単小、固《もと》ヨリ大業ヲ為スノ地ニアラスト、去ツテ江戸ニ游ヒ日本橋廻漕店泉《ママ》屋甚兵衛（吉村氏）ニ寄リ其業ニ従フ時ニ年十六（荘助は一二～一三歳の頃に下総国結城町の商家某で丁稚奉公するも、二～三年経つと、同地は鄙《ひな》にあって狭苦しく、とても大きなことができるような所ではないと思い、江戸にでて日本橋の廻漕店和泉屋甚兵衛に入店して廻漕業に従事する。このとき一六歳であった）」(38)

これにしたがえば、荘助は弘化三～四（一八四六～四七）年頃に長谷川家をでて、結城の商家へ奉公にあがったことになる。

当時、結城は五街道のひとつ日光街道の脇往還である日光東街道の宿駅であり、鬼怒川舟運も利用できることから、奥羽《おうう》（現・東北地方）・常総野《じょうそうや》（現・茨城・千葉・群馬・栃木・埼玉各県と東京都東部域を含む北関東一帯）両地方と江戸をむすぶ交通の要衝として栄えていた。

この地の利を活かして販路を拡げたのが、特産品として名高い結城紬《つむぎ》。江戸期をつうじて幕府や諸藩は、贅沢《ぜいたく》禁止の法令を発して、庶民層による高価で華美な絹織物の売買・着用を厳しく規制したが、屑繭《くずまゆ》を原料とし、外見が木綿に近い紬に限っては「名主・農家の女房も着用差し支えなし」とした。その結果、鬼怒川周辺で生産される真綿の手紡ぎ糸を使い、地機《ぢばた》で織った結城産の紬は江戸で好評価をえたのち、「結城」の名で全国各地へと流通していく。

紬取引の方法は、江戸の問屋商人が結城の買継《かいつぎ》問屋に送金して買付けを依頼するのが一般的であった。結城には一〇軒の買継問屋があり、毎月四と九の日に六斎市《ろくさいいち》[12]が立つ。買継問屋はそこで紬生産者から買い付けた紬を、月に六度、飛脚に託して越後屋・大丸屋・松坂屋・布袋屋《ほてい》といった江戸の問屋商人に送った。常陸国下館周辺（現・栃木県真岡市ならびに茨城県下館市）で生産された真岡《もおか》木綿が鬼怒川舟運で江戸に運ばれたことと比較すると、輸送に日数を要する陸路で運ばれた結城紬が持つブランド価値の高さがうかがえよう(39)。

ついでながら、結城は日光東街道に位置することから、海路で江戸に回漕されたあと利根川や鬼怒川で運ばれた大和《やまと》（現・奈良県全域）産や摂津《せっつ》平野《ひらの》郷《ごう》（現・大阪市平野区）産の繰綿《くりわた》、尾張三河（現・愛知県東半分）産の木綿を、奥州街道で会津、仙台、最上、盛岡といった東北各地へと運ぶ、いわゆる「綿の道」の中継地のひとつでもあった。当然、繰綿《くりわた》や木綿をあつかう問屋の活動も盛んとなる(40)。

こうした事実を勘案すると、仮に結城における荘助の奉公先が紬買継問屋や綿問屋であった場合に

12 六斎市　室町から江戸期にかけて月六回開かれた定期市。開催日が上・中・下旬に各二回の一カ月六回あったことから、仏教思想の六斎日にちなみ六斎市と称される。

は、そこで飛脚を活用した商用書状や金銀・為替、あるいは商貨の輸送にかんする知識を身につける機会も多かったであろう。実家の長谷川家も裕福な商家であれば、荘助にとって飛脚の利用は幼い頃から見慣れた光景ではなかったか。

ちなみに、江戸より下妻への宿継経路は、千住《せんじゅ》（現・東京都足立区千住・荒川区南千住）を経て、新宿《にいじゅく》（現・東京都葛飾区新宿）―松戸（現・千葉県松戸市松戸・本町）―小金《こがね》（現・千葉県松戸市小金）―布施《ふせ》（現・千葉県柏市布施）―戸頭《とがしら》（現・茨城県取手市戸頭）―守谷《もりや》（現・茨城県守谷市）―水海道《みつかいどう》（現・茨城県常総市水海道）―石下《いしげ》（同右）―下妻となっている(41)。

思えば、日本列島は地形複雑にして、大小の山と谷が交互に連なり河川も多い。道は平坦な部分がことのほか少なく、起伏に富む。あまつさえ、江戸期には主要街道筋に関所が多数設けられていた。つまり、陸路は物資の円滑で迅速な輸送には適していなかった。いきおい、まとまった量の荷を遠くまで運ぶ最良の方法は、河川や海を使うに如かず、ということになる。

ただし、そこには水難事故の危険や潮流・風向きによる遅延もつきまとう。そのために、急を要する公用ならびに商用の書状、大切な金銀や為替、繊細で破損しやすい商貨や小荷物などは、人馬をもちいて陸上輸送せねばならなかった。それを請け負ったのが江戸、京都、大坂の三都を拠点として、諸国の商業拠点をむすぶ五街道とその脇往還で活動していた飛脚問屋なのである。

巻島隆は飛脚を題材とした狂歌や川柳をとりあげ、飛脚が庶民にとって身近な存在であったことを紹介している。「室町に御所の名ありて送り文ゆきとときたる京やふさわし〔京都の室町には御所があるのだから、そこに書状を送り届けるのは、やはり信用のある日本橋室町の京屋彌兵衛がふさわしいことよ〕」、「十七屋日本の内はあいといふ〔江戸の定飛脚問屋十七屋孫兵衛は、日本のなかなら、どこでも『あいよ』と輸送を引き受けてくれる〕」という二首は、いずれも全国津々浦々に書状・金銀・為替・商貨・小荷物を届けてくれる飛脚に対して庶民が抱く愛着や親近感を詠《うた》ったものだ(42)。

こうした事情に鑑みて、下妻の裕福な商家で育った荘助が結城の商家で人生初の丁稚奉公を経験したとすれば、それが飛脚稼業に身を置いたとき、短期のうちに頭角を現わす重要な下地になった、という推論も成り立つだろう。

なお、前出『名家傳』からの引用では、「泉屋《ママ》甚兵衛」が「廻漕店」となっているが、本来「廻漕店」は船舶による貨客の海上輸送に従事する。だが、和泉屋は江戸の定飛脚問屋であり、街道筋の宿駅を利用した内陸輸送を請け負っていた。よって、和泉屋を「廻漕店」と記したのは本戸の誤りであろう。

さて『名家傳』には、荘助が「此地邊境ニ位シ市井単小、固ヨリ大業ヲ為スノ地ニアラス」と見切りをつけ、一五～一六歳で故郷を離れて和泉屋甚兵衛に入店したとある。おそらくは嘉永三（一八五〇）年前後であろう。この逸話からは、裕福な商家に育った末子の気楽さといささか世間知らずな野心もうかがえる。

これに関連して、『朝野略伝』の記述を左に引こう。

「幼《おさなき》より穎悟《えいご》の聞《きこ》え嘖々《さくさく》たりしと云う。長ずるに及びておもえらく、僻陬《へきすう》の地もとより大事をなすに足らずと。すなわち去って江戸に至り、更におもえらく、男子儒者となりて世道を裨益《ひえき》することなくんば、僧侶となりて衆生を済度《さいど》すべく、しからずんば身を商会に委ね、商業の発達を謀り国益を増進すべしと。千思万考の末、儒者たらんことを決し、大槻盤渓《おおつきばんけい》の門に入り、切磋琢磨の効たちまちにして嶄然《ざんぜん》頭角を現わす。しかれども氏の親戚はかえって氏が儒学に耽溺《たんでき》するを厭《いと》い、商業家たらんことを慫慂《しょうよう》することははなはだ切なりしかば、氏は翻然前志を変じ実業家たらんとし、日本橋瀬戸物町の飛脚問屋泉屋事吉村甚兵衛《ママ》氏の丁稚となる。時に年甫《はじ》めて十六歳（幼い頃から荘助の聡明さは評判であり、成長するにしたがって、下妻のような田舎に居ては大事をおこなえぬと思うようになった。そこで故郷を離れて江戸にいき、男子と生まれたからには儒学者となって世に役立つか、僧侶となって人びとを救済するか、あるいは商売人となって世を豊かにしたいものだと考えた。熟考の末に儒学者になろうと決め、大槻盤渓の門下生となり、学友たちと切磋琢磨すると瞬く間に頭角を現わした。けれども、親戚縁者は荘助が儒学に没頭することを懸念し、商売人として生きることを切望したので、荘助は思い切って志を転じ、実業家の道を歩むべく日本橋瀬戸物町（正しくは佐内町）の定飛脚問屋和泉屋甚兵衛に丁稚奉公することとなった。このとき荘助は一六歳であった）」(43)

江戸にでた荘助は、当初、学問の道を志したという。『百傑傳』もほぼ『朝野略伝』の記述に準じている(44)。仮に先掲『名家傳』にある「去ツテ江戸ニ游ヒ」という一節を「遊学」と解すれば、右掲『朝野略伝』の記述はそれを敷衍《ふえん》したものといえよう。

井上家は藩政拠点を江戸に置き、陣屋には少数の役人が配置され、藩主の在邑期間も三〜四カ月にすぎない時代が長く続いた。その結果、儒学者が下妻領内には定着せず、私塾も幕末まで普及しなかった(45)。よって、儒学者をめざすには江戸遊学に如かず、ということになる。

ここで若き荘助が商売ではなく学問＝儒学を志した動機について、筆者なりの推理を述べておきたい。それは荘助が江戸中期の儒学者・新井《あらい》白石《はくせき》（一六五七～一七二五）の自叙伝『折たく柴の記』に感銘を受けたのではないか、ということだ。

同書は写本として広く読まれていたが、その上巻には、白石の父・新井正済《まさずみ》の逸話が記されている。要約すると、下妻領主の多賀谷宣家に仕えていた新井勘解由《かげゆ》（白石の祖父）が没したあと、四男の正済は青銅百疋《ひき》（永楽銭換算で千文）を腰に巻いて一三歳で単身江戸に出奔。やがて上総国久留里（現・千葉県君津市）の土屋家に仕官し、江戸詰めのときに白石をもうけた(46)。

「少年よ大志を抱け」というわけではないが、一六歳の多感な荘助が郷土の先覚の逸話にふれて、みずからも儒学者を志したとしても不思議はなかろう。

話をもどすと、『朝野略伝』において「荘助が入門した」とされる大槻盤渓（一八〇一～七八）は、江戸定詰《じょうづめ》の仙台藩士にして、漢学・洋学のいずれにも精通した当代屈指の知識人であった。『名家傳』、『朝野略伝』、『百傑傳』はともに、荘助の離郷と和泉屋入店を一六歳頃のこととしており、これにしたがえば荘助が盤渓に学んだ時期は弘化三～嘉永三（一八四六～五〇）年のことになろう。盤渓一家が藩命を受けて仙台へ帰任するのは文久二（一八六二）年九月であり、江戸にでた荘助が盤渓の門下に入ることは時期的に可能だ(47)。

荘助がいかなる人物を頼って江戸に赴いたのかは定かでない。かつて佐々木又太夫を名乗った亡父の縁者で、江戸勤番の誰かを頼ったのだろうか。仮にそうだとすれば、荘助が盤渓に師事したのは、その人物の縁によるとも考えられる。筆者が別の機会に調べたところでは、盤渓は各藩の江戸勤番衆が参加する歌会などに顔をだしていたという記録もある(48)。

しかし、『朝野略伝』は、江戸に遊学した荘助が縁者の反対に遭って学問の道を断念し、商売の道に引きもどされた、と記している。ここでふたたび厄介な問題が登場する。

それは「荘助碑」撰文にある「年二十二来江戸、事吉村甚兵衛、吉村氏業郵信所謂定飛脚問屋者（二二歳のときに江戸に来て、定飛脚問屋の吉村甚兵衛に仕える）」という一節。また、明治二八年四月一日の建碑式で詠《よ》みあげられた祭典詞にも「御齢廿二にして江戸に出給ひ旧の定飛脚問屋と云業なる吉村何某に従ひ（二二歳で江戸にでられ、当時は定飛脚問屋と称していた吉村何某の世話になり）」とある(49)。いずれも荘助が和泉屋に入店した年齢を『名家傳』、『朝野略伝』、『百傑傳』にある一六歳よりもさらに六歳上の「二二歳」としているのだ。

これについて巻島隆は「十二歳の間違いではないだろうか。江戸時代の慣例からすると、二十二歳からの奉公では和泉屋で惣代を務めるほどの出世はできないものと思われる」(50)という疑義を呈しているが、「荘助碑」建立には荘助が死の直前まで社長を務めた内国通運の関係者も多数かかわっているのだから(51)、誤記ということもまた考えにくい。

一六歳入店説と二二歳入店説はいずれも典拠が不詳。通常、江戸期には職場に奉公する場合、身元保証書にあたる奉公人請状を奉公先に提出するが、荘助にかんする該当書類は現時点において日通関係の諸史料のなかにも見当たらない。

ここで、荘助が和泉屋に入店して自立するまでの足取りを筆者なりに物語ると、おおよそ左のようになる。すなわち、

——荘助はまず一二歳で結城の商家に丁稚奉公に入り、一五〜一六歳の頃に学問を志して、父方の縁者を頼って江戸に遊学。大槻盤渓の門下に入り、漢学や洋学を学ぶ。しかし、長谷川家の強い要望もあって、学問の道にすすむことをあきらめ、安政三（一八五六）年に二二歳で和泉屋甚兵衛に入店する——

これは必ずしも根拠なき筋立《シナリオ》ではない。じつは荘助の和泉屋入店にさきだつ文政年間（一八一八〜三〇年）には、幕府が貨幣改鋳を断行した結果、物価が高騰して各地の馬持や人足が困窮した。必然的に人馬の不足や荷駄賃の値上げが発生、道中の治安も悪化していく。

ついで、洪水や冷害による深刻な飢饉の影響を緊縮財政と綱紀粛正によって緩和しようと実施された天保改革（一八四一〜四三年）は、その一環として株仲間の解散を強行。その結果、三都の飛脚問屋はいずこも難しい舵取りをせまられていたのである。

このような状況に対して、「道のりの総元締」と謳《うた》われた江戸日本橋で営業する和泉屋が将来の家運をになう人材を、伝統的な奉公人制度による「叩き上げ」＝内部育成ではなく、広く外部に求めたとすればどうであろうか。荘助はおそらく格好の存在と映ったはずだ。

けだし、荘助は関東交通の要衝である下妻の商家に生まれ育ち、結城の商家に奉公していたことから飛脚の利用にも馴れ親しんできたし、漢学・洋学につうじた大槻盤渓の薫陶《くんとう》を受けて学識と先取の気概にも恵まれていたからである。

右掲『朝野略伝』は、荘助が「僻陬の地もとより大事をなすに足らず」と決意して江戸にでたという逸話を紹介し、「穎悟の聞え嘖々たり……切磋琢磨の効たちまちにして嶄然頭角を現わす」と述べ、その学才を特筆している。

さきに荘助が新井白石の父・正済の故事に触発されて江戸遊学を決意したのではないかと推理したが、『折たく柴の記』には少年の正済が江戸への心細い道中において知り合った「脚力」＝飛脚人足の温かい世話を受けたことも記されている[52]。

（飛脚というのは、心がけもよろしく、世に益を為す稼業ではないか）

と荘助は考えたのかもしれない。

話をすすめれば、和泉屋はこの聡明で向上心にあふれた若者を中年者として手代あたりに採用したのではないか。物流博物館蔵『永代定目』は宝暦六（一七五六）年に制定された和泉屋甚兵衛の家憲であり、「支配人勤方《つとめかた》」、「御屋敷方町方徳居勤方」、「若者勤方」、「年季勤方」、「目付役勤方」を列記している。「勤方」とは職務遂行のうえで遵守すべき心得であることから、和泉屋には支配人、御屋敷方町方徳居、若者、年季、目付役という職位が置かれていたことがわかる[53]。

このなかで「御屋敷方町方徳居勤方」は、帳簿を定期的に点検して支配人に報告すること、武家屋敷や商家などの得意先には決して私用で出向かないこと、原則的には綿服で勤務することなどを遵守項目としている。

一般に商家の手代は番頭や支配人のもとで経理と営業の実務を担当することから、和泉屋の御屋敷方町方徳居は手代に該当する職位と考えてよかろう。いまでいう現場主任の役割をになうのが手代なのである。

そう考えると、荘助が二二歳で奉公に入ったこともあながち不自然とはいえまい。平原は『荘助篇』で荘助の自殺にふれて「社内に頼るべき腹心が少なかったことも荘助を窮地に追い込んだ原因ではなかったか」という旨の推察を示している[54]。もしそうならば、荘助が丁稚奉公からの叩き上げではなく、才覚を見込まれて中途採用されたという筆者の推論とも符合する。

『名家傳』には左の一節がある。

図版６　第九代吉村甚兵衛

「荘助良主ヲ得ルヲ喜ヒ、謹直善ク力《つと》ム、泉屋《ママ》ノ長子某アリ、荘助ニ長スル一二《いちに》歳《さい》、意気相投シ小大共ニ與ル。其甚兵衛ノ後トナルニ及ンテ、益々用ヘラレテ、遂ニ支配人トナリ、本支店一切ノ事ヲ督ス〔荘助は良き主人に巡りあったのを喜んで、誠心誠意仕事に励んだ。和泉屋の長男は荘助よりも一、二歳年長であったが、互いに意気投合して、大事も小事も相談しあって決めた。和泉屋の長男が跡をとると、荘助はますます重用され、遂に支配人を拝命して、本店と支店の業務の一切を監督することとなった」[55]

『朝野略伝』も「氏（荘助─筆者）は忠直《ちゅうちょく》以つて主人甚兵衛に仕え、誠実を以つて朋輩と交わり、その顧客に対して懇切を主としたれば、甚兵衛氏の信用も浅からず、数年を閲して支配人に挙げられたり」[56]と、同様の記述をおこなっている。

ここで荘助と意気投合し、彼を重用した「泉屋ノ長子」こと第九代吉村甚兵衛（図版6）は、天保七（一八三六）年の生まれ[57]。右掲『名家傳』には「荘助ニ長スル一二歳」とあるが、実際は天保五年生まれの荘助のほうが甚兵衛よりも二歳年長ということになる。主従の間柄ではあったが、余り年齢の違わぬふたりが飛脚の将来を憂い、家業中興への方策を語り合うなかで、水魚の交わりをむすぶようになったことは想像に難くない。

荘助が和泉屋に入店した年齢を「荘助碑」撰文と建碑式祭典詞のとおり二二歳とすれば、中年者として採用されたあと、当初期待された以上の能力を発揮し、ほぼ同年齢の甚兵衛が第九代当主になると、その厚い信頼のもと入店一〇年を経ずして支配人に昇り詰めた、ということになる。荘助の支配人拝命の時期はやはり特定できないが、遅くとも明治維新前にはその地位にあった。

『名家傳』にある「遂ニ」という表現からもあきらかだが、支配人は飛脚問屋の奉公人中の最高職位であり、手代・丁稚・小僧といった店奉公人の人事全般を取り仕切り、荷物の受注・梱包・仕分けを差配し、帳簿管理や店舗の維持管理もおこなっていた[58]。

たしかに『永代定目』の「支配人勤方」にも、「支配之奉公人〈支配下の奉公人〉」、「主人名代〈当主の代理〉」という文言があることから、その地位の高さがうかがえる[59]。

荘助と意気投合した第九代吉村甚兵衛はいまでいうなら最高経営責任者（Chief Executive Officer）にあたり、支配人としてその右腕となった荘助はさしずめ最高執行責任者（Chief Operating Officer）になろう[60]。

なお、荘助は和泉屋入店に際して、「長谷川」から「佐々木」に改姓したと考えられる。そこには故郷の下妻と実家の長谷川家を離れて単身《ひとり》江戸で大志を遂げる強い決意と、士分を捨てた亡父に対する自分なりの供養の意味がこめられていたのではないか。

商人《あきんど》と武士《さむらい》、双方の心性《メンタリティ》をその身のうちに抱えたことは、荘助の人生行路に深い陰翳《いんえい》をもたらし、やがて偉大な成功の果ての悲劇的な結末へといざなう因《もと》となる。

Ⅱ　飛脚問屋の幕末維新

飛脚という事業《ビジネス》

ここでしばらく、荘助が身を投じた飛脚稼業の実態にふれておく。飛脚という言葉は、早くも平安末期の文献に登場する。巻島隆は文治元（一一八五）年二月の壇ノ浦合戦に勝利した源義経（一一五九〜八九）が飛脚によって勝報を朝廷に奏上したこと、鎌倉末期に幕府が編纂した史書『吾妻鏡《あずまかがみ》』にも飛脚という言葉が頻出することをあげ、武家の合戦のなかから誕生した言葉ではないかと推論している(1)。

とはいえ、現代人が飛脚という言葉から連想するのは、図版7のように、担《にな》い箱をゆわえた棒を肩にかついで、街道を颯爽《さっそう》と駆ける男伊達《おとこだて》ではないだろうか。じつは飛脚という概念には、書状や荷物の送達という仕事（occupations）だけでなく、公設の宿駅に常備された駄馬・人足を利用して書状、金銀、為替、商貨、小荷物の継立輸送を請け負う事業（business）も含まれる。

貨幣経済が発達した江戸期の中頃から物財の流通や人間の往来が全国規模で展開されるなかで、公設の宿駅制度を基盤として、宿駅継立による通信・輸送一体型の陸運事業を展開したのが、飛脚という存在なのである。それは登場順にしたがって左の三種に分類できる(2)。

図版7　「飛脚」図

（1）　継飛脚

これは各宿駅の問屋場《といやば》に昼夜を問わず常駐する人足が、刻限厳守を原則として、公用書状を目的地まで継立式に送り届けた幕府公用の飛脚である。東海道の江戸—京都間を最速五六時間つまり二日と八時間で駆け抜けた特急便であり、老中、京都所司代、大坂城代、駿府城代、勘定奉行、京都町奉行、道中奉行等の幕府要職者が利用した。まさに宿駅制度の根幹を成し、明治四年三月に創業する東海道筋先試郵便の元ともなった。

（2）　大名飛脚

継飛脚に倣《なら》い、諸大名が江戸藩邸—大坂蔵屋敷—領国間における書状や物貨の逓送にもちいた藩用飛脚である。主として、①大名家が足軽・中間・同心に書状送達をになわせる、②特定大名家が独自に継立所を設置して専門脚夫を走らせる、③大名家が民間の飛脚問屋を指定して定期的に書状送達をになわせる、④大名家が近在農村に賦役として課す、という四つの形態がある。とくに②は尾張名古屋、紀州和歌山、出雲松江、讃岐高松などが六～七里ごとに独自の継立所を設けて継ぎ送った「七里飛脚」として有名である。

（3）　町飛脚

貨幣経済の発展が緒に就いた一六〇〇年代中頃、江戸に進出した上方《かみがた》の飛脚問屋のなかから、大坂城や京都二条城を警備する単身赴任の旗本――大番頭とその配下の番士――が江戸の家族や知人との連絡を月三度の回数で請け負い、各宿駅の問屋場において、一回三疋の伝馬《てんま》を御定賃銭《おさだめちんせん》（定額料金）で利用できる特権をえて、大番頭や配下の番士の書状・物貨のほかに、富豪や商家の書状、金銀・為替、小荷物の逓送請負にも着手する業者が登場した。これが三都の飛脚問屋仲間である。京都仲間は順番飛脚、大坂仲間は三度飛脚、道中奉行より公許されて特権を与えられた江戸仲間は定飛脚を名乗った(3)。

右記（1）～（3）のなかで、飛脚として後世が真っ先に連想するのは、やはり（3）の町飛脚であろう。そこには、三都の飛脚問屋のほかに、大坂堂島の米相場を近畿一円および西国筋の豪商・米穀商に届ける米飛脚、やはり大坂で定められた菜種・綿花油の相場を伝達する油飛脚、そしてさきほども紹介した紬飛脚などの特定物産の運送に特化した飛脚が含まれる(4)。

また、「江戸市中のどこからどこまではいくら」と値段を決めて書状や小荷物を送り届ける「便り屋」や、「町小使」とも呼ばれる近距離送達を請け負う業者もいた。担い箱をゆわえた棒の先に鈴をつけ、それを鳴らしながら市中を廻ったことから、「ちりんちりんの町飛脚」（図版8）として親しまれ、幕末には江戸市中で七〇軒ほどが活動していたという(5)。

こうした市中特化型の飛脚を主人公にした出久根達郎の『おんな飛脚人』は人情時代小説として人気が高く、テレビドラマにもなったために、「これが飛脚だ」と思われるむきもあろう(6)。けれども、これからあつかうのは、江戸後期に登場した市中限定の書状・小荷物配送業者ではなく、宿駅制度の特権的利用により書状・金銀・為替・商貨・小荷物の全国逓送を請け負った三都の飛脚問屋仲間であることを確認しておく。

そのうえで話をすすめると、飛脚問屋仲間は互いに協力して、安永二（一七七三）年には年間五〇両の冥加金《みょうがきん》[1]を納めることを条件に、宿駅での継立にかかわる特権を認めるよう道中奉行に嘆願する。それから九年を経た天明二（一七八二）年、道中奉行はまず江戸の飛脚問屋にのみこれを認めたうえで、「定飛脚」として公許された問屋仲間の継立駄賃をすべて相対賃銭（自由料金）から御定賃銭に準じた金額に改定。宿駅の人馬が不足した場合には助郷《すけごう》より徴発して飛脚荷の滞留を防ぐ旨、各宿駅に対して通達した(7)。

幕府からこのような特権を保証された飛脚問屋仲間は、株と呼ばれる営業権を拠り所として同業者組合＝仲間を結成、新規参入

図版8 「ちりんちりんの町飛脚」

1冥加金　冥加とも呼ばれた商工業者の営業免許税。個人上納と株仲間税の二種類がある。

を制限するとともに得意先の争奪を禁止し、仲間全体と各家の事業永続をめざす。

三都の飛脚問屋は、互いを「三ヶ処合体之家業家柄」とみなす意識を共有し、遠隔地の特定店を相《あい》仕《し》と称して、それらとのあいだで荷の発着をおこなった(8)。ちなみに、江戸と大坂の飛脚問屋は、寛政六（一七九四）年〜天保八（一八三七）年に、図版9のような相仕《あいし》関係をむすんでいる(9)。

三都飛脚仲間の中核となったのは、やはり幕府の御膝元にして五街道の起点となった江戸日本橋に店舗を構えた定飛脚問屋である(10)。荘助が故郷の下妻を去って江戸にでた頃、定飛脚問屋は紆余曲折を経て五軒となっていた。これを五軒仲間と呼ぶ。すなわち、図版10に示した佐内（左内）町の和泉屋、同瀬戸物町（現・東京都中央区日本橋室町一丁目一三付近）の嶋屋佐右衛門、同室町二丁目（現・東京都中央区日本橋室町一丁目五付近）の京屋彌兵衛と山田屋八左衛門、同呉服町（現・東京都中央区日本橋二丁目一付近）の江戸屋仁三郎である。

そのうち京屋は京都資本江戸店、嶋屋は元禄期に大坂飛脚組合の手《て》板組《いたぐみ》[2]が江戸に設立した江戸会所＝江戸店である。前者が京都白木屋の梃入れで東国各地に出店を置いて身代《しんだい》を大きくしたのに対して、後者は大坂の複数業者が営業株を長期保有し、東国への輸送路を手堅く開拓しながら成長した。

付言すると、京屋彌兵衛や嶋屋佐右衛門はいずれも同名の当主がいたわけではなく、前者については幕末の頃に村井家の経営となった。かたや後者は手板組の営業株所有者が常駐し、日常業務の差配を支配人におこなわせていた。また、江戸屋仁三郎は大坂平野町の江戸屋平右衛門の持店《もちみせ》、山田屋八左衛門は幕末になると京屋の持店となっている。よって、五軒仲間のなかで創業時より当主世襲制をとっていたのは、荘助が務める和泉屋甚兵衛だけであった。図版11は江戸期和泉屋の店舗を描いたもので、後代の作と考えられる。

さて、定飛脚の五軒仲間をはじめとする飛脚問屋を業態面から眺めれば、まことに独特の趣《おもむき》がある。なによりもおもしろいのは、彼らが書状・金銀・為替・商貨・小荷物の逓送に必要な駄馬や人足を独自に所有していない点だ。その名のとおり、彼らは問屋資本であり、自身が直接に逓送という

江　戸	＼	大　坂
大坂屋茂兵衛	−	江戸屋平右衛門
嶋屋佐右衛門	−	津国屋十右衛門
和泉屋甚兵衛	−	天満屋彌左衛門
京屋彌兵衛	−	尾張屋惣右衛門
大坂屋茂兵衛	−	江戸屋九左衛門
和泉屋甚兵衛	−	近江屋喜平次
同　　上	−	尾張屋七兵衛
同　　上	−	尾張屋吉兵衛
同　　上	−	天満屋吉右衛門

図版9　江戸・大坂飛脚問屋の相仕関係

2手板組　一六七一年設立。金銀輸送を請け負い、有力な飛脚組合に成長。一七〇〇年代末に最盛期を迎えるが、一八〇〇年代前期から中期にかけて債務が嵩んで経営難に陥る。

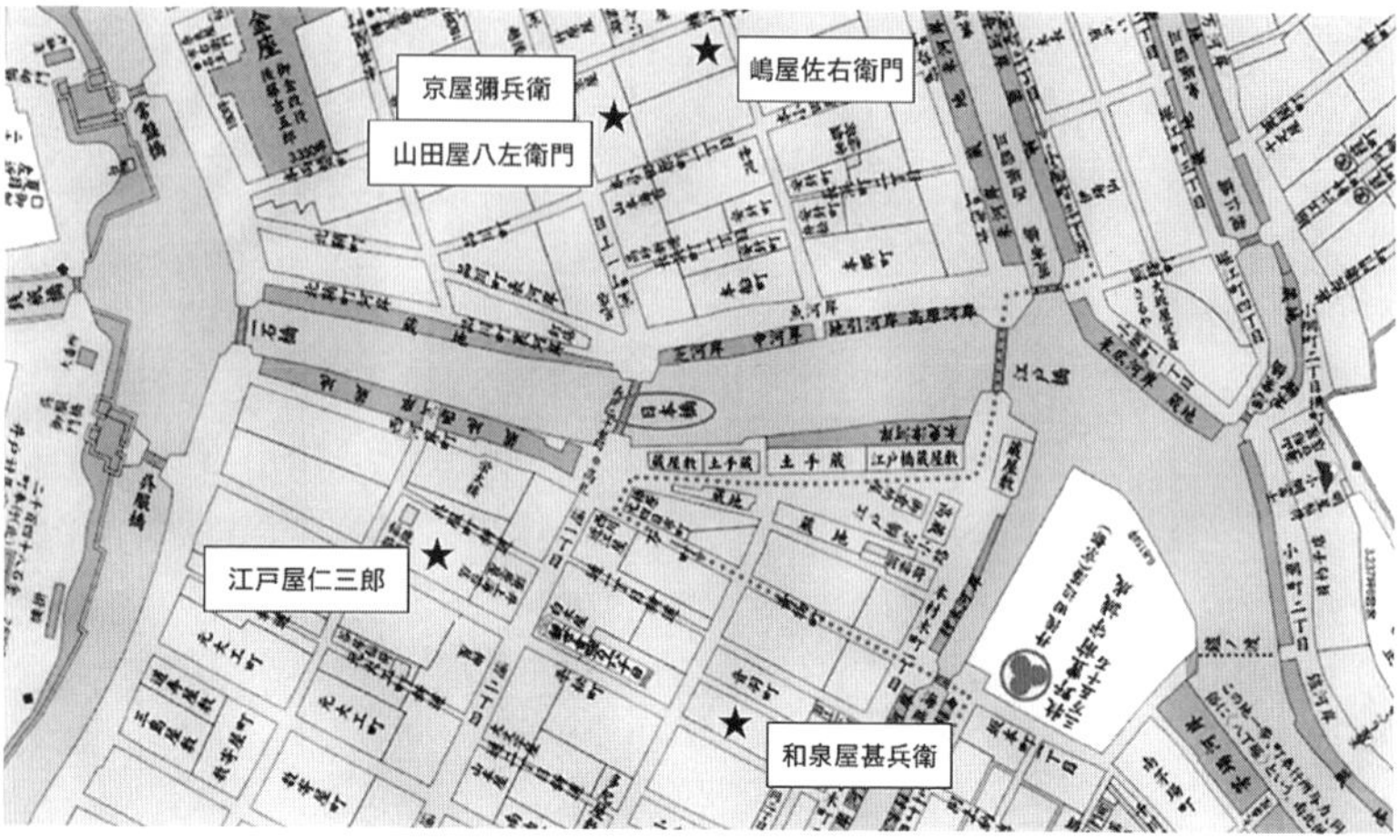

図版 10　幕末期の江戸定飛脚問屋所在図（中央の円枠「日本橋」）

サービスの生産過程をになうものではなかった。つまり、逓送の御膳立てが飛脚問屋の本分なのである[11]。

改めて確認すれば、飛脚問屋が逓送を請け負った書状・金銀・為替・商貨・小荷物は、幕府が五街道や脇往還に設けた各宿駅常備の人馬を宿駅ごとに交替させる継《つぎ》送《おくり》によって目的地まで届けられた。その際に荷物を運ぶ駄馬と人足の調達や逓送の指揮・監督を担当したのが、のちほどふれる飛脚宰領《さいりょう》（以下、宰領）である。

ここで宿駅の「宿」とは、貨客の運搬に必要な人馬を継ぎ立てる設備のある中継所を意味する。それに付随して、旅客や運搬従事者の休泊機能をになう町場、いわゆる宿場町が形成された。

通常、宿場町は街道に沿って町割りがおこなわれたために、たとえば東海道筋に設けられた宿場町——京都三条大橋までは五三宿、大坂高麗橋までなら五七宿——では町並みの長さの平均が約一キロメートルにおよぶ。町の両端には通行人を監視する見附《みつけ》が設置された。街道からこれを通過し、問屋場や旅籠《はたご》が立ち並ぶ区画を経て、町の中心にある本陣へといたる。そして、ふたたび旅籠が立ち並ぶ区画を経て、見附を通過すれば町並みは途切れて街道にでた[12]。

飛脚問屋が顧客から託された荷の継立には、道中奉行の認可を受けた問屋場の管理する駄馬が使用される。東海道では、原則として一〇〇人・一〇〇疋の常備が各宿に義務づけられていた[13]。図版12は東海道藤枝宿の問屋場での継立風景を描いたものである。

問屋場の運営にあたるのは宿場町の有力者であり、問屋主人とこれを補佐する年寄、伝馬の手配係である馬指《まざし》、人足の手配係である人足指、諸記録を担当する帳附のほかに百姓代・割元役・迎番などから構成された。駄馬の飼育や人足の確保、為替の換金を主要な業務とし、概して責任が重く、仕事も繁多でありながら実入りは少ない。そのために、問屋場の多くは時代が下るにつれて疲弊していった[14]。

図版11　江戸期の和泉屋甚兵衛店舗

話をもどすと、飛脚問屋による逓送は、おおよそ左のかたちでおこなわれている。

「町飛脚（定飛脚）が依頼を受けたる荷物は、先づ各仕向地に従て之を區別し、正味八貫目毎に一個の荷物を造るを常とす、各荷物は其縄の掛け方に依ては向地を表はし一見鑑別に便ならしめたり（中略）而して一人の宰領は信書及び貨幣を自から逓

図版12　問屋場での継立風景

送するの外《ほか》大抵荷物二十個即ち十駄を護送し、此等の荷物護送費（人馬運賃の仕拂宿泊料等一切）は、打切勘定にて宰領に給與するを例とせり、即ち飛脚問屋に於ては相當の賃銭を受け取り逓送を引受けたるときは、其の賃銭の幾分を口銭《くちせん》（手数料）として之を収め、其残額を宰領に與《あた》へて護送中一切の損益計算を負擔《ふたん》せしめしなり」[15]

なお、ひとりの宰領が使用できる駄馬の頭数は宿駅によって異なるが、「一駄は馬一頭の積載量にして、荷物二個の事を称し、荷物一個の重量は二十貫目（約七五キログラム）と称すれども、実際の正味は十八貫目（約六七・五キログラム）にして、十駄の荷物は即ち二十個なるを以て、其の正味三百六十貫目（約一三五〇キログラム／一・三五トン）」[16]であった。

さて、飛脚問屋は利用客から受け取った逓送請負料金（図版13）のうちの一定額を手数料として自身の利益とし、残額を打切勘定として宰領に前払いする。宰領はその打切勘定の範囲内で、継立輸送に必要な駄馬・人足の調達費や宿泊費を捻出しながら、同時に自身の儲けも確保した[17]。

形式的にみれば、飛脚問屋と宰領はそれぞれ独立した事業主体であったが、宰領の多くは「抱宰《かかえさい》領《りょう》」として特定の問屋に専属していたことから、両者は実質的な使用者―被用者の関係にある。とするならば、飛脚とは担い箱や状箱3をかついで街道を颯爽《さっそう》と疾駆する男伊達ではなく、この宰領こそが正しい意味での飛脚の姿であるといえなくもない⒅。

図版14は瀬戸（現・静岡県藤枝市青島付近）をゆく定飛脚問屋大坂屋茂兵衛（天保年間に借財のために闕所《けっしょ》）の宰領を描いたものと考えられる。笠をかぶり、半纏《はんてん》をまとい、所属店の屋号「㊅」を白抜きした胸当姿で、腰に道中差と呼ばれる護身用の小刀を帯びている。宿駅で調達した駄馬の背の両側に菰《こも》掛《が》けした荷をつけ、そこに飛脚であることを示す絵符を差し、駄馬の轡《くつわ》を馬子にとらせて、みずからは騎乗して荷の護衛にあたる。

顧客より託された大切な荷を護って長駆移動する宰領には、寒暖の変化に耐えうる頑健な体力、変事や難事に遭遇しても動じない度胸と機転が求められた。また、足許《あしもと》をうかがって賄賂をえようとする問屋場の役人や馬方、そして酒代をねだる宿場人足に負けぬ押しの強さと迫力も兼ね備え、読み書き算盤を能《よ》くし、世知に長《た》けた人物でなければならない⒆。

継立が円滑におこなわれるか否かは、まさに宰領の裁量にかかるといっても過言ではなかった。明治期になり、飛脚問屋が合本型の会社組織を作ると、仕事の内容はそのままに、護送人と称されるようになる。

3状箱　書状を入れて運ぶための木製・革製の蓋付小箱。

<table>
<tr><th colspan="5">江戸定飛脚仲間定則運賃〔1830～1864年〕</th></tr>
<tr><th>請負日限</th><th>出発定日</th><th>逓送品</th><th>運賃</th><td rowspan="10">請負日限の「○日限」とは、当地を出発してから江戸表届先に到着するまでの日数を示す。ただし、これはあくまでも最速日数であり、概ね三～八日の遅れが見込まれる。</td></tr>
<tr><td>六日限</td><td>幸　便</td><td>書状一封</td><td>銀二匁</td></tr>
<tr><td>同　上</td><td>同　上</td><td>荷物一貫目</td><td>銀五〇匁</td></tr>
<tr><td>同上</td><td>同　上</td><td>金百両</td><td>銀五五匁</td></tr>
<tr><td>七日限</td><td>幸　便</td><td>書状一封</td><td>銀一匁五分</td></tr>
<tr><td>同　上</td><td>同　上</td><td>荷物一貫目</td><td>銀四〇匁</td></tr>
<tr><td>同　上</td><td>同　上</td><td>金百両</td><td>銀四五匁</td></tr>
<tr><td>八日限</td><td>幸　便</td><td>書状一封</td><td>銀一匁</td></tr>
<tr><td>同　上</td><td>同　上</td><td>荷物一貫目</td><td>銀三〇匁</td></tr>
<tr><td>同　上</td><td>同　上</td><td>金百両</td><td>銀三五匁</td></tr>
<tr><td>十日限</td><td>幸　便</td><td>書状一封</td><td>銀六分</td><td rowspan="14">出発定日のうち、「幸便」は二・五・八の付く日に集めた逓送品を一括して一カ月間に九度江戸から送るもの。「並便」は到着が最も遅いもので、概ね二五～六日を要する。「仕立」は物品一個を対象として即刻人を以て逓送し、請負日限のうちに必着させるものである。</td></tr>
<tr><td>同　上</td><td>幸　便</td><td>荷物一貫目</td><td>銀一五匁</td></tr>
<tr><td>十日限</td><td>幸　便</td><td>金百両</td><td>銀二〇匁</td></tr>
<tr><td>同　上</td><td>並　便</td><td>書状一封</td><td>銀三分</td></tr>
<tr><td>同　上</td><td>並　便</td><td>荷物一貫目</td><td>銀九匁五分</td></tr>
<tr><td>同　上</td><td>並　便</td><td>金百両</td><td>銀一一匁</td></tr>
<tr><td>正三日半限</td><td>仕　立</td><td>封物百目限</td><td>金七両二分</td></tr>
<tr><td>正四日限</td><td>同　上</td><td>同上</td><td>金四両二分</td></tr>
<tr><td>正四日半限</td><td>同　上</td><td>同上</td><td>金四両</td></tr>
<tr><td>正五日限</td><td>同　上</td><td>同上</td><td>金三両二分</td></tr>
<tr><td>正五日半限</td><td>同　上</td><td>同上</td><td>金三両</td></tr>
<tr><td>正六日限</td><td>同　上</td><td>同上</td><td>金二両二分</td></tr>
<tr><td>正三日限</td><td>同　上</td><td>同上</td><td>銀七〇〇匁</td></tr>
<tr><td>正六日限</td><td>催合便</td><td>書状一封</td><td>金一朱</td></tr>
</table>

図版13　江戸定飛脚仲間定則運賃（1830～1864年）

旧東海道筋の山科徳林庵《やましなとくりんあん》（現・京都市山科区四ノ宮泉水町一六）には、飛脚井戸（図版15）が現存する。文政四（一八二一年）六月、臼井金八という宰領の呼びかけで、京都・大坂・名古屋・金沢・奥州（現・東北地方）・上州（現・群馬県域）の宰領たちが寄進したものである(20)。

ときに金銀を預かって街道をゆく宰領は、いつ危険に直面するかもしれない。「自衛が基本」の彼らにとって、道中筋の消息はなによりも気がかりであり、問屋場や飛脚宿で自身と荷物の安全を図るためにお互いの持つ情報を交換したものと考えられる。東国各地から上方をめざす場合、必ず徳林庵前を通過したことから、ここを互いの交流の場にしようと考えて、井戸を寄進したのであろう。宰領同士の強い連帯感がうかがえる。

図版 14　街道をゆく宰領の姿

井戸の側面に刻まれた㊣は、ひとりの宰領が各宿の問屋場で駄馬と人足を交換しながら、書状・金銀・為替・商貨・小荷物を目的地まで運び通したことに由来すると考えられる。後述するように、この㊣はやがて定飛脚五軒仲間が中心となって設立する内国通運の社章のモチーフとなり、今日の日通へと引き継がれている。

閑話休題。右のような関係を現代風に表現すれば、飛脚問屋が逓送の段取りをつける代理店（agency）、宰領が逓送業務の現場指揮者（coordinator）、そして宿駅に置かれた問屋場が運送業者（carrier）ということになるだろう。

図版15　山科徳林庵の飛脚井戸（左は円枠部の拡大）

これを「他人の褌《ふんどし》で相撲を取る」と評すれば身も蓋《ふた》もないが、飛脚問屋にとっては、幕府が管轄する宿駅制度を特権的に利用するほうが、莫大な設備投資をおこなって人馬の継立を自前で運営するよりも、経済性の面ではるかに勝っていたのである。逆に、公権＝幕府側から眺めると、特殊な知識や技能を要する輸送業務を、民間業者＝飛脚問屋に特権を付与することで賄えることから、やはり経済的な利益は大きい。

いささか行論を先まわりすれば、このような公権との関係性は明治維新後も継承され、明治政府の支援をえた飛脚問屋は特権的な問屋資本としての内実を残しながらも、近代的な会社組織を備えた政商＝内国通運へと変身を遂げる。そして、明治中期より官営鉄道を軸に鉄路輸送が拡張を遂げるなかで、内国通運は鉄道と荷主のあいだに立ち、発荷主戸口から発荷駅、そして着荷駅から着荷主戸口までの荷物輸送をになう小運送業――その後、利用運送業――へと発展していくのだが、その種子はすでに伝来の家業のうちに胚胎《はいたい》されていたといえよう。

重複を許されたい。宿駅常置の駄馬・人足は、本来、幕府が宿駅住民や助郷村民の賦役を前提として、無銭ないし御定賃銭で公的輸送に供したり、一般人が相対賃銭で利用したりするものだ。江戸の定飛脚仲間は、冥加金――初年度の天明二年に百両、翌年からは毎年五〇両――を上納し[21]、それと引き換えに幕府から宿駅・助郷村民の賦役を御定賃銭に準じた料金で利用する特権を保証されてきた。したがって、飛脚問屋が宰領を介しておこなう逓送業務の効率性は、幕府が宿駅制度を危なげなく維持できるかどうかにかかる。当然、この前提が崩れれば、飛脚問屋の営業にも支障がでる。

継立日限を守ることの困難は貨幣経済の浸透によって物流の全国展開が常態となった一八世紀から顕在化しつつあり、これがさらに深刻なものとなったのは、いわゆる内憂外患によって幕藩体制が動揺した天保年間（一八三〇～四三年）以降のことである[22]。

内憂としては、大規模な飢饉の影響による宿駅や助郷の疲弊と窮乏を指摘できる[23]。物流拡張と諸家往来によって街道筋の宿駅は経年疲弊し、解消しきれぬ負担を助郷役に指定された近在の諸町・諸村に転化していく。助郷役は当初、村高一〇〇石につき駄馬二疋・人足二人であったが、交通量の増大にともない年々加算された。

そこで、幕府は宿駅に隣接した村だけでなく、宿駅から五～六里ないし一〇里以内の町村も加助郷に指定する。だが、一〇里も離れていては往復に二日を要し、ただ一日の賦役に計三日を費やすこともあった。とりわけ農繁期の人馬徴発は、農村の疲弊に拍車をかける。

結果的に、各地の助郷村で賦役軽減を訴える百姓一揆が起こった。そのなかで、天保八（一八三七）年には元大坂町奉行与力にして陽明学者の大塩平八郎（一七九三〜一八三七）が貧民救済を訴えて大坂で挙兵。いわゆる大塩の乱であるが、その鎮圧後も大塩に呼応するかのように各地で「救民」を求める一揆が続発し、幕威の衰えを世間に印象づけた。

飢饉と一揆の影響を受けて街道筋が混乱を来すと、飛脚継立の滞りによる荷の延着が頻繁となる。そして、幕権の回復を画した天保改革はかえって幕威の失墜をまねいたが、その一環として断行された株仲間の停止は飛脚問屋の経営に一定の変質をもたらしたと推察される(24)。

内憂とともに外患もまた深まった。ロシア船、アメリカ船、イギリス船が日本近海にあいついで出現したことから、江戸初期以来「鎖国」の名で続いた排外的な海禁政策は岐路に立つ。天保一三（一八四二）年、清国が阿片戦争[4]でイギリスに敗れて香港を割譲し、上海など五港の開港を余儀なくされた報が日本に伝わると、動揺した幕府は薪水給与令《しんすいきゅうよれい》を発して、漂着した外国船に燃料と食糧を与えることとした。

外患の決定打となったのは、嘉永六（一八五三）年と翌安政元年にアメリカ合衆国東インド艦隊を率いて来航したペリー（Perry, Matthew Calbraith：一七九四〜一八五八）の強圧的な外交姿勢。これに屈した幕府は日米和親条約を締結、二〇〇年以上にわたる海禁政策を事実上放棄した。この事件を契機として、日本はいわゆる幕末動乱の時代に突入する。

世情騒然とするなか、太平洋に面する東海道節の通行は混雑し、飛脚便が延引《えんいん》しがちとなった。そこで、急きょ京屋彌兵衛と嶋屋佐右衛門が中山道経由の並便・早便を仕立てたところ、今度は同沿道で上方輸送にあたってきた上州出店が過重負担による業務支障を訴える始末(25)。そのうえ開国論と攘夷論が対立し、前者が佐幕論、後者が尊王論とそれぞれむすびつき、両者の対立は日に日に先鋭化していく。

二二歳になった荘助が和泉屋に入店したと推定される安政三年には、安政大地震の混乱が収まりかけたのもつかのま、下田玉泉寺（現・静岡県下田市柿崎三丁目）に初代アメリカ総領事タウンゼント・ハリス（Harris, Townsend：一八〇四〜七八）が領事館を開設、翌年幕府に修好通商条約の締結をせまった。これにともない、江戸―京都間を急使が盛んに往来する。

安政五年には幕府大老・井伊直弼《いいなおすけ》（一八一五〜六〇）が朝廷の許可をえないまま日米修好通商条約5の調印を断行。そのうえで、反対派の公家や大名を政局から排除し、翌年にかけてその家臣、協力者、同調者を多数検挙・処罰した。世にいう安政の大獄である。

これが一段落した万延元（一八六〇）年、幕府は条約批准書交換のための外交使節団をアメリカに派遣。だが、使節団の一行が品川を出航した二カ月後、水戸・薩摩浪士が江戸城桜田門外で井伊を討

4阿片戦争　一八四〇年にイギリスのアヘン密輸問題をめぐり英・清両国間で勃発した戦争。
5日米修好通商条約　函館のほか神奈川・長崎・新潟・兵庫の開港、江戸・大坂の開市、領事裁判権の設定、自由貿易の承認、協定関税、公使の江戸駐在と領事の開港地駐在などを規定。

ち果たす。幕威は完全に地に堕ちた。

付言すれば、安政五年に幕府がアメリカを筆頭にオランダ、ロシア、イギリス、フランスと修好通商条約を順次締結し、翌六年に横浜を開港すると、生糸・蚕種・茶といった輸出品を産する地域は横浜での貿易動向を注視しはじめる。

当然にも、そうした地域の人びとは海外市場の情報をいち早く入手しようとするから、横浜―産地間の商用書状や金銀・為替、そして商貨の継立請負が定飛脚問屋にとっての新たな収益源となった。実際、定飛脚五軒仲間のひとつ京屋彌兵衛は、開港まもなく神奈川宿に分店を開設している。もともと京屋は大坂・京都のほかに蚕糸業が盛んな上州（現・群馬県）や甲州（現・山梨県）にも分店を持ち、江戸とこれらの地域をむすんでいた。開港地の横浜ではなく、隣の神奈川宿に支店を置いたのは、従来から東海道筋の宿場を逓送拠点としていたためであろう(26)。

とはいえ、時勢の急転はもはや飛脚問屋の手には負えなかった。宿駅制度の機能低下には歯止めがかからず、街道や脇往還の各宿駅には飛脚荷に加えて旅客も滞留、上下人心は荒《すさ》んで道中の治安は悪化の一途をたどる。

開港地貿易が輸出超過となるにつれて、米や油をはじめとする日常必需品の物価が上昇。宿駅と助郷は人足の確保と駄馬の維持にかかる経費の負担に耐えられなくなり、業務軽減や役職辞退を嘆願するが、聞き届けられぬとみるや組織的な怠業《サボタージュ》に訴えた。

中山道馬籠《まごめ》宿本陣の第一八代目として生まれた島崎藤村（一八七二～一九四三）は、父・島崎正樹の生涯をモチーフとした長編小説『夜明け前』のなかに、問屋場書役を務める亀屋栄吉が問屋主人と武士のあいだに起きた喧嘩の様子を語る場面をはさんでいる。

「なんでもこの節は力ずくで行こうとする。こないだも九太夫さんの家の方へ来て、人足の出し方が遅いと言って、問屋場で暴れた侍がありましたぜ。（中略）その侍は土足のままで、問屋場の台の上へ飛びあがりましたぜ。そこに九郎兵衛さんが（中略）いきなり侍を台の上から突き落としたそうです。さあ、怒るまいことか、先方は刀に手を掛けるから、九郎兵衛さんがあの大きな体でそこへ飛びおりて、斬れるものなら斬って見るがいいと言ったそうですよ。ちょうど表には大名の駕籠が待っていました。大名は騒ぎを聞きつけて、漸《ようや》くその侍を取りしずめたそうですがね」(27)

このように、徳川家の権勢が揺るぎなき時代には想像できなかった事態に直面して、威光を失くした幕府や諸藩に被支配層の反抗を抑えきる力は残されていなかった。

元号が慶応に改まり、同二（一八六六）年には薩摩・長州両藩が密かに軍事同盟を締結、幕府による第二次長州征討[6]を挫折させた。すると、翌三年に第一五代将軍・徳川慶喜《よしのぶ》（一八三七〜一九一三）は大政奉還を朝廷に上表して幕府の延命をはかる。

この動きに危機感を募らせた薩長ならびに宮中の討幕派は、強引な朝廷工作によって王政復古の大

6 第二次長州征討　一八六五年に長州藩で討幕派がクーデターにより実権を掌握。幕府は勅許をえて征長令を発し、三二藩に動員を命じるも、芸州口・石州口・小倉口で敗北。

号令を発し、天皇を中心とする政府を新たに樹立。そして、慶応四（一八六八）年に入るや政府と旧幕府が鳥羽・伏見で激突するにおよび、東海道を中心とした主要街道筋の混乱は頂点に達した。

元来、飛脚問屋という逓送請負事業は、その輸送の速度・量・経費などが、全面的に既存の交通手段の性能に規定されている。独自の交通手段を持たない飛脚問屋は、宿駅制度による人馬継立が機能不全に陥ったことで、新たな活路を海路に求める動きもみせた。

『東京市史稿　市街篇　第四十八』の「蒸氣飛脚船開設事蹟」項には、「慶應三年九月十二日壬戌江戸大坂間ニ蒸氣飛脚船ヲ開設シ、士民ノ便乗ヲ許ス」、「奇捷丸《きしょうまる》九月二十八日（慶應三年）品川出船、海上三日ニテ大坂着船之積」(28)という記事が収録されている。

これについては、『明治以前日本土木史』にも「慶應三年幕府は廻船御用達加納《ママ》次郎作に命じ、蒸汽船奇捷丸を以て江戸・大坂間毎月三回往復の航海を開かしめたり。（中略）従来の廻船問屋を用達廻船問屋と稱《しょう》し、會所《かいしょ》に附属せしめ、公私を問はず蒸汽船に便乗し、又は貨物運送を託することを許し（中略）船客二百人、荷物二千石迄搭載するに足る旨示達せり。之江戸・大坂間の蒸汽飛脚船なるものにて、汽船定期船の開祖なり」(29)とある。

摂津国《せっつのくに》御影村《みかげむら》（現・神戸市東灘区御影）の廻船問屋当主「加納次郎作」は、「嘉納治郎作（一八一三〜八五）」と表記するのが一般的である。

このときに定飛脚問屋も幕府より廻漕方を委託され、菱垣廻船《ひがきかいせん》問屋・樽廻船《たるかいせん》問屋7と提携して、蒸気船による物貨運漕に乗りだした。風待《かざま》ちに日数を奪われない蒸気船の利点を宣伝し、「陸路同様に宰領を付けて貨物管理にあたらせる」ことを顧客に約束したという(30)。

『日通社史』は維新前後における通信・輸送体系の実情を左のように総括している。

「開国を迫る外国艦船の去来や、倒幕をさけぶ西南諸藩の鎮圧に、飛脚業や運送業は繁忙をきわめるはずであるが、開港にともなう物価の騰貴や、軍需品輸送のために街道筋の疲弊をきたし、元治一（一八六四）年八月には、各駅の疲弊と常備人馬の不足を補うために、小車二五輌を新造して、京、伏見、草津の間の継立にあたらせたが、さらに慶応二（一八六六）年一〇月には、江戸市中や五街道宿駅の荷物を運送するため馬車を許し、馬を中心とする徳川幕府の伝統的継立制度も変質した。それによる飛脚請負業もまた崩壊の一歩手前にあり、他方においては、物資を馬背で目的地まで直送する中《ちゅ》馬《うま》や中附馬《なかつけうま》[8]のような輸送機関が伸長しつつあり、ついに慶応三年、各駅の助郷が廃止され、封建的輸送機関は麻痺しつつ明治維新をむかえるのであった（表記は原典のまま）」(31)

こうして三都の飛脚問屋は難局に直面したが、明治維新を経て成立した新政府にはいまだ明確な交通行政の青写真がなく、旧幕時代の通信・輸送体系を原則的に維持するよりほかなかった。京都と江

7 菱垣・樽廻船問屋　菱垣廻船は一六一九年に堺商人が創始した大坂―江戸間の廻船。千石積帆船を使用。樽廻船は酒店組が創始。船脚の速い二〇〇～四〇〇石積帆船を使用して菱垣廻船を圧倒。

8 中馬や中附馬　信州伊那地方（現・長野県伊那市一帯）の農民が農閑余業としてはじめた馬背輸送。江戸中期には信州一円から尾張、三河、駿河、相模、江戸にまで拡張、東海地方と中部地方をむすぶ重要な運送手段となる。

戸の二拠点で新政に着手した政府は、戊辰内乱の戦線北上に対処すべく、京都―江戸城―前線間での軍事・行政情報の伝達路を是が非でも確保せねばならなかったからだ。

この渦中で政府は、慶応四年三月「天下之公課」として布告第二百号『海内《かいだい》一般《いっぱん》助郷《すけごう》役《やく》ノ令』(32)を発し、助郷賦役を特定村にのみ課す旧制を廃した。続いて、諸事一新の一環として、四月一日に布告第二〇七号『京都宿驛役所ニ於テ諸道驛逓ノ事ヲ掌ルヲ布達セシム』(33)を発して、全国宿駅の統轄機関として京都宿駅役所を開設。閏四月二一日の太政官職制改定[9]によって会計官中に駅逓司《えきていし》を新設、京都宿駅役所を駅逓役所と改称したうえで駅逓司の管轄下に置いた。これが我が国交通運輸担当部署の嚆矢である。

駅逓司は六月八日発令の布告第四五四号『宿驛《しゅくえき》改正《かいせい》仕法書《しほうがき》』(34)によって、宿と助郷を一体化した新助郷を設け、宿を駅、問屋場を伝馬所と改称。問屋役人・助郷総代といった旧名称を廃止し、新助郷中の公選で伝馬所取締役を決めるように布告する。

これにともなって営業継続が許された飛脚問屋は、旧幕時代の特権を維持しようと、七月に公用定賃銭かそれに近い額で新助郷の人馬を借り受けたい旨の請願を提出。これに対して、駅逓司は七月六日発令の布告第五三二号『御用状飛脚賃銭定額』(35)において、馬一頭につき一里四四〇文としたうえで、東海道往来に九三駄分の宿馬提供と、定便として東行・西行それぞれ月に九便の計一八便、急便として東行九便、西行一二便の計二一便、合計東西便三九便の運行を飛脚問屋に認めた。

付言すれば、四四〇文は江戸期の定額賃銭の一一倍にあたるが、当時の相対賃銭の一里一貫＝九六

○文の半額にも満たない。飛脚問屋が旧来の特権を維持したのとは対照的に、旧宿駅改め新助郷の財政負担は解消されないばかりか、その重さをいや増したのである。

駅逓改革から郵便創業へ

さきに飛脚問屋の業態を「他人の褌で相撲を取る」と表現したが、これは決して揶揄《やゆ》ではなく、事業の本質をうがったものである。「他人の褌」とはいうまでもなく、江戸期には幕府が、維新直後は政府が管轄した宿駅制度であり、飛脚問屋はいずれの統治者からも宿駅人馬の特権的な使用を認許された。

「御公儀は無くなったが、天朝様とて我々無くしては政事《まつりごと》もままなるまい。戦《いくさ》が片付けば、街道筋もだんだんと鎮まるゆえに、伝来の家業はこのさきも安泰ということだ」

江戸改め東京の定飛脚仲間をはじめ、京都・大坂の飛脚仲間にも安堵の色が漂ったにちがいない。かたや旧宿駅と助郷は財政の窮迫が深刻化し、運営が困難な状態となっていた。そもそも内陸輸送の現業を賦役に頼る方法は、貨幣経済の浸透にともなって活発な貨客の往来が常態化した江戸後期よりすでに限界を迎えていたからだ。

9 太政官制改定　太政官は内閣制度施行までの最高官庁。立法・司法・行政三権を統括し、下に七官を置く。翌一八六九年の版籍奉還後に六省を管轄する官庁となり、左・右両大臣、大納言、参議が政治に参画。

幕末期には国内物流の拡大と海外貿易の開始にともなう物価騰貴が宿駅制度の財政を麻痺させており、そこに戊辰戦線の拡大による人馬往来の急増が追い討ちをかけた。結局、政府による駅郷一体化政策は賦役のさらなる増大をまねいたばかりか、飛脚問屋への特権付与が旧宿駅の費用負担をいっそう重いものとする。

——これでは御公儀のほうがマシではないか。なんのための御一新だったのか?!

という怨嗟《えんさ》の声も全国の旧宿駅と助郷からあがった(36)。

「伝馬所の衆には不憫《ふびん》であるが、こちらとて伝来の家業をなんとしても守らねばならぬで……」

日本橋佐内町の和泉屋店内では、当主の甚兵衛がいささか後ろめたそうな表情を浮かべ、ため息まじりにいう。

「兎にも角にも、当方と致しましては天朝様の心証を少しでも良くしておかねばなりませんな」

支配人の荘助は甚兵衛にそう念押しした。

そんな光景も想像されるが、明治元(一八六八)年一一月、甚兵衛は江戸市中の有力商人たちとともに東京府に召喚され、商法会所10の元締を申しつけられ、勤務中の苗字帯刀《みょうじたいとう》を許された(37)。

(痛し痒《かゆ》しではあるが、天下の主が変わっても、これまでの特権はお認めいただかねば……)

荘助は内心忸怩《じくじ》たる思いではなかったか。

このときの政府の意図は明白。財源確保のために豪商の資金力を利用しようという魂胆である。「迷惑な話だ」と内心は思いつつも、権力の庇護を事業の拠り所としてきた飛脚問屋にすれば、「長いものに巻かれる」ことを厭《いと》うては家業存続など到底叶《かな》わない。

翌明治二年一月、甚兵衛は会計官の為替方頭取並を拝命し、二月には通商司11の管轄下にある東京商社に出仕して出納方役を務めた。六月には東京為替会社の設立に際して身元金＝出資金を供出し、頭取並を拝命している(38)。

「天朝様の世になって随分と忙しくなったわ」

甚兵衛がこぼすと、荘助はすかさず釘を刺した。

「ここは我慢にござります。これが天朝様の御眼鏡《おめがね》に適《かな》いますれば、のちのち……」

「効いてくる、というわけじゃな」

甚兵衛は苦い表情でうなずいた。

しかし、すでに維新前の慶応三年一二月七日（一八六八年一月一日）、日米修好通商条約に則《のっと》って、兵庫津東隣の寒村・神戸（現・兵庫県神戸市中央区海岸通り）が西の貿易拠点として開港していた。

維新後は政府が中央集権国家の建設を推進するとともに、自由な物流と交際を全国的な規模で促進

10商法会所　一八六八年閏四月、商業振興のための金融を目的として会計官商法司のもとで各地に設置された機関。一八六九年三月、商法司廃止にともない消滅。
11通商司　一八六九年二月、貿易事務一切の管轄機関として外国官のもとに設置。本司を東京に、支署を大坂・京都・堺・各開港場等に置き、その下に設置された為替会社・通商会社を監督指揮した。

した結果、宿駅制度にもとづく通信・輸送体系の改革が喫緊の行政課題として浮上する。

明治二年一月二〇月の太政官布告第五九号『箱根始メ諸道關門《かんもん》ヲ廢《はい》ス』(39)によって全国諸道の関所が撤廃されるにおよび、幕藩体制下での厳格な通行規制は事実上消滅した。当時、政府は定飛脚仲間に東京発の公用書状の逓送を委託していたが、旧駅の財政負担を軽減すべく、飛脚問屋が保持してきた特権に抜本的な見直しを加えはじめる。

まず、四月二七日に布告第三九七号『宿驛助郷ヲ改正シ日〆帳諸入費書付等ヲ進致セシム』(40)を発し、江戸期より長らく御定賃銭であった飛脚継立を、双方示談による相対賃銭に変更した。

「御公儀でさえもこのような仕打ちはされなかったのに……」

飛脚問屋は伝来の家業を支えてきた特権の廃止に落胆しつつも、政府の沙汰にはしたがうしかなく、相対賃銭での継立を承知する。

けれども、二カ月を経過した六月、東京五軒、京都九軒、大坂八軒、計二二軒の三都飛脚問屋は、御定賃銭の復活を駅逓司に願いでた。問屋場が飛脚荷を乱暴にあつかい、法外な継立賃銭を要求し、それを拒むと故意に継立を遅らせるといった報復を働くために、飛脚問屋は余計な失費をこうむるばかりか日限を守ることさえ覚束ない、というのが理由であった(41)。

荘助はしかし、いささか醒《さ》めた思いで、

（悪あがきに終わる公算が大きいだろう）

と予測した。

（それどころか、天朝様みずから飛脚稼業を営まれることになるかもしれん）

そんな不安に怯《おび》えたのではないか。

じつは江東区中川船番所資料館所蔵『内国通運会社社史関係史料』（以下『中川史料』）収録「内國通運會社沿革史資料」（以下「沿革史資料」）には、「佐々木荘助ハ嘗《かつ》テ福澤諭吉先生ノ著書等ニ拠リ稍々《やや》海外ノ事情ヲ聞知シ……（佐々木荘助は福澤諭吉（一八三四～一九〇一）の本を読んで、海外事情に多少なりとも通じていた）」[42]という記述がみられる。

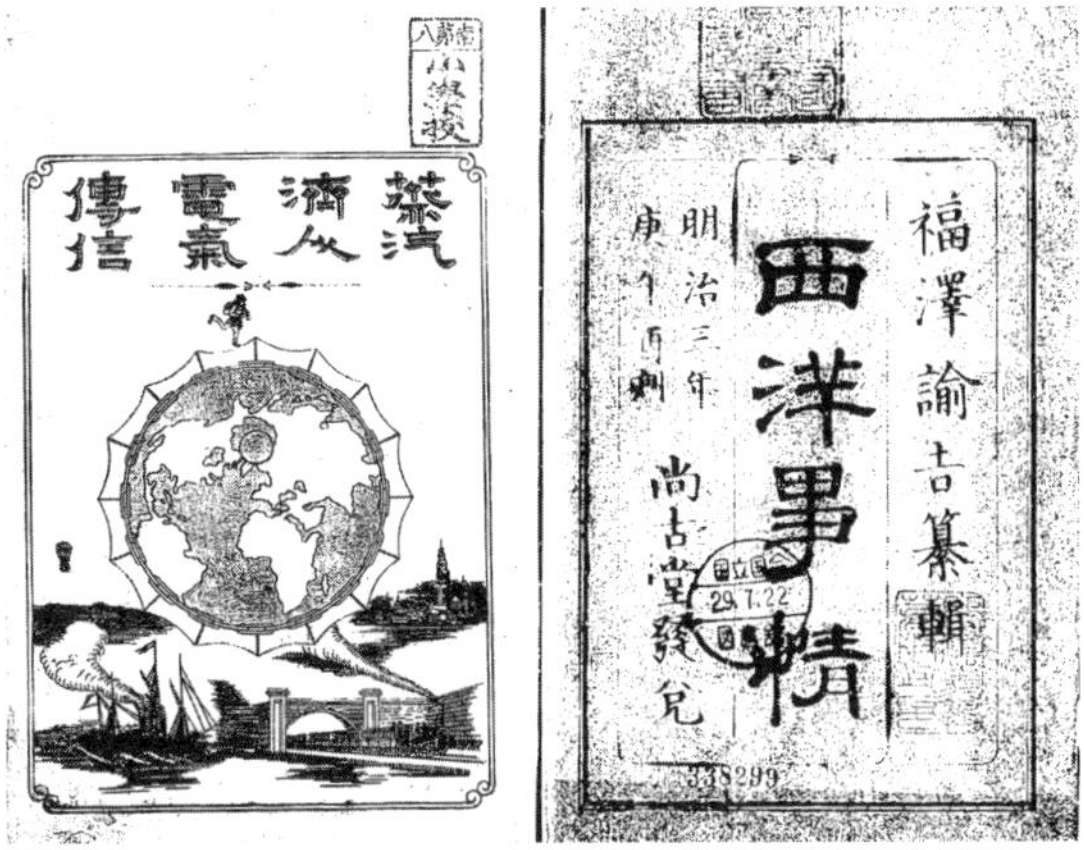

図版16『西洋事情初編』（表紙扉絵）

仮に荘助が和泉屋入店前に大槻盤渓の薫陶を受けていたとすれば、「福澤諭吉先生ノ著書」、すなわち慶応元（一八六五）年出版の『西洋事情初編』（図版16）を精読し、海外の文物や制度にかんする知識を獲得していたとしても不思議はない。

同書は福澤の手許《てもと》から発売されたものだけでも一五万部は下らず、大坂方面に流通した海賊版も含めれば二〇～二五万部が流通したといわれる。中間値を採って正規・非正規版合わせて二二万部と見積もり、これを当時の日本の人口三五〇〇万人で割れば、一六〇人に一人が読んだ計算と

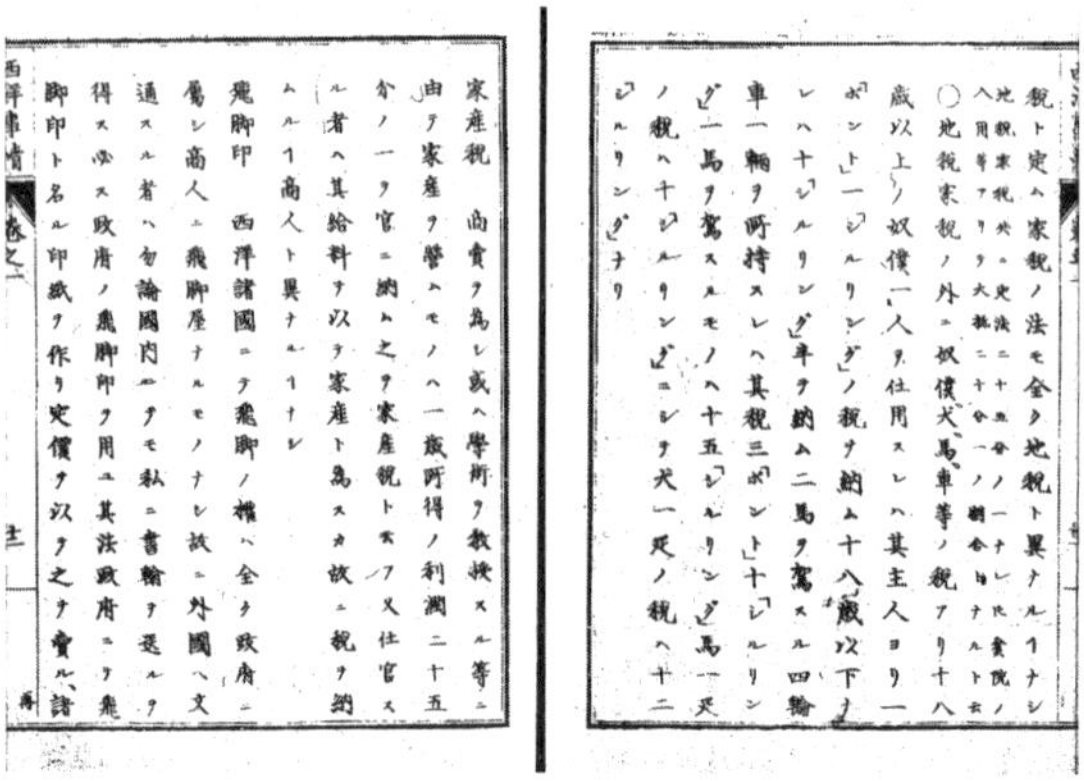
税ト定ハ家税ノ法モ全ク地税ト異ナルコトナシ
○地税家税ノ外ニ奴僕犬馬車等ノ税アリ十八
歳以上ノ奴僕一人ヲ仕用スレハ其主人ヨリ一
ポンド一シルリングノ税ヲ納ム十八歳以下ナ
レハ十シルリング半ヲ納ム二馬ヲ駕スル四輪
車一輌ヲ所持スレハ其税三ポンド十シルリン
グ一馬ヲ駕スルモノハ十五シルリング馬一疋
ノ税ハ十シルリングニシテ犬一疋ノ税ハ十二
シルリングナリ

家産税　商賣ヲ爲シ或ハ學術ヲ教授スル等ニ
由テ家産ヲ營ムモノハ一歳所得ノ利潤二十五
分ノ一ヲ官ニ納ム之ヲ家産税ト云フ又仕官ス
ル者ハ其給料ヲ以テ家産ト爲スカ故ニ税ヲ納
ムルコト商人ト異ナルコトナレ
飛脚印　西洋諸國ニテ飛脚ノ權ハ全ク政府ニ
屬シ商人ニ飛脚屋ナルモノナレ故ニ外國ヘ文
通スル者ハ勿論國内ニテモ私ニ書翰ヲ送ルヲ
得ス必ス政府ノ飛脚印ヲ用ユ其法政府ニテ飛
脚印ト名ル印紙ヲ作リ定價ヲ以テ之ヲ賣ル、諸

図版17 「収税法　飛脚印」

なる。いまだ貴重品・贅沢品であった書籍を購入できる経済力を持ち、本を読む素養のある人間ならば、ほぼ全員が読んだというに等しい数字だ(43)。

福澤は同書に「収税法　飛脚印」（図版17）という項を設け、「西洋諸國ニテ飛脚ノ権ハ全ク政府ニ属シ商人ニ飛脚屋ナルモノナシ（西洋諸国では書状・荷物の逓送業務が全面的に政府管轄下に置かれ、民間の商業者で飛脚を生業とする者はいない）」と記している(44)。

これを思い起こした荘助は、

（天朝様は文明開化をすすめておられる。このままならば、早晩、飛脚稼業が立ち行かなくなる事態も出来《しゅったい》しよう……）

と危惧したのではないか。

実際、飛脚問屋による御定賃銭復活の請願は駅逓司に却下された。ここに飛脚問屋は、旧幕府の庇護下に、株仲間による独占運営と低く抑えられた継立賃銭によって利益を確保できた往年の営業特権を喪失したのである。

この措置はじつのところ、政府にも負担を強いた。継立賃銭を定額制から自由料金制に改変したことにより、東京の政府が定飛脚仲間に委託している東京発の公用書状にかかる費用も急増したのだ。

あまつさえ、継立賃銭を宰領と問屋場の交渉で決める旧慣行がいまだに存続していたことから、両者のあいだでは衝突が頻発し、迅速かつ円滑な継立に支障を来した。

通信・輸送行政に迷走する政府は、明治三（一八七〇）年三月九日、太政官布告第一八五号『驛逓規則ヲ定ム』(45)を発して、宿駅・助郷の一体化を廃し、定立人足一〇〇人と附属助郷を復活させる。さらに五月一二日には民部・大蔵両省の合議で『宿駅人馬相対継立会社取建之趣意説諭振』（以下『説諭振』）が採択された。これは公的機関たる伝馬所に代えて「宿駅人馬相対《あいたい》継立《つぎたて》会社」という民間会社を設立し、それに一般向けの輸送業務を委ねて街道継立の行き詰まりを打開しようという趣旨の行政指導書で、会社の概念、その必要性と運営方法、業務遂行上の心得、継立運賃の設定方法などを盛り込んでいた(46)。駅逓司吏員が東海道筋各宿を巡回、『説諭振』にもとづく会社設立の勧誘をおこなっている(47)。

けれども、東京―横浜間に電信線路が開通し、横浜―神戸間に定期蒸気船が就航、鉄道敷設計画も廟議《びょうぎ》決定されるなかで(48)、国内の通信・輸送体系を旧宿駅制度にもとづいて整備していては、新たな時代の要請に応じきれないことはあきらかだった。

就中、飛脚継立に要する費用負担は、政府関係者の甚だしい不興と反感を買う。このことは明治一五（一八八二）年一月発行『中外郵便週報』掲載の「郵便開設以前に係る官信逓送法紀略」という記事のなかで、左のように回顧されている。

「彼等（飛脚問屋―引用者）は之（御定賃銭から相対賃銭への切り替え―引用者）を奇貨とし或は駅路物

価の騰貴を鳴らし或ハ急脚夜行を口実として、非常の価格を請ひ貪ぼり、其嚢底《のうてい》に落る者実に毎月数千金の多きに及べり、是実に驚くべく亦《また》憎むべきか如しと雖《いえ》とも而も之を顧想するに当時倥偬《こうそう》政府未だ其方法を設けす有司また其理を糺《ただ》さゞるを以て彼《か》の黠商《てんしょう》等に此の如き私利を占断せしむるに至りたるにや口惜かりし次第なるべし〔飛脚問屋たちは政府御用を任されたことを幸いに、ときに街道筋の物価高騰を訴え、ときに昼夜兼行の急便逓送を口実として、法外な請負賃銭をせしめ、その懐に入った利益は月当り数千両におよんだ。これはまことに驚くべきことであり、また憎むべきことであったが、いま振り返れば、当時政府は諸事多忙で有効な逓送方法を設けることができず、藩閥官僚たちも飛脚側の主張を論破できず、腹黒い商人どもが私利を貪るに至ったことは口惜しい仕儀であった〕」(49)

実際、明治三年には政府が公用書状の逓送の目的で五軒仲間に支払った賃銭だけでも毎月一五〇〇両、年額一万八〇〇〇両にのぼった。この実情を知って、「それならば、同等の金額を投じて、政府みずから新たな書状逓送の業を開けばどうか」と考えたのが、ほかでもない、前島密なのである。

前島は天保六（一八三五）年一月に越後国中頸城郡《なかくびきぐん》津有村《つありむら》（現・新潟県上越市）の上野家に生まれた。幼名は房五郎。生年は荘助よりも数カ月遅いだけで、ほぼ同年齢である。少年期より洋学修業に励みながら全国を周遊、慶応二（一八六六）年に幕臣・前島錠次郎の家督を継ぎ、名を前島来輔《らいすけ》と改めた。

じつは洋学修業中の文久元（一八六一）年、前島は遊学先の長崎でアメリカ史の概説書『聯邦志略《れんぽうしりゃく》』を読み、「駅逓院長掌管水陸駅伝、無論発國来往書函、計路程之遠近断銀数之多寡、皆於是取定為〔郵政長官（postmaster general）は水陸の駅伝を掌り、国内外に往復する書状を、距離の遠近によって料金を定めて取りあつかう」[50]ことを知り、その便利さに強い関心を抱くこととなった。

明治二年一二月に民部省改正掛に任命されると、前島はただちに鉄道敷設原案『鉄道臆測』[12]を作成し、その優れた行政手腕を政府要人に印象づける。翌三年四月には租税権正《ごんのかみ》となり、租税の金納化に取り組む。五月に駅逓権正兼務を命じられると、満を持して「東京・京都・大坂の三都並びに東海道沿道の民間人の書状送達でえた料金収入によって、公用通信費を含む新式逓送事業の運営経費を賄い、将来の投資に要する資金の確保も可能」とする試算をまとめ、「仕立飛脚法改正」に着手したい旨を民部・大蔵両省会議に請願した。

前島は試みに駅逓司公文書の三都飛脚問屋への委託を停止し、東海道筋において「当分の間」という条件で、官制の伝馬宿継便を開始すべく、六月二日の民部・大蔵両省会議に「試験旁々《かたがた》先東海道筋西京迄三十六時《さんじゅうろくとき》大坂迄三十九時《さんじゅうくどき》限之郵便毎日発行〔試験を兼ねて、まず東海道筋の京都まで七二時間内、大坂まで七八時間内の郵便を毎日発行〕」したい旨の『新式郵便之仕法』を提出[51]。これを受けて、太政官は東京―京都―大阪をむすぶ試験郵便の試行を裁可した。

前島はただちに新式郵便創業の準備に着手するが、その矢先に鉄道借款問題の処理を任された大蔵大丞《だいじょう》・上野景範《かげのり》（一八四四〜八八）の補佐としてイギリス出張を命じられた。そこで、渡英直前の六

12『鉄道臆測』　民部大輔の大隈重信の命によって、前島が鉄道建設費と営業収支の見積を試算した報告書。早稲田大学蔵大隈重信関係資料『鉄道施設等ニ関スル内外人意見書』のなかに収録。

月半ばに新式郵便事業に必要な現業実務にかんする情報を定飛脚問屋から聴取しようと、和泉屋甚兵衛を召喚する。

和泉屋が定飛脚問屋の代表に指名されたのは、京屋や嶋屋とは違って江戸資本であること、また嶋屋のように複数株主による共同経営ではなく代々世襲の当主＝吉村甚兵衛を置いていたことから、話をとおしやすいと目されたこともあろう。

くわえて、すでにふれたところであるが、和泉屋が新政府に協力的な姿勢を示してきたことも、召喚を受けた理由と考えられる。甚兵衛は政府管轄機関への出仕に続き、明治三年正月には京屋彌兵衛・嶋屋佐右衛門・江戸屋仁三郎とともに回漕会社13の頭取並を拝命(52)、六月には開拓使御用達物産取扱方にも就任している(53)。

巻島隆は、和泉屋が「新政府の御用を請け負う意図」のもとで「明治政府との急接近」を図った結果、「京屋弥兵衛と嶋屋佐右衛門の方が江戸期は羽振りがよかったはずであるが、明治維新期には（中略）和泉屋の顕著な台頭が見られる（表記は原典のまま）」(54)と指摘している。

話をもどすと、前島も通商司を管轄する民部省から回漕会社に参加していたので、甚兵衛や荘助とは面識があった。

「さて、前島様はいかが遊ばすのやら……」

和泉屋主従は思案をめぐらせ、さしあたり荘助を甚兵衛の名代《みょうだい》に立て、前島の召喚に応じることとした。甚兵衛本人が前島との会見に臨めば、その場で承服し難い命を下される懸念がなくはない。当主の名代ならば最悪の場合でも「ここはひとまず御猶予を賜りまして、手前どもの主《あるじ》とも相談のうえで」という逃げも打てる。

荘助を名代として送ることはしかし、「万が一を想定しての時間稼ぎ」というだけでなく、甚兵衛が荘助に寄せる絶大な信頼も表していた。甚兵衛にとって荘助は、和泉屋の命運を左右するような重大な意思決定をも託せる相棒《パートナー》であった。

会見当日、出頭した荘助に対して前島は欧米諸国に倣《なら》った郵便制度の導入を明言。そして、これまで飛脚問屋が蓄積してきた書状・金銀・為替・商貨・小荷物の逓送実務にかんする一切《いっさい》を報告書にまとめて提出するよう通達した。

なお、このとき前島は駅逓大佑《だいじょう》・山内頼富《やまうちよりとみ》（一八三四〜八五）を同席させたが、これはたんに山内が直近下僚であったからというだけではない。山内の実家は東海道草津《くさつ》宿（現・滋賀県草津市）で代々問屋役を務めてきた[55]。つまり、飛脚とは浅からぬ縁をもつ山内をともなうことで、飛脚問屋に対する駅逓司側の理解と配慮を演出し、以て飛脚問屋の警戒心を解くという意図が前島にはあったものと推察される。

しかし、前島の思惑にもかかわらず、このときの荘助の脳裏には「西洋諸國ニテ飛脚ノ権ハ全ク政

13 回漕会社　民部大蔵省租税頭の渋澤栄一と大坂三井両替店大番頭兼通商司権正の吹田四郎兵衛の主導のもと、通商司管轄下に半官半民形式で創設された蒸気船運輸会社。

府ニ属シ商人ニ飛脚屋ナルモノナシ」という『西洋事情初編』の一節が明瞭に浮かんでいたかもしれない。

荘助は和泉屋にもどると、甚兵衛に会談の詳細を報告し、ただちに五軒仲間を招集して郵便対策を検討するようにうながす。やがて参集した京屋や嶋屋などの仲間衆をまえに、荘助は前島との会談内容も踏まえて、「郵便の名を冠した政府主導の逓送事業が、飛脚業にとって脅威になるのではないか」という予測を表明した。

これに対して仲間衆は「幕府でさえ二百有余年のあいだに、一度もそんな詮議をしなかった。ましてや天朝の尊厳を以て、飛脚のような民間卑賤《ひせん》の業をはじめるなどという道理がない。多分規則好きの新政府のことだから、我々の商売を取り締まる規則でも作ろうと思って、その参考に我々の商売のやり方を調べるつもりなのだろう」と言い立てるばかりで、荘助の鳴らした警鐘を真剣に受け止める者はいなかったという(56)。

散会後、甚兵衛と荘助は前島の通達にしたがい、これまで飛脚問屋が継承してきた継立手続きや継立方法、そして各駅間の継替《つぎかえ》に要する時間などを報告書にまとめた。作成作業には、宰領も関与していたと考えられる。なかには「職の秘密を明かす」ことに抵抗を感じた者もいたはずだが、「天朝様の御下命」とあれば飛脚問屋側には是非もなかった(57)。

「前島様は近く洋行の御予定。さすれば御帰朝までは時間がございます。そのあいだに仲間衆とも相諮《あいはか》り、私どもに対する天朝様の心証を少しでも好《よ》くしておかねばなりません」

荘助は改めて政府に協力を惜しまぬよう甚兵衛に念を押したであろう。

「ふむ。たとえ天朝様が郵便なるものをなさるとしても、我らの合力なしには到底叶わぬことをしっかりと御披露せねばなるまいな」

甚兵衛も右腕と恃《たの》む支配人の意図を十分に察していたのではないか。

けれども、前島との会談に際して荘助が抱いた「飛脚継立を廃して政府みずから書状逓送を営むのではないか」という懸念は、早くも前島の洋行中に現実のものとなる。前島の後任として駅逓権正を拝命した、もうひとりの辣腕《らつわん》官僚の手によって――

Ⅲ　陸運独占への道のり

駅逓司の攻勢

イギリスに派遣された前島に代わって新式郵便の実現をすすめたのが、明治三（一八七〇）年六月に駅逓権正を拝命した杉浦譲《ゆずる》（図版18：一八三五〜一八七七）。旧幕時代は外国奉行所として幕末外交の難局に対峙し、維新後はその才幹を買われて民部省改正掛に出仕した。のちに富岡製紙工場の創設にも尽力することとなる。

おそらく前島の外遊を知った三都の飛脚問屋は一様に、
（前島様の洋行中は郵便とやらもひと休み。ここはひとつ鬼の居ぬ間に洗濯といくか）
という胸算用をめぐらせたことだろう。

杉浦はしかし、前島のたんなる代行ではなかった。いまでこそ前島を「郵便の父」と呼んでいるが、じつは前島渡英中に杉浦が断行した駅逓改革こそ、郵便制度のその後を決定したといっても過言ではない。

イギリスに赴く前島に対して、杉浦は「私は貴君の企画した事業を、一事も変更せずに保守し、貴君の帰朝次第お返しする所存である。欧米諸国で近代郵便の実際を見聞すれば、大いに啓蒙されるところがあろう。私はこれを貴君のためではなく、国家のために喜びたい」(1)という激励を贈った。

この言葉が儀礼的なものにすぎなかったことはすぐにあきらかとなる。杉浦は駅逓権正に就任するや、前島案を全般にわたって修正し、独自の構想を加味しながら、郵便創業を軸とした駅逓改革を強力に推進したのである(2)。

まず、就任早々の明治三年六月二四日、「伝送賃銭西京之方トハ格別相違之廉有之（送達料金が京都発の料金と大幅に掛け離れている）」(3)として、京都宛官用急便の定飛脚仲間への委託停止を提案する。この段階で駅逓司は、渡英前に前島がおこなった概算と実験をもとに(4)、東海道筋において独自の脚夫継立による三日限の官用急便送達に成功していた。

これを根拠に、杉浦率いる駅逓司は明治三年七月五日発令の太政官布告第四四四号『毎月四九御用飛脚ノ節官員私状逓送ヲ禁ス』(5)によって、東京―京都間の公用書状の逓送にかかわる飛脚問屋との取引を正式に停止したのである。

図版18　杉浦　譲

「天朝様が東海道の飛脚便を御召し上げになるとは……」

駅逓司、というよりも杉浦の強硬な措置に、三都の飛脚問屋は戦慄した。

「もはや我らも手をこまねいているわけにはいきま

せんぞ」

杉浦による御用取引停止を受けて、荘助はただちに甚兵衛と諮り、千住宿─奥州盛岡、信州追分《おいわけ》─越後、三国街道─越後新潟における定飛脚便の開設を駅逓司に請願する(6)。

八月中旬には、定飛脚仲間が連署──嶋屋佐右衛門代勘蔵、京屋彌兵衛代定七、和泉屋甚兵衛代静助、山田屋八左衛門代又蔵、江戸屋仁三郎代亦七──で「商業の私徳を去り、右御用大切に相勤め奉りたく何卒格別御憐愍を以て御至急御用向き御再容、仰せ付けられ成し下し置かれたきよう願い上げ奉りたく〔私益のための営業を止めて、天朝様の御用に精勤致しますから、どうか格別のご配慮を賜り、御用の再開を仰せつけられるようお願い申し上げます〕」とする歎願書を駅逓司に提出している。

かたや杉浦は、この定飛脚問屋からの陳情を「採用相成り難し〔採用は不可〕」とにべもなく却下し、飛脚本位の料金体系にこれ以上甘んじるつもりはない、という意思をあきらかにした。和泉屋による奥羽・越後向け飛脚便の新設は認可したものの、東海道筋では公用書状だけではなく、一般書状の送達も郵便事業の対象にする動きをみせる(7)。

実際、一〇月一日から五日にかけて、山内駅逓大佑を筆頭に、後年内国通運に入って荘助と事業をともにする駅逓少佑《しょうゆう》・真中忠直《まなかただなお》（一八三八〜一九〇六）ら駅逓司の幹部が東海道筋を西下し、滋賀県下の各宿駅で郵便創業の準備会議を開催。各府藩県の駅逓掛員と入念な打ち合わせをおこなった(8)。

『中川史料』収録「通運業の変遷」には「政府は飛脚屋となり是《これ》より三都の飛脚問屋は先祖傳来の稼業を一朝にして奪い去られる次第なれば各駅に於ける仲間の驚愕は一方ならず周章為す所を知ら去《ざ》

るの状なりし」(9)とある。また、大阪商業会議所刊『大阪商業史料』に載録された「飛脚ノ話」にも左のような回想がみられる。

「大阪デハ中之島（いまの公園地の西手）ニ弾正臺《だんじょうだい》ト云フ役所ガアッテソノ西手ニ沿フテ通商司ダノ駅逓寮ノ出張所ダノト云フ役所ガ出来ル　サア然《そ》ウナルト信書ダケハ役所デ取扱フ事ニナッタカラ〇《ママ》定会所（大坂定飛脚八軒が平野橋東詰に設けた合本型事業組織―引用者）ノ方ハ大恐慌ヲ来《きた》シタ〔大坂ではいまの中之島公園に弾正台が置かれ、その西側に通商司や駅逓司出張所ができた。そうして、信書の逓送は専ら駅逓司出張所で取り扱うことになり、我々の定飛脚会所は周章狼狽することとなった〕」(10)

三都の飛脚問屋からの歎願を却下した杉浦は、彼らの対応に警戒心を抱き、駅逓司御用掛の荒川春岡に政府の御膝元で営業する定飛脚問屋の動きを探索させた。荒川が提出した「書上《かきあげ》」＝報告書の冒頭には「東京飛脚屋共之儀探索左ニ奉申上候〔東京の定飛脚問屋どもの動向にかんする探索の結果を左にご報告いたします〕」とあり、官営郵便の実施によって窮地に陥った定飛脚問屋の幹部が和泉屋甚兵衛方に参集、「定飛脚陸走会社」と称する合本型事業組織の設立を以て、書状送達にかかわる旧特権の回復を駅逓司に願いでようと画策する様子が生々しい筆致でしたためられている(11)。

実際、荒川の探索中に、五軒仲間は「陸走運輸之会社に取組無益之費を除き（中略）是迄之半賃銭に請負仕一同挙而尽力仕度（中略）何卒出格之以御憐愍陸走運輸之名儀御許容被成下置、右願之通り御聞済之御沙汰偏に奉願上候〔陸走運輸会社の設立に取り組み、無駄を省いて（中略）従来運賃の半額での逓送請負を一同挙げて尽力する所存なので（中略）何卒格別のお情けを賜り、陸走運輸を社名とすることにお許しを賜りたく、この請願をお聞き届けいただけるよう偏《ひとえ》に御願奉る次第です」(12)と記した逓送賃金表附の歎願書を駅逓司に提出したが、駅逓司を翻意させることは叶わなかった(13)。その結果、書状送達にかかわる特権を失った飛脚問屋は、いずれも事実上の自主営業となり、政府の郵便事業との競争を余儀なくされる。

図版 19 「信義取為替証文之事」

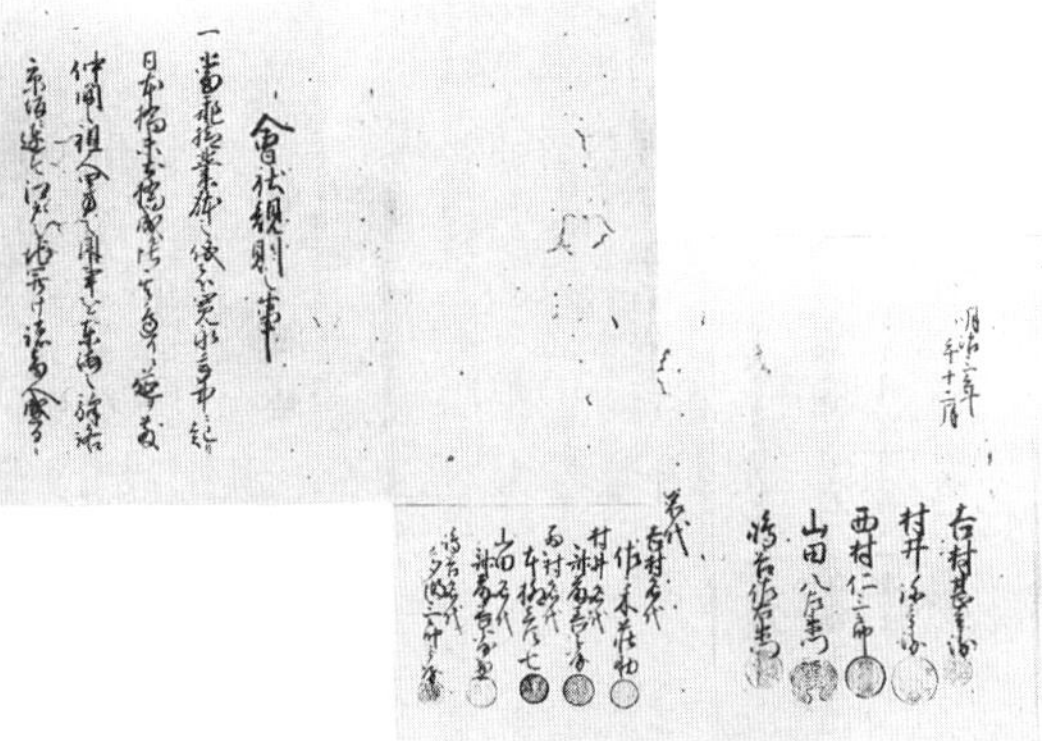

図版 20 「会社規則之事」

東京府内に郵便ポストの原型となった書状集函《あつめばこ》や郵便局の嚆矢である切手売捌《うりさばき》所が設置されるなか、存亡の瀬戸際に立たされた五軒仲間は、互いに不必要な競争を固く戒め、資金・手代を持ち寄ったうえで一致団結して家業の再興に努めるべく、一二月に図版19の誓約書『信義取為替証文之事』と図版20の規則書『会社規則之事』を作成した。

『信義取為替証文之事』には「近來自己の行より精實相離れ、各戸私に商業相營候に付、賃銭到着を問はず区々にして、本務國用辦理《こくようべんり》之大旨を失ひ、既に今般御政府に於て郵便御取開被為在候儀は、當職因循《いんじゅん》故之儀と發明、何共深く奉恐入候〔このところ飛脚問屋の所業は精励実直から掛け離れ、飛脚賃銭と荷の到着にも無頓着、公の便利に尽くすという本分を忘れ、ついに昨今、政府が郵便を開設することとなったのは、ただただ我らの因循が原因と判明し、大いに恐れ入るところである〕」[14]とあり、旧幕府や新政府の特権的庇護に甘んじて、法外な請負料金と宰領に支払う運送経費の差益増大にひたすら腐心し、事業経営にかかわる工夫や革新を怠ってきた歳月に対する悔恨《かいこん》がのぞく。

続いて「向後相互に無私信義精實を主とし、陸走往復諸道辦理相成候為め、業用歩高取調之上、今般仲間一同合併一体之進退に相纏め、相互ひに示談確定致候上は業用挙而奮発致、万代不朽之良策心付可申〔これからは私心を捨て、互いに信義と精励実直を旨とし、諸道陸運の利便性が向上するように、業務の利益率を取り調べ、飛脚問屋仲間が一致団結して進むも引くも一心同体、互いに相談して決定したうえは挙《こぞ》って発奮し、これを未来永劫にわたる良策として肝に銘じよう〕」[15]と述べ、定飛脚問屋による合同型事業組織の設立を宣言するとともに会社規則を制定している。

もともと三都の飛脚問屋は株仲間を結成してそれぞれに縄張りを堅持し、独自の継立経路を整えながら、得意先の棲み分けをおこなっていた。その反面、定飛脚問屋などは各店ごとに顧客の新規開拓にも努力している。たとえば幕閣や江戸勤番の人事情報を入手して、新たな役職者に「営業をかける」といった行為である[16]。

いま合同型事業組織を設立すれば、各店がこれまで享受してきた営業上の旨《うま》みを喪失することは必定。だが、長年かけて築いた各自の強みを合体させることで、いわゆる相乗効果も期待でき、郵便事業にも十分対抗できるだろう——

こうした思惑から、五軒仲間は和泉屋甚兵衛の店舗に定飛脚陸走会社（以下、陸走会社）を開業。図版21は一立斎《いちりゅうさい》廣重（三代歌川廣重）が『全盛富貴寿古録《ぜんせいふうきすごろく》』に描いた陸走会社——絵中の看板は「西京大坂飛脚会社」となっている——である。

図版21　定飛脚陸走会社

まさに一致団結して官制郵便に対抗する姿勢を明確に示したわけだが、ここで注目すべきは『信義取為替証文之事』の宛名が「吉村甚兵衛殿」となっていることであろう。

このことについて『日通社史』は「宛名が吉村甚兵衛になっているのは、彼がすでに明治元年一一月から商法司に出司して苗字帯刀をゆるされ、また翌二年二月通商司が設置されてからは、その管下の東京商社1や廻《ママ》漕会社に出司して、出納方役などをつとめていたからであった（表記は原典のまま）」[17]としている。

じつは安政の開港時、京屋彌兵衛は江戸糸問屋の荷改方を務めて勢力を保っていたが、もうひとつの大店《おおだな》である嶋屋佐右衛門は荷積船の遭難や手板組の内紛によって経営難に陥っていた。物流博物館所蔵の明治三年一二月二七日付「入置申証文之事」は、嶋屋が東京商社から「家業向改革」に必要な一万両を借用すべく、嶋屋支配人政七、手板組株主の多胡三郎兵衛、多胡九右衛門、武田喜右衛門が京屋の村井彌兵衛を証人に立て、「嶋谷《ママ》佐右衛門」の名で吉村甚兵衛に口添えを依頼したものである[18]。

江戸期の和泉屋は長らく京屋と嶋屋の後塵《こうじん》を拝していたが、維新直後から政府に急接近を図ったこともあって、対郵便戦略の策定と実行に際しては、五軒仲間内で主導的な地位をえた。これにはおそらく、支配人として和泉屋の事業経営を実質的に指揮した荘助の見識と才覚が大きく与《あずか》っていたにちがいない。

しかし、定飛脚仲間の中心に座したことは、大時化《おおしけ》に遭った船の舵取りを任されたも同然であった。というのも、定飛脚問屋側の動きに対して、杉浦はひるむどころか、明治四（一八七一）年一月二四日に太政官布告第四〇号『東海道筋ニ新式郵便ヲ開キ其規則ヲ定ム』[19]――郵便業務の手引である『継立場驛々取扱規則』、各地の郵便時刻と料金を定めた『各地時間賃銭表』、郵便の利用方法を詳細に説明した『書状ヲ出ス人ノ心得』を含む――を発布し、来るべき東京―大坂間での郵便開業を広く世間に周知したからだ。

1東京商社　一八六九年五月から東京、大坂、京都など全国九カ所に開設された「通商会社」と呼ばれる半官半民の株式会社のひとつ。翌年に「開商会社」と改称。たんに「商社」と呼ばれることもあった。

（飛脚どもには不憫《ふびん》であるが、旧弊は断固打破せねば、開化は遅々としてすすまぬ）

三月に杉浦は検討と予行を重ねてきた郵便制度を東海道で試行するが、これは文字どおり江戸末期より深刻の度を増した書状の滞留を抜本的に解消する試みでもあった。各地の伝馬所はその一隅を郵便取扱所に改装し、各府藩県から派遣された駅逓司吏員が送達業務全般を監督する(20)。

五月には、駅逓司が相対会社設立の勧誘を本格化させた。すでに一年前の『説諭振』によって継立業務の民間委託を方向づけていたが、郵便創業の準備と重なったこともあり、進捗は必ずしも思わしくなかった。そこで、東海道試験郵便の実施にともない、改めて会社設立への梃入れを図ったというわけである。

具体的には相対賃銭によることはもちろん、人馬や駕籠《かご》のほか車力輸送も加え、士商の別なく着順にしたがって継立をおこない、継立距離も旧駅制に拘束されず臨機応変に決めることなどを盛り込んだ『陸運会社規則』の作成に着手。駅逓司吏員は規則完成を待たずに規則案を携えて東海道筋各駅を巡回し、旧問屋場や飛脚取次所といった継立関連業者に対する会社運営方法の指導に努めている(21)。

かたや陸走会社も駅逓司の攻勢に対抗すべく大々的な郵便反対運動を展開した。

「こちらも覚悟のほどを示さねばなりますまい」

甚兵衛は仲間衆にそう宣言した。

「それでは天朝様に楯突くことになりはしまいか」

そんな及び腰の声もあったが、甚兵衛の後ろに控える荘助が、

「それはもとより承知のはず。身を捨ててこそ浮かぶ瀬もある、と申しますぞ」
と叱咤すると、一同肚《はら》を括《くく》らざるをえなかった――

かくのごとき光景は容易に想像できる。野口雅雄は書状送達事業をめぐる陸走会社と政府（駅逓司）の熾烈な抗争を左のようにまとめる。

「定飛脚問屋は、信書の逓送に就いては、二百有余年の永い経験を有している上に、従來の常得意が多いばかりで無く、主人より宰領、手代及び飛脚夫の末に至るまで、政府の事業に反抗するの敵愾《てきがい》心を以て、一層其の業務に勵《はげ》んだので、途中行嚢《こうのう》の渋滞すること無く、各駅の逓伝が極めて敏活であつて、政府の郵便よりも遥かに速達するを得、大に四民の信頼を博したのであつたから、政府も亦之れに拮抗して、郵便賃銭を定飛脚の運賃以下に割引したり、又は到着時間を早めたりして、極力、民間の郵便と競争を試みた」[22]

七月には東京―横浜間の試験郵便も開始されたが、すでに京屋が開港地貿易を牽引する生糸・絹織物問屋の書状集配を請け負っていたことから、陸走会社は即座に飛脚賃銭を「壱通五厘ニシテ領収証ヲ交付」[23]することで試験郵便を圧倒する。

政府は全国一律料金によって、六月の民部・大蔵両省合議に提出された『東京ヨリ西京大坂ノ間毎日郵便御発行相成度云々仕法書取調伺』に明記した「信書往復ハ全国之景況声息ヲ通シ物貨平準之路ヲ疏」[24]にすること、つまり、統一的な国内市場の創出をうながすことをめざした。ただし、仮に郵便料金を全国一律にすれば、当然にも近距離送達が割高となる。飛脚問屋をはじめとする民間輸送業者は、まさにその分野で優位に立ったというわけだ(25)。

書状逓送をめぐり官民がしのぎを削るなか、一年余の欧米視察を終えた前島が八月一一日に帰朝した。郵便創業の端緒を開いたこの男は、「官設郵便に向つて、三都の定飛脚屋が競争を起して、東京大阪間の賃銭を郵便と同額に引下げ、東京横濱間は郵便賃の半額に減じて、郵便類似の方法を始め（中略）驛遞司でも別に横濱便というのを始めて、飛脚屋のと賃銭を同額にして競争に應《おう》じたと言ふ様な、不穏当な事をやつて」(26)いる事態に接して驚愕する。

去る七月の廃藩置県にともない、中央集権体制の一層の強化を図るべく実施された官制改革のなかで、同月二四日の太政官布告第三七五号『民部省ヲ廃ス』(27)によって民部省が廃省となった結果、東海道試験郵便を敢行した杉浦は駅逓権正から太政官権少内史《ごんしょうないし》に転じていた(28)。

杉浦の後任として駅逓権正を拝命したのは、和歌山県権大参事を務めていた濱口儀兵衛《はまぐちぎへえ》（一八二〇～八五）。房総銚子《ぼうそうちょうし》（現・千葉県銚子市）の醤油醸造業・濱口本家（現・ヤマサ醤油）の七代目当主にして、震災教訓譚「稲村の火」のモデルとしても今日知られている。

八月一〇日の太政官布告第四〇一号『大蔵省中寮司及ヒ等級ヲ定ム』(29)によって大蔵省駅逓司が同駅逓寮に改称すると、濱口は駅逓権正から初代駅逓頭《えきていのかみ》となった(30)。

（駅逓寮はいまの事態を、いったいどのように考えているのか？）

官民の競争を憂慮した前島は、濱口の真意を問うべく、帰国から日を置かずに面会を請うた。これを機に、我が国の通信・輸送体系の近代化は一気に加速していく。

官民棲み分け体制

杉浦が駅逓司を去り、濱口が駅逓権正に任命されたとき、陸走会社に集った定飛脚仲間は、前途に微かな光明をみたのではないか。

「濱口さまは銚子で醤油蔵（醤油醸造）を営んでおられたと聞くが……」

「紀州様の御用も承っておられたとか……」

ならば、と仲間衆は考えた。

商家出身の濱口は、原料購入先や問屋との交渉に飛脚を日常もちいていたにちがいなく、幕臣の前島や杉浦とは異なって飛脚の利便性にも理解を示すはずである、と。

実際、濱口は駅逓権正に就任した折、「飛脚の親方となれり」(31)と周囲に語っていた。その真意《こころ》は「試験郵便も成功したことから、現場の業務のほうは飛脚業者に任せて、政府はこれを監督すればよい」ということである。

濱口はいわば民業保護の立場をとった。当然にも、陸走会社の面々からは、

「御言葉どおり、郵便などというものから即刻手を引き、我ら飛脚の親方になってくだされば万事ま〜るく収まろうぞ」

という歓迎の声も聞かれた。

「あとひと押しすれば、御用回復の目がでるやもしれんな」

甚兵衛も声を弾ませたが、荘助はさほど楽観的ではなかった。

（御帰朝された前島様が郵便の件を大人しく濱口様にお預けになるかどうか……）

荘助は前島の鋭い眼光と引き締まった口許《くちもと》、厳格な口調と無駄のない挙措を思い起こす。小柄な体のいたるところから不屈の闘志がみなぎっていた。

「事態が容易に好転するとは思えません。ここは引き続き我ら飛脚問屋の力量を世間に知らしめることが肝要かと存じます」

荘助の言葉に甚兵衛は、

「待てば海路の日和《ひより》あり、か……」

と小さく息を吐いて瞑目《めいもく》した――

結局、荘助の読みが的中し、仲間衆の抱いた淡い期待は砕かれる。濱口は就任後わずか三週間で駅逓頭の職を解かれて、和歌山県大参事に任命された。

このとき濱口は知人宛書簡に「さて小弟雲の上よりすべり落、素願の通り神仙《しんせん》中の人と相成〔小生はこのたび雲上人の地位から滑り落ち、もとの望みどおり山野に遊ぶ神仙となりました〕」(32)としたためている。

濱口の後釜として第二代駅逓頭に就任したのが前島である。じつはこの人事、前島の画策による。

後年、前島は左のように述懐している。

「私はまだ濱口氏はどういふ意見を持つて居る人であるか知らなかつたから、一日通信上の事で、同氏に面會した處《ところ》が、氏はまだ歐米の事もよく知らず、通信の事は頭に置いて居ない様子で、就任日浅く、たゞ任命を奉じたといふばかりだから、まだ寮の事は何も分《わか》らない。（中略）郵便なんぞは昔から飛脚屋のして來た賤《いや》しい商賣だから、頃日《けいじつ》試驗して居る東海道の郵便も、其成績が若《も》し善かつたら、何とか條件を設けて矢張飛脚屋に移して、元々通り彼等の營業とさした方が好からうと言つて居る。それで私は斯《か》く迄《まで》日本人が通信事業を輕蔑して居て、驛遞寮さへが將來の任務の甚だ大なる事も想はず、冷淡に看過して居るかと思へば、慨嘆に堪へないので、腹の中では、今我邦の驛遞頭となるべき者は、自分の外《ほか》には適任者がないと思つた。そこで大膽《だいたん》にも、其事由を具陳して私を驛遞頭に任命して貰ひたいと言ふ事を請願した。處《ところ》が政府の雅量は、却《かえっ》て私を譴責《けんせき》もせずして速《すみやか》に驛遞頭に任ぜられた」(33)

当時、駅逓寮を管轄する大蔵省の卿《きょう》は大久保利通、大輔《たいふ》は井上馨《かおる》（一八三五〜一九一五）、少輔《しょう》は吉田清成（一八四五〜九一）であった。前島が民部省時代の上司である井上に「郵便は施政上における大機関なる事、及び西洋における状態を詳細に説話し、かつ現寮頭はその知識無し、故にこの事の大成は余に任ぜられんことを要求すると、忌憚《きたん》無く公然自薦」(34)すると、同席した吉田が前島の郵便に対する熱誠と造詣の深さを称賛したという。

「現寮頭（濱口）はその（郵便の）知識無し」と前島は喝破しているが、さきにも紹介したように、濱口は商家出身であった。よって、長らく飛脚に馴れ親しみ、その利用にさほど不便を感じていなかったことを思えば、前島の物言いはいささか酷といわざるをえない。

そもそも濱口を杉浦の後任に据えたこと自体、当時の為政者の多くが東海道試験郵便を幕末以来の宿駅・助郷制の延長上に位置づける見識を共有していたことの証左ではないだろうか。

いずれにせよ、明治四年八月一七日付で前島が駅逓頭に任命されると、

——仏を追いだして、鬼がもどってきたのか……。

陸走会社では朝令暮改の政府人事にそんな驚きの声があがった。

だが、荘助は落胆する仲間衆を横目にみながら、

(ここからが正念場だ。前島めに我ら江戸定飛脚の意地をみせつけてやらねば)

と表情を引き締めた。

幸いにも、東京―横浜間における商用書状の送達では、陸走会社が駅逓寮の横浜便に対して優勢を保っている。実際、甲州屋[2]や吉村屋[3]といった大店の生糸売込商は、幕末以来の取引関係によって、郵便試行後も京屋の飛脚便を利用した。あまつさえ、金銀・為替の送達は飛脚問屋に委託するよりほかになかった。

かたや前島はイギリスとアメリカでの調査をつうじて「郵便逓送は官設官営が妥当」との確信をえていたが、成立当初から財政難に喘ぐ政府には「官営独占」と「全国一律料金」を根幹とする欧米型郵便制度の実施など甚だ困難であった。

あまつさえ、官制郵便に対して頑強な抵抗を続ける三都の飛脚問屋は、前島の構想にとって厄介な障害となっていた。これについて前島は左のような回想を残している。

「一體《いったい》飛脚屋の一番利益のあるのは書状の送達であって、其大切な營業を郵便の爲に奪はれるので

すから、騒いで色々に悪く言つたり何かするのも其筈《そのはず》なので、中にも三都の定飛脚屋の言ふ所は、彼等が通信の業を營む事は殆んど三百年來の事で、不完全ながらも三府其他二三の要地との間の通信は、世襲不動の營業として代々之を務め、官の用便も達すれば人民も亦其便に依つて居たので、それ故政府でも傳馬を使用する事を特許して來たのである。然るに今急《たちま》ちに其一番利益のある部分を奪ふといふのは、無理であらうといふ嘆願なのだから、眞《まこと》に尤《もっと》もな苦情なのです」(35)

官民並立の競争がもたらす通信・輸送体系の混乱は、理論的には、政府が飛脚営業権を停止するという強硬措置によって解消はできる。だが、

(書状送達を「郵便」の名によって政府の事業としても、これを一律料金のもとで日本全国に展開していくとなれば、駅逓寮の力だけではいまだ無理がある。とはいえ、飛脚問屋に継立を任せることにでもなれば、やはり濱口の言が正しかったということになろう)

と前島は頭を悩ませた。そして、最終的には、

(全く新規の舶来事業である電信は、政府が無人の曠野《こうや》をゆくように実施することも可能であったが、郵便には飛脚問屋という先行類似の業がある。ならば……)

2甲州屋　甲斐国(現・山梨県)出身の篠原忠右衛門が一八五九年に横浜本町で開いた甲州物産会所。甲州産生糸をあつかって莫大な利益を獲得。

3吉村屋　川越藩御用商人の吉田幸兵衛が一八六二年に横浜商人の吉村屋忠兵衛から営業権を譲り受け、吉村屋幸兵衛として開店。前橋糸を主にあつかい、生糸売込商として急速に発展。

国権は飛脚問屋を廃業させるためではなく、むしろ飛脚問屋の活用――「彼等の同業者を団結させて、其団体を我が必要の用事に使ふ」(36)――のために発動するのが至当ではないのか、という結論にいたる。

三都間および要地間の書状・金銀・為替・商貨・小荷物の逓送を代々家業としてきた飛脚問屋を郵便事業のなかに組み込めば、官民の競争を止揚できるばかりか、全国一律料金制の道も開ける、という思惑である。

右掲伺書の提出からほどなく、前島は陸送会社に集った定飛脚問屋の幹部連を駅逓寮に召喚した。山内頼富が「官営郵便が新生国家の発展に必要不可欠な事業である」と訴えて協力を要請したが、幹部連は陸走会社が官営郵便と互角に渡り合っている現状を楯に、耳を貸す気配を微塵《みじん》もみせなかった。これが九月のことであり、以降も前島は彼らを召喚すること数度、粘り強い説諭を重ねるも不調に終わる(37)。

その間、七月に開始されていた陸運会社の設立出願は、廃省前の民部省に続いて大蔵省でも審議にかけられ、一〇月にはほぼ内定をみていた。ちなみに、一〇月の大蔵省審議で内定した出願は、京都府および名古屋、静岡、膳所《ぜぜ》（現・滋賀県大津市）、桑名（現・三重県桑名市）、豊橋（現・愛知県豊橋市）、亀山（現・三重県亀山市）、小田原、岡崎、水口《みなくち》（現・滋賀県甲賀市）、刈谷（現・愛知県刈谷市）、淀（現・京都市伏見区）、品川、神奈川、韮山《にらやま》（現・静岡県伊豆の国市）、度会《わたらい》（現・三重県度会郡）、大津、堺の一府一七県にのぼる(38)。

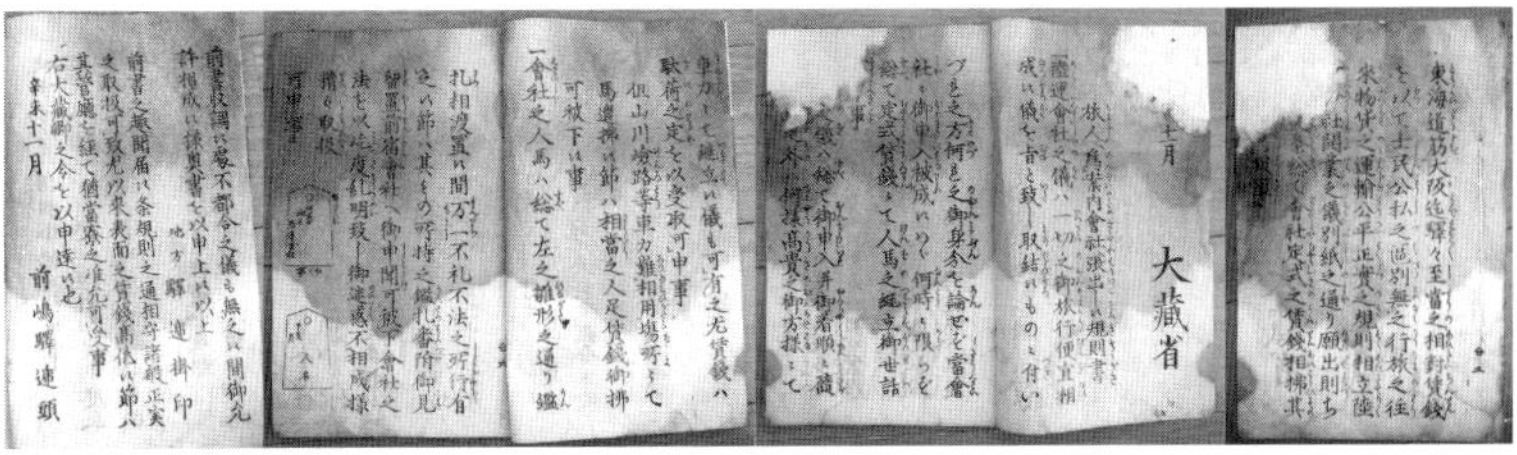

図版22 「陸運会社規則」(一部欠損)

一一月には前出『陸運会社規則』が大蔵省布達第一〇九号[39]として全国に発せられた。図版22は筆者所蔵の『陸運会社規則』(写し)である。

大蔵省は一二月下旬に右記府県の出願を正式に認可。太政官に東海道筋伝馬所の廃止を具申して認許をえると、明くる明治五(一八七二)年一月大蔵省達第二号『東海道傳馬所並ニ助郷廢止ニ付陸運會社ヲ取建シム』[40]によって、東海道筋の各府県に旧伝馬所を陸運会社に改編したうえで、継立の現業を陸運会社に委託するよう指令した。

ここに宿駅制度は終焉を迎えたが、一連の駅逓改革において蚊帳《かや》の外に置かれた定飛脚問屋の幹部たちは周章狼狽する。

(ここが潮時であろう)

そう判断した荘助は、甚兵衛と協議したうえで、三月初旬に五軒仲間の総代として前島に拝謁を求めた。前島のほうも、

(これで決着をつけねばなるまい)

と肚を括ったに相違ない。ただちに荘助の請願を容れて、ふたりは駅逓寮で面会する[41]。

(まずは喧嘩だ。たとえ天朝様に対してであろうと、町人の一分は立てさせていただく)

覚悟を決めていた荘助は、前島に対して毅然《きぜん》とした口調で、二五〇年にわたり飛脚問屋が書状・金銀・為替・商貨・小荷物の継立輸送に果たしてきた貢献と実績を等閑《なおざり》にして、官の郵便事業が書状送達を奪うことの理不尽を衝いた。

（もっともなことだ）

俺も飛脚《こいつら》の立場ならそういうだろう、と前島も内心は荘助の言にうなずきつつ、能面のような表情をいささかも崩さず、

「全国一律の料金体系で、全国均質の書状送達をおこなうことが新時代の要請に応える唯一の道であり、これを果たしうるのは郵便事業だけである」

と応じる。

「ましてや諸外国にも書状送達の便を拓くとあれば、その方らの力を恃《たの》んでは到底叶うまい、とたたみ込んだ。

重い沈黙がふたりのあいだに流れる。と、前島が不意に表情を緩め、

「しかし、だ」

と呼吸を外《はず》すように口許を緩めた。

「こちらとて、これまでその方らが請け負ってきた仕事すべてを、一手にこなせるわけでもない。第一に……」

手元不如意《てもとふにょい》である、というようなことを前島は自嘲気味につぶやく。

王政復古の大号令で政権を奪取したものの、政府はいまだ独自の財源を確立できておらず、戊辰戦役の出費に加えて徳川幕府から繰り越された累積債務まで抱え、極度の財政難に悪戦苦闘していた(42)。

「いやはや、これはさて、どのようにお答えしてよいのやら」

荘助はことさら戸惑った表情を浮かべながら、

(いよいよ来るか)

と、前島のつぎの言葉を待つ。

「そこで一計を案じたのだが、それについて、飛脚屋の総代である貴君の存念を聞きたい」

そう前置きして、前島は官営郵便創業にともなう飛脚問屋の処遇を語りはじめた。このときの前島の説諭は、左のようなものである。

「信書逓送の業は舊來《きゅうらい》定飛脚問屋の掌《つかさど》るところなりしと雖《いえど》も、今や政府は歐米各國の例に倣ひ、郵便法を國内に施行し、追て各國と郵便條約を結び、郵便線を世界に布《し》かむとするを以て、郵便事業は将來行政上の特権に属すべきものなりと信ず。政府に於ても、定飛脚問屋が祖先傳來の家業を失ふを憐れみ、今後應分の保護を加へられるを以て、此際信書逓送の業には全然断念し、貨物運送の業を専らと為すべし。元來貨物の運送は、郵便事業に次ぎ、人間の生活上必要缺《か》くべからざる事業なれば、(中略)其の方共定飛脚問屋を保護し、當寮(駅逓寮—引用者)の直轄たる御用達會社と為し、郵便に属する貨物運送の御用を負はしめむと欲す。宜《よろ》しく政府の意を體《てい》して、去就を過《あやま》つこと無く、轗禍為福《わざわいてんじてふくとなす》の道を講ずべし」(43)

前島のいうところはすなわち、旧来は宿駅制度のもとで一体化されていた通信と輸送の機能を分離し、前者を官が、後者を民がになうという、いわば官民の「棲み分け」と協業を軸とした共存路線である。

郵便事業の全国展開にとって、飛脚問屋が主要街道筋の旧宿駅との関係のなかで蓄えた書状・金銀・為替・商貨・小荷物逓送の技能と経験は必要不可欠な知的財産にほかならず、いかに飛脚問屋が敵対的な態度をとろうとも、これを廃棄することなど勿体《もったい》ないばかりか非現実的であった。

三都の飛脚問屋の支店や飛脚取次所は江戸期をつうじて蝦夷《えぞ》（現・北海道）から九州にいたる日本各地にあり、広範な内陸輸送の網状組織《ネットワーク》を形成し、新時代に対応さえすれば、全国的な物流をになう主体となりうる力を秘めていた。

その反面、飛脚問屋による逓送請負は、もともと宿駅・助郷という幕府の公的制度に依存しており、そのサービスとしての質は宿駅・助郷による人馬の供給事情に左右されざるをえない。飛脚問屋は武家や公家の御用を務める一方で、私用書状の逓送もあつかうことから「国用弁理之家業」を自負してきたが、そこには公的権威への服従と公益への奉仕を拠り所としなければ、家業を維持できないという事情が働いていた(44)。

荘助はかような飛脚問屋の原点に立ち返り、なおかつ長期的な展望に照らしてみれば、通信と輸送の分離にもとづく官民棲み分けによる郵便事業との共存こそが、自分たちの生き残りにとって最善の策であると判断した。

(このあたりが落としどころであろう。失うものを惜しんでは、えられるものなどなにもない。ここはひとつ……)

書状送達の業を差しだす代わりに、天朝様の庇護《ひご》を賜りながら金銀・為替・商貨・小荷物の輸送に特化したかたちで家業を存続させるしか道はあるまい、と割り切った。

あとは甚兵衛も含めた定飛脚問屋の幹部たちに、いかにしてこの交換条件を納得させるかである。『中川史料』収録「沿革史資料」にも「(飛脚問屋の—引用者)営業ハ第一ニ書状金銀、第二ニ小荷物、第三ニ大荷物ニシテ何レモ事故弁償ノ責任ヲ負憺《ふたん》」(45)とあり、書状送達こそは伝来の家業の核心にほかならなかった。

(さて、詰めまでには、あと何手か打たねばなるまい)

和泉屋にもどった荘助は、甚兵衛や他の問屋仲間に会談の詳細を伝え、書状送達からの撤退と引き換えに、「郵便に属する物貨送達の御用」——郵便金子入書状(のちに「郵便貨幣入書状」と称する)の逓送・配達、毎月駅逓寮から各地の郵便取扱所へ交付する賃銭・手当金・郵便切手の逓送、各取扱所から上納する郵便切手売捌き代金の集金、馬車による郵便物の長距離輸送等——を独占的に請け負う地位が保証されることの利を説いた。

すると案の定、仲間衆のあいだでは、

「書状継立の請負こそが、我らにとって一番の儲け。それを政府に盗《と》られては、いままでの苦労がことごとく水の泡になるではないか?!」

「あの世で先祖に会わせる顔がない。いまいちど駅逓寮に掛けあってみればどうか?」

「すでに宿駅が廃され、陸運会社なるものが街道筋のあちらこちらに設けられておる。この期におよんでなお駅逓寮に掛けあうなど、到底叶わぬ話であろうが……」

というように議論が百出した。

累代の家業を支えてきた書状送達の請負を断念する口惜しさから、五軒仲間はいずこも前島の提示した処遇を受け入れる決断にいたらなかった。その後、数回の議論をおこなうも反対論者の翻意は容易には叶わない。

(やはり、すんなりとは運ばぬか……)

この状況をみた荘助は、甚兵衛に「事を先送りにすれば、政府の同情を失い、国権によって家業を根こそぎ奪われる恐れもある」と忠告した。会談の席で前島が発した「去就を過つこと無く」という言葉を、官営郵便に賭ける前島が飛脚問屋に突きつけた最後通告と受け取っていたからだ。

くわえて、『中川史料』収録「沿革史資料」には「此説ヲ漏聞シ他ニ陸続内願スルモノアリ(官営郵便に属する御用を委託できるという話を漏れ聞いて、「そのお役目は自分が」と密かに駅逓寮に請願する者が続々と登場した)」(46)とあり、漁夫の利を攫《さら》おうとする動きもはじまっていたことがうかがえる。

「やはり我が和泉屋が、最初の範を示さねばならんか……」

甚兵衛は腕組みをし、いささか複雑な表情を浮かべた。

甚兵衛とて二〇〇年続く定飛脚問屋の当主である。政府に書状送達の営業権を奪われることには内心忸怩たるものがあった。無論、荘助には甚兵衛の心情が痛いほどわかったが、もはやそれを慮《おもんばか》る余裕はない。

「否、ここはあくまでも陸走会社を一艘の船とし、我ら定飛脚問屋五軒が一丸となり、同じ船に乗る仲間として動く覚悟こそが肝要かと存じます」

そのうえで、と荘助は甚兵衛にみずからの腹案を語りはじめた。

それを聞き終えたとき、甚兵衛は、

「非常の策だが、致し方あるまい」

と腕組みをしたまま深くうなずいた――

明治五年三月中旬、「佐々木荘助」の名で郵便業務に関連した金銀・荷物輸送会社の設立願書が駅逓寮に提出される(47)。仲間衆は驚き、和泉屋支配人にすぎぬ荘助が単独でこのような挙にでたことの説明を甚兵衛に求めた。

「この和泉屋甚兵衛が皆様を差し置いて勝手に政府御用を請け負うわけには参りますまい。抜け駆けによって五軒仲間の結束を乱しては、それこそ先祖に申し訳が立ちませぬからな。また、我らが私心を捨て陸走会社に集った意味もなくなります。とは申せ、我らがそれぞれに政府御用を請け負えば、また無用の争いも起きかねませんし……」

甚兵衛は困り果てたという表情で続けた。

「しかしながら、結論をこれ以上先延ばしにすれば、天朝様の御勘気をこうむるは必定。そこで、苦肉の策として、まずは駅逓寮の御指導を仰いで荘助に会社という器《うつわ》を準備させた次第。ここに入るか否かは皆様のお考えのままに……。この和泉屋甚兵衛は入会いたし、政府御用に尽力するつもりではございますが、皆様が否とおっしゃいますれば、五軒仲間の一として皆様と力を合せ、荘助率いる官許の会社と一戦を交える覚悟にございます」

へりくだった物言いだが、言葉の端々に一同の決意をうながす気迫がみなぎる。それに押されて反対派は沈黙した――

おそらく甚兵衛と荘助はこのような誘導策をもちいて、逡巡する嶋屋や京屋に官民共存路線の受け容れを承諾させたのではないか。

こうして、四月に定飛脚問屋五軒は「郵便事業への全面的な協力を誓い、伝来の家業である書状送達を廃業し、新たに外国の会社法に倣って物貨輸送を専業とする会社を設立。これを陸運元会社と称することを許可願いたい」と明記した追願書を、「定飛脚仲間第壱大区小五区瀬戸物町七番地借古河《ふるかわ》市兵衛《いちべえ》外四人略ス」の名で大蔵省駅逓寮に提出した(48)。

なお、「定飛脚仲間第壱大区小五区瀬戸物町七番地」は嶋屋佐右衛門の所在地である。署名人筆頭の古河市兵衛（一八三二～一九〇三）は、のちに足尾銅山（現・栃木県日光市芦尾地区）や阿仁《あに》・院内《いんない》銀山（現・秋田県北秋田市・同県湯沢市）を開発して「鉱山王」の異名をとるが、当時は金穀出納御用達の小野組で手代を務めていた。金銀送達をになう手板組の嶋屋はかねてから小野組とも取引があったことから、新会社設立願書の筆頭に古河の名を記したのであろう。

さきにふれたように、三都の飛脚問屋はもとが「仲間」という同業組合を結成し、共通利害のために足並みを揃えた行動をとり、互いに連携して継立輸送にあたってきたことから、一旦総意が形成されれば、合本型事業組織には移行しやすい性質を備えていた。広岡治哉が指摘したように、「江戸時代に定飛脚問屋が幕府からあたえられた特権は、明治になっても政府のもとでより新しい強固な形態において維持され」(49)ることとなったのである。

駆け引きの舞台裏

明治五年五月、定飛脚五軒仲間による陸運元会社設立の追願書は、駅逓寮意見書・太政官正院究伺書案とともに大蔵省の省議にかけられ、ほどなく太政官によって認可された。そして、翌六月に東京日本橋佐内町の和泉屋甚兵衛店内に陸運元会社（以下、元会社）が開設される(50)。

社名は、全国各駅の陸運会社と連携し、その元締となって、大いに物貨輸送の振興を図ろうという経営方針に由来する。

全三〇則から成る『陸運元会社定則書』の第一則には、たしかに「當會社は陸運元會社と名號し各道陸運會社と規則を合し會計を通じ専ら運輸の事を以て本業と致す事」(51)とある。第一五則では「株金は五百圓を以て一株とす」と定めており、これを一〇〇株発行したので、設立当初の資本総額は五万円となった。ほどなく資本総額を変更せず、一株を二〇〇円、二五〇株発行に改める。配当金は一株当たり四二円五〇銭で、配当率は年二割一分であった(52)。

思えば、政府が飛脚問屋から書状送達を剥奪して郵便の専業としたことは、民業圧迫の嚆矢ともいえる。ただし、政府が飛脚問屋側＝元会社に伝来の家業の断念という苦渋の選択を強いる見返りとして郵便物御用の特権を付与したのは、近代実業史に残る英断とも評価できる。

というのも、これによって江戸期は宿駅・助郷のなかに混然一体となっていた通信と輸送の機能が互いに分離独立し、一方で我が国郵便事業の礎石が置かれると同時に、他方でその後の陸運事業ひいては物流事業を牽引していく民間事業体も誕生したからだ。

『陸運元会社定則書』は前掲の第一則と第一五則のほかに、役員選出の手続きを定めた第六則「當會社の株主中頭取副頭取各一名公詮を以て選擧し會社一切の庶務を總管せしむ勤仕の期限は三ケ年を以て相定可申尤も社中望に寄り幾期を重ねて勤め候ても妨無之事　但副頭取は會社の都合に寄り幾名を擧るも妨なしとす然る時は第一等第二等の階級を以て區別可致事」や、一株一票の議決方法を定めた第一六則「凡《おおよそ》社中衆議を決す時は同説株高の多きを以て可決の定め故壱株所持のものの五人同説より六株所持の者壹人の異説は一分の権利多く異説に可歸事」、株式の譲渡を定めた第一九則「株主自分都合に寄り會社を脱する時は其株證文を他に譲渡し或は賣渡候節は其株證文書替可申右書替證文を受取者は勿論正敷會社の株主と成べき事　但譲受又は買受け候者の身分等の儀は正副頭取の協議をも可受事」などを設けている点で(53)、欧米の株式会社規則にかなり近い。

ちなみに、日本初の株式会社は合本型事業組織の提唱者である渋澤栄一が明治六（一八七三）年一月に設立した第一国立銀行[4]といわれているが、元会社の設立はこれよりも一年早く、明治初期における最も先駆的な企業事例であった。

　これについては、『中川史料』収録「沿革史資料」も誇らしげにいう。「当時会社ノ名ヲ表スルモノハ為替会社商社回漕会社郵便馬車会社郵便蒸気船会社等アリト雖トモ何《いず》レモ官立同様ノ姿ニシテ其事業ハ官ノ進退揮《ママ》指スル所タリ我国真正ノ会社ハ陸運元会社ヲ以テ鼻祖《びそ》ト称スルモ過言《ママ》ニアラサルヘシ〔当時、会社と称するものとしては、為替会社、廻漕会社、郵便馬車会社、郵便蒸気船会社等があったけれども、いずれも官立同然であり、その事業の経営は政府の主導下にあった。したがって、我国で正真正銘の民間会社としては、陸運元会社こそが鼻祖といっても過言ではない〕」(54)と。

　ただし、『陸運元会社定則書』は有限責任制を明記していない。また、頭取および役員が駅逓頭と協議して諒解をえれば自由に株式発行を決定できたが、不特定多数の出資を受け入れるものではなく、株式の購入はむしろ加入金としての性格が強かった。江戸期における株仲間の意識がいまだ色濃く残っていたことの証左ともいえようか。

　設立時の出資者の詳細は定かでない。手板組の河内屋こと武田喜右衛門、紀伊国屋こと多胡三郎兵衛が大株主となったが、他の大口株主には三都の飛脚問屋の当主や共同経営者が名を連ねていたと考えられる(55)。

4第一国立銀行　一八七三年、国立銀行条例によって東京に設立された最初の国立銀行。建物は当初、三井ハウスとして造られた。七五年に渋澤栄一が頭取に就任。現在のみずほフィナンシャルグループの母体となる。

さて、元会社の事業経営においては、陸走会社の設立を主導した甚兵衛と荘助の和泉屋主従が強い指導力を持った。『中川史料』収録「日本陸海交通沿革資料」に綴じ込まれた「創業当時ノ職制」によると、まず、甚兵衛が社業を主宰する頭取に、それを補佐する副頭取には荘助のほかに嶋屋の武田喜右衛門と京屋の河村幸が就任している。その後、「監督」に佐久間庸則《つねかず》、「監督副京坂取締業務」に大森總右衛門、「會計」に寺田又蔵、「會計副」に春田篤《あつじ》次、「庶務」に斎藤善兵衛、「水運」に若目田久庫、「水運副」に国府《こくふ》義胤《よしたね》、「會計庶務助合」に坪野平作が任命されていったようだ(56)。

右の過程においては、おそらく前島が会社設立に必要な諸事一般を荘助に指導したものと推測される。いかに荘助が『西洋事情初編』などを介して「会社」という欧米型事業組織についての知識をえていたとしても、それだけで会社を設立できたとは思えない。そもそも和泉屋店内に設立した陸走会社とて「会社」の名を冠してはいるものの、実体としては定飛脚問屋の寄合所帯にすぎなかった。

この点にかんしては、平原も「甚兵衛・荘助など、町人たちの企画としては、（元会社―引用者）あまりにもできすぎたようだという感もなくはないほどである」(57)と述べている。本格的な会社組織を整備するには、やはり前島のような開明的知識人の指導が不可欠であったはずだ。

実際、荘助たちが『陸運元会社定則書』の叩き台として駅逓寮に提出した『陸運会社規則書（案）』には、駅逓寮による指摘や助言を記した付箋《ふせん》が多数挿《はさ》まれていた(58)。

こうした苦難を経て、政府直営の郵便事業が書状送達を独占し、陸運会社が輸送の現業を、元会社が郵便関連物の輸送を、それぞれ担当するという新たな通信と輸送の連携体制は誕生したのである。

ところが、これまでいわゆる官営郵便の起源に主眼を置いて通信・輸送体系の改革にふれた諸文献では、「郵便の父」前島が「過去の遺物」である飛脚問屋に救いの手を差し伸べたとする論調も多々見受けられる。そうした場合には、荘助が旧特権に胡坐《あぐら》を掻いた頑迷固陋《がんめいころう》な旧勢力の代表として、前島の引立役に仕立てられることも珍しくはなかった。

思えば、前島の回顧録『郵便創業談』は、我が国の郵便発達史を語るうえで貴重な証言史料となってきた。とくに前島が定飛脚仲間総代となった荘助を諭すがごとくに理路整然と説得する「飛脚屋の競争と強願」という章は、ともすれば複雑ながらも起伏に乏しい郵便創業過程において、唯一ともいえる劇的な場面をあつかっている。

そのなかに、前島が荘助に対して国際郵便の必要性を持ちだし、「朝鮮の釜山《プサン》や支那の上海《シャンハイ》に書状を届けるのにいかほどの賃銭が必要か?」という質問を浴びせて荘助を沈黙させるという件《くだり》がある(59)。だが、そもそも飛脚というものは、「鎖国という貿易制限体制下で発達した列島限定の、且つ主要街道を基幹に成立した民間による輸送・通信体制」(60)であり、これを欧米の郵便制度と比較してその欠陥を衝くのはいささか公正を欠く論法といわざるをえない。

前島はしかし、土俵違いも甚だしい理屈に困惑した荘助を、「茫然とした気抜けの様で(中略)大に恥入った様子」、「愈々悔恨に堪へない體《てい》で」(61)などと描写することで、自身と自身が仕える官の正当性を後世に印象づけた。この希代の行政官は嘘を吐《つ》くひとではなかったが、ただ謙虚なひとでもなく、むしろ自讃するひとであった。

政府屈指の開明派官僚たる前島が開化に抵抗する飛脚問屋の代表である荘助を懇切丁寧に啓蒙し、救いの手を差し伸べるという筋立ては、「開明派幕臣の勝義邦《かつよしくに》こと海舟に天誅を加えようとした坂本龍馬が、勝の先見性に満ちた世界観にふれて感激し、その場で勝に弟子入りを求めた」という、世に知られた俗説(62)を彷彿《ほうふつ》させる。

たとえば、日本放送協会（ＮＨＫ）制作のラジオ番組『光を掲げた人々』シリーズのなかの一話は、右俗説の焼き直しといえる。そのなかには、前島の説諭と慈悲深い処遇に感激した荘助が、「じつは差し違える覚悟であった」と白状し、懐《ふところ》に忍ばせていた短刀を前島に差しだし、「今日からはこの荘助が、まずあなたの手下です」と宣言するやりとりがある(63)。

また、やはりＮＨＫ制作の『その時　歴史が動いた』シリーズのなかの一話にも、「国民の幸福を第一とし、利益を度外視しても、いつでも、どこでも、誰でも均一な料金で利用可能な公益サービスを実現したい」という前島の高邁な理想に心打たれた荘助が協力を申しでるという場面がある(64)。

付言すれば、この番組のゲストコメンテーターを務めた歴史作家の童門冬二《どうもんふゆじ》はその前年に刊行した著書において、荘助を「非常に気力や識見に富んだ人物」と評しながらも、その直後に「任侠の徒でもあった」(65)という不可解な一節を加えている。これはあきらかに『光を掲げた人々』が描いた前島と荘助の任侠映画さながらのやりとりを下敷きとしたもので、童門が『郵便創業談』および『前島密自叙伝』の記述を鵜呑《うの》みにしていることをうかがわせる。

けれども、ここまでの展開が語るように、官と民の棲み分けによる共存路線は、荘助と前島のふたりが互いに膝を交えて論を戦わせるなかで練りあげたものであり、互いの立場から眺めても双方利益《win-win》の取引ではなかったのか。

まず、前島は外遊直前の明治三年六月に郵便創業の準備として、和泉屋甚兵衛を駅逓司に召喚し、甚兵衛の名代である荘助に飛脚業務の実態報告を求めたが、この時点ではまだ書状送達を官営独占化するほどの構想を持っていなかった節もある。実際、前島は左のような事実を告白している。

「賃銭を取つて私人の信書を送達するなど、《ママ》いふ事は、飛脚屋輩の営業であるとして、賤視する観念があつた。（中略）福澤氏の西洋事情に、西洋の國々では通信は官の事業であるという事が載せてあるといふ事は、後に或人から示されたが、私も明治元年の春、（中略）此本を買つて籃輿《らんよ》の中で読んだけれど、（中略）其處《そこ》を視落《みおと》したかして、覚えて居なかつたのです（傍点は引用者による）」(66)

つまり、前島は洋行以前の郵便にかんする自分の理解が、帰国後に「其の知識無し」として追い落としを謀った濱口のそれとほぼ同水準であったことを、期せずして認めているのだ。

かたや荘助のほうは、すでにふれたとおり、明治三年六月時点ですでに傍点部「福澤氏の西洋事情」、すなわち『西洋事情初編』を通読し、その中の「収税法　飛脚印」に記された「西洋諸國ニテ飛脚ノ権ハ全ク政府ニ属シ商人ニ飛脚屋ナルモノナシ」という一節を知っていた可能性が高い。和泉屋入店前に大槻盤渓の薫陶を受けていたとすれば、尚更であろう。

右のごとき事情を勘案するに、荘助は前島から飛脚継立業務にかんする実態報告を求められた時点で、近い将来に書状送達業務が政府の管轄下に置かれることを予期していたと考えられる。だからこそ、荘助は前島が「郵便の官営化」を明言しなかったにもかかわらず、定飛脚仲間衆に郵便対策の必要性をいち早く訴えたのである。

このような観点から眺めれば、郵便創業をめざす前島と飛脚問屋の権益を守ろうとする荘助の関係は、これまでしばしば語られてきたような、前者＝攻勢↕後者＝防戦あるいは前者＝革新↕後者＝守旧という単純な対立的構図では十分に捉えきれない。

荘助は政府による新式の書状送達＝郵便の創業を予測したうえで、これによる飛脚問屋の衰亡を食い止めようと、五軒仲間を糾合して陸走会社を設立。飛脚問屋が約二世紀をかけて構築した継立方式の優秀性を世間ならびに政府に示し、外遊によって官営の絶対性を確信した前島から譲歩を引きだす態勢を先んじて整えた。かたや前島は、この荘助の手際によって飛脚問屋の持つ力量と価値を改めて認め、官営郵便に関連する業務を全面的に彼らに委託した――

官営郵便と元会社の棲み分け共存体制は、荘助と前島がそれぞれ現実を冷静に把握しておこなった駆け引きの末に生まれた、とみてよい。薮内吉彦はこれを江戸無血開城に導いた西郷隆盛―勝義邦の会談になぞらえて「当時の諸状況を充分にふまえて行われたもの」(67)と評している。

このとき荘助は三八歳、前島は三七歳。我が国の通信・輸送史上の画期となった官民の妥結以降、荘助は数カ月年少の前島を「師」と仰ぐ風があったという。「荘助碑」撰文にも「常曰。吾所父事者吉村氏。而所師事者前島君也〔常に曰く、吾が父事する所は吉村（甚兵衛―引用者）氏にして、師事する所の者は前島君なり〕」という一節がみられる。

前島もまた荘助の能力を高く評価した。自分にさきんじて郵便官営化の必然性に気づき、実際に官営路線が打ちだされたあとは、これを逆手に取って、動きの鈍い定飛脚仲間衆の危機感を煽って陸走会社の設立へと導き、官営郵便に敢えて対抗する姿勢を示しながら前島から譲歩を引きだし、官営郵便と民間陸運が共存共栄する道筋をつけたからである。

互いに意見を戦わせるなかで、前島は自分と年齢の近い荘助を「陸運の近代化に資する人材」と判断したのではなかろうか。その証左となるのは、前島が元会社に対して以降も手厚い保護と優遇を与えたことだ。野口雅雄は、前島と荘助、換言すれば政府と元会社の関係を左のようにまとめている。

「(前島は)設立以來吏員に命じて、範を泰西の方式に執り、會計の方法其他會社経営に關《かん》する必要の事項を會社當局者に指示し、又會社が社員を各道に派遣して、運送連絡の施設を講じた時の如き、政府は特に命を各府県大参事其他の宮司に下して、會社派遣員を應援して、其の所用を満たさしめたのであった。殊に明治五年九月中、政府部内に小包郵便開始の議があった折、前島駅逓頭は之れを非とし『今、陸運元會社をして、物貨輾送《てんそう》の業を許し、尚ほ駅逓寮に於て小包類の輾送を為さば、其の許す所の物貨輾送は、唯空名のみ。依て是等は一切陸運元會社をして之れを輾送せしむべし』と建議して、其の議を中止せしめたるばかりでなく、同時に『郵便事務上に於て当然支給すべき各地郵便取扱所脚夫賃の運送及び郵便切手鬻《しゅくばい》賣代金の収納を、陸運元會社に命じて之らを授受せしめ、連月其運賃を交付すれば、凡そ郵便の通ずる地は、月々必ず正確なる宰領往復を為すを以て、脚夫賃銭の交付、切手代金の領収、金子入書状の輾送等皆別に費用を給せずして、運輸の道を開き、始《マ》め《マ》て國内一般郵便方法の完全を得るのみならず、會社も亦遍《またあまね》く物貨輾送の便法を得るを以て、僻陬邊境《へきすうへんきょう》と雖《いえ》ども、人間交際上欠くべからざる小包物輾送の利益を興すべし云々』と建白して、各郵便局支給金の交付、郵便切手賣下代金の収納、並びに金子入書状の運送を、陸運元會社に請負はしめたのであった。元来是等の仕事は、駅逓寮が自ら為さねばならぬ事務又は業務に属するものであって、別段同會社に請負はしむる必要がないのであるが、駅逓頭以下駅逓寮の當局は、最初の言責を重んじ、少しでも同會社の仕事をふやし、其の営業を繁栄ならしむるが為めに、殊更前述のやうな理由を附して、太政官の決裁を仰ぎ、是等の仕事を陸運元會社に請負はせたのであった（傍点は引用者）」(68)

「最初の言責」とは、前島が荘助を介して定飛脚問屋に確約・付与したところの、陸運独占と官営郵便の末端業務――右記の「各郵便局支給金の交付、郵便切手賣下代金の収納、並びに金子入書状の運送」――の下請委託にほかならない。

官営郵便の創業にあたっては、全国的な書状送達網の確立とその維持を下支えする各種の現業、そしていまだ未熟な官の逓送要員では心許《こころもと》ない「金子入書状」＝郵便貨幣入書状の送達などを、豊富な知識や経験を持つ飛脚問屋に任せるよりほかなかった(69)。

元会社設立の功労者として同社の経営中枢＝副頭取に座した荘助は、このあと前島とのあいだに膠《こう》漆《しつ》のごとき関係を築き、これを基盤として時宜に適った交通手段を選択しながら、迅速かつ安全に荷物を全国各地へと送達するための事業戦略を打ちだしていくこととなる。

Ⅳ　佐々木荘助の事業戦略

陸運の政商へ

政府から手厚い庇護を約束された元会社は、以降、いわゆる政商への道を歩んでいく。政商とは我が国の実業黎明期を象徴する存在であるが、史論家・山路愛山《やまじあいざん》（一八六四〜一九一七）はこれを「政府が自《みずか》ら干渉して民業の発達を計るに連《ママ》れて自《おのず》から出来たる人民の一階級（にして）明治の初期に其時代が作りたる特別の時世に出来たる、特別の階級」(1)と定義したうえで、「政府の干渉」を左の二様に分類している。

「政府自ら事業を起し、之を保護するも一策なり。或《あるい》は世間に於《おい》て既に成立《なりた》ち居れる事業を撰《えら》びて之を助くるも一策なり。史上に例を見るに多くの場合に於て成功したるものは第一策よりも寧《むし》ろ第二策なり」(2)

まず「第一策」は、明治政府——具体的には工部省と内務省——がいわゆる「上からの資本主義化」を推進すべく実施した殖産興業策を指す。それは江戸末期に登場した幕藩営工業の継承による官営軍事工業の育成、通信・輸送事業および鉱山業の経営、輸入防遏《ぼうあつ》・輸出振興を目的とした綿紡・製紙業の模範工場設立、さらには海運業・造船業などの保護・奨励を内容としている(3)。

かたや「第二策」とは、旧来の商人・問屋資本に特権的な保護を提供して、その産業資本への転化と成長をうながすものだ。これによって台頭した企業こそが政商であり、旧幕時代からの豪商として維新後に官金管理を委託された小野組、島田組、三井組はその典型的な事例である(4)。

くわえて、幕末維新期に獲得した旧藩有財産を元手に海運業を開始し、明治七（一八七四）年の台湾出兵[1]に際して所有船舶を政府に供出することで、内務卿の大久保利通から絶大な信頼と庇護をえた岩崎彌太郎の三菱商会も政商の一典型であろう(5)。

台湾出兵に尽力した見返りとして、明治八年に前島は三菱商会に対する政府所有船舶一三隻の無償下付と年額二五万円の運行助成金の支給を大久保に上申した。その際、大久保は岩崎を海運近代化の旗手《リーダー》として推挙した前島に「自分は未だ岩崎の技倆《ぎりょう》を知らず、唯足下を信じて彼を信じたるのみ」という言葉をかけている(6)。当時の駅逓寮は内務省の管轄下にあり、駅逓頭の前島は官僚としての力量と才幹を大久保に愛されて、その腹心のひとりとなっていた。

付言すれば、前島はこのとき海運行政の指針を明記した「海運三策」を立案し、大久保の名で正院に提出している。第一策は完全な民間委託、第二策は政府保護による海運業者の育成、第三策は官営海運業の創始であり、それぞれの利害得失を模擬検証《シュミレート》しているが、答えは最初から第二策に決まっていた。無論、政府の育成する業者が岩崎の率いる三菱商会であることも……(7)。

前島はすでに郵便関連物および一般物貨の独占的輸送請負を元会社に確約していたことから、陸運近代化を推進するうえで荘助に期待した役割を海運分野の岩崎にも期待して、三菱商会に独占権を付与するよう大久保に進言したと考えてよかろう。

思えば、元会社は飛脚問屋という旧商人資本が殖産興業策の一翼をになうかたちで設立した合本型事業体であることから、山路のいう「第二策」型企業のひとつに数えられる。とすれば、同社頭取となった吉村甚兵衛と並んで、否、それ以上に同社の事業経営に大きな影響力を揮《ふる》った荘助は、三菱商会の岩崎にも比肩しうる実業家と位置づけてもよかろう。

さて、時間をもどすと、元会社が官許された明治五（一八七二）年六月、荘助は東海道筋の陸運会社や京都・大坂両府の飛脚問屋仲間との取引契約の締結に着手した。七月には駅逓寮も「前島駅逓頭」の名で、大坂府および神奈川県、足柄県（現・神奈川県西部、静岡県伊豆半島、東京都伊豆諸島）、静岡県、浜松県（現・静岡県西部域）、額田県（現・愛知県東部域）、愛知県、三重県、滋賀県、堺県（現・大阪府南西部域）に左の文書を送達、元会社への加入を奨励している。

「昨年來開業候各駅陸運会社之儀ハ、唯旧伝馬所之面目ヲ一変致シ候迄ニテ真ノ私会ニ無之《これなく》、到底成立之程モ無覚束者《おぼつかなきもの》ニ付猶一改正之法モ可有之ト夫是評議中、今般東京左内《ママ》町吉村甚兵衛外四人之者共定飛脚仲間之名称ヲ転シ、更ニ陸運元会社ノ規則ヲ立、各駅陸運会社ト其規則ヲ合シ且其会計ヲ相通シ、一道逓送ノ貨物ハ無宰領ニテ継通可相成方法等ヲモ相撰ヒ、殊ニ其規則ヲ実践致スヘキタメ

1台湾出兵　一八七四年、台湾原住民による琉球漂流民の殺害事件を口実に、日本軍が台湾に出兵。イギリスの調停で、日清互換条款を締結して解決。

夫々相当ノ資本ヲ積立真正ノ私会ヲ取結ヒ度旨数拾ノ条目ヲ以テ申立、則《すなわち》大蔵省ノ准允ニ依テ陸運元会社之公舗ヲ相開候、就テハ今般右元会社名代之者共各駅陸運会社ト聯合《れんごう》之規則爲申合出張致シ候ニ付、自然御管下駅々ニ於テ其対談之模様ニ寄リ公裁ヲ仰キ候様之儀モ有之候ハヽ、当寮於テ公認致シ御規則之条件ニ就テ当然之御裁判有之度、且前日之弊染ヲ洗除シ真ノ私会相結ヒ、普通商民之営業ト同般相成候様、其駅之者へ御示諭有之様致シ度、此段予メ申進置候也　壬申七月二日　前島駅逓頭〔昨年より開業した各駅の陸運会社は、旧伝馬所と形式は違っても、内実はほとんど変わらず、このままでは私企業として自立することは覚束ない。そこで、駅逓寮はもう一歩踏み込んだ改正にむけた話し合いをおこなっているが、このたび東京佐内町の定飛脚問屋吉村甚兵衛他四人が飛脚仲間から陸運元会社に名称変更し、規則を制定し、各駅の陸運会社と規則統一を図り、会計を連結し、貨物には宰領を付けずに継通《つぎとおし》で輸送する方法を選定し、規則を実行するために相当額の資金を積み立て、本当の私企業を設立したい旨、数十の条目を立てて申しでて、大蔵省の許可により陸運元会社として開業した。ついては、このたび元会社の代表が各駅の陸運会社と連合する契約をむすぶために出張することとなったので、協議において公的な裁定が必要な場合は、駅逓寮の公認した規則にもとづく裁許があるものと考える。そして、旧弊の解消をつうじて本当の私企業が設立され、人馬継立も普通の民間事業として営業できるように各駅の人びとに説諭するよう、予《あらかじ》め通達するものである。

明治五年七月二日　駅逓頭　前島密〕」(8)

　前島の支援をえた荘助は、七月中旬より副頭取の武田喜右衛門らとともに、東海道筋の旧宿駅に開設された陸運会社を巡回して元会社との提携を呼びかける。そのひとつ近江石部《いしべ》宿（現・滋賀県湖南市石部中央）では、長らく宿本陣を務めてきた小島家の第一二代目にあたる小島雄作が元会社との提携に前向きな姿勢をみせた(9)。

しかし、小島のように政府の意図した陸運政策にいち早く順応しようとした人物はいまだ少数派に属していた。荘助と武田による東海道筋巡回の成果は必ずしも捗々《はかばか》しいものではなかった。『大日本帝國駅逓志稿證』には左の記述がみられる。

「八月、陸運元会社総代人佐々木荘助等、東海道ヲ巡廻シ帰リ報ジテ曰、先ニ各駅建ル所ノ陸運会社ハ皆旧伝馬所ノ変化スル者ナルヲ以テ、唯其名アッテ実ナキモノ多シ、其中元会社新定ノ例規ヲ承諾シテ真ノ商会ニ化スルモノハ、僅ニ品川、藤沢ノ両駅ノミ、唯其聯合ヲ諾シテ以テ他日ノ改正ヲ約スルモノハ沖《ママ》津、江尻、静岡、丸子、藤枝、島田、御油、赤坂、藤川、鳴海、福田、前ケ須、土山、水口、石部、草津ノ十六駅ノミ、其他各駅皆糢糊トシテ其旧慣ヲ恋眷シ、共ニ語ルヘキニ足ルモノ少ナシ、元来旧伝馬所ニ従事スル輩ハ、多ク其財産ニ乏キヲ以テ、更ニ各駅ニ令シテ名望財産アルモノヲシテ共ニ此商会ニ結合シ、以テ陸運改正ノ実ヲ挙ンヿ《こと》ヲ請フ（八月に陸運元会社総代の佐々木荘助らがおこなった東海道筋巡回の報告によると、各駅に設立した陸運会社はすべて伝馬所を前身とするために、会社とは名ばかりで実をともなわないものが多い。そのなかで元会社が新たに定めた規則に同意して本当の民間会社に転じたのは品川と藤沢の旧二駅だけであり、辛うじて提携契約の締結を約したのが興津《おきつ》、江尻、静岡、丸子、藤枝、島田、御油、赤坂、藤川、鳴海、福田、前ケ須、土山、水口、石部、草津の旧一六駅という有様である。その他の駅はすべて態度を明確にせず、ただ昔を懐かしむだけで、ともに語らうに足る者など少ない。佐々木たちは駅逓寮に対して、伝馬所を営む者の多くは元来資力に乏しいために、これからは各駅の名望家や資産家が元会社と提携し、陸運改善の実質的な成果があがるような働きかけをおこなっていただきたい、と請願した」(10)

要するに、陸運会社は当初、新たな通信・輸送体系の核になると期待されていたものの、その実体は旧幕時代の問屋場が「会社」を名乗ったにすぎなかった、ということだ。それらは概して資力に乏しく、旧伝馬所時代の悪弊——刎銭《はねせん》[2]の強要や旧助郷からの人馬の強制的徴発——から脱しきれなかった。

ちなみに、石部宿の小島は当時二三歳。若さと進取の気概に満ち溢れ、地域の開化に情熱を燃やしていたようだ。荘助の説諭に共鳴した彼はほどなく石部陸運会社の将来に見切りをつけ、明治六年四月以降は自宅に陸運元会社取扱所——すぐ分社に昇格——の掛札を掲げて営業をはじめる。

けれども、石部陸運会社とのあいだで荷物の継立をめぐる紛争がしばしば生じたことから、小島は陸運会社との一元化を滋賀県に何度も願いでた。その願書からは「当駅陸運會社之儀、駅内町役廿八人之者引請、多人数旧伝馬所相詰《あいつめ》、袴羽織《はかまはおり》着用、宛《さながら》御用荷物継立所之備立《そなえたて》〔石部駅の陸運会社については旧宿駅の町役二八人がこれを運営し、いつも大人数で旧伝馬所に詰めて、全員が羽織袴を着用し、昔の御用荷物の継立所と変わるところがございません〕」というように、陸運会社の旧態依然たる様子もうかがえる(11)。

話をもどすと、駅逓寮は一一月に大蔵省布達第一五六号『従前傳馬所ノ負債ハ其宿驛ノ戸長ニ引渡シ陸運會社ニ引受クル等莫カラシム』(12)を発し、伝馬所時代に抱えた負債から陸運会社を解放。この側面支援が奏功し、元会社は同月にようやく岡崎（現・愛知県岡崎市）、池鯉鮒《ちりゅう》（現・愛知県知立市）、藤川（現・愛知県岡崎市）、赤坂（現・愛知県豊川市）、豊橋吉田（現・愛知県豊橋市）、御油《ごゆ》（現・愛知県豊川市）、二川《ふたがわ》（現・愛知県豊橋市）、亀山（現・三重県亀山市）、関（現・三重県亀山市）、坂下（現・三重県亀山市）各宿駅の陸運会社と取引契約をむすぶことができた(13)。

その間の八月、石川県金沢町の資産家数名が同県参事の名で、北陸地方における商貨や小荷物の輸送を目的とした陸運元会社の設立願を大蔵大輔の井上馨に提出、同月末に認可をえている(14)。これを母体として、北陸道陸運元会社が九月初旬に発足、同地方の陸運会社との取引契約の締結に奔走することとなった(15)。

また、かつて定飛脚時代の相仕であった大坂の三度飛脚は、元会社に入社すると同時に、西海・南海・東山・山陰各街道での物貨・商貨の輸送を目的として『大坂陸運会社規則書』を駅逓寮に提出した。これに対して、駅逓寮は「陸運元会社に合併入社した以上は、元会社大坂分所と称するのが穏当であり、さもなければ全くの別会社として大坂陸運元会社と称するのが適当」という主旨の勧告をおこなっている(16)。

東京日本橋の元会社はやがて北陸と大坂で設立された元会社を合併し、北陸日本海側や関西以西へ

2刎銭　宿駅の問屋場の経費に充当するため、人馬割増賃銭などの一部を掠《かす》め取る慣行。渡船場でも川越賃銭の一部を掠め取り、これを川会所入用・御用無賃渡などに充当することが横行した。

も輸送経路を拡張していくことになるのだが、北陸・大坂の二社が設立された時点ではいまだ各駅陸運会社の統合に苦戦していた。

この情勢を憂慮した前島は大蔵省の稟議にもとづき、明治六（一八七三）年六月、太政大臣・三条実美《さねとみ》（一八三七～九一）の名で太政官布告第二三〇号『飛脚ト称シ貨物運送ヲ業トスル者私ニ營業スルヲ禁ス』（図版23）を発する。曰く、

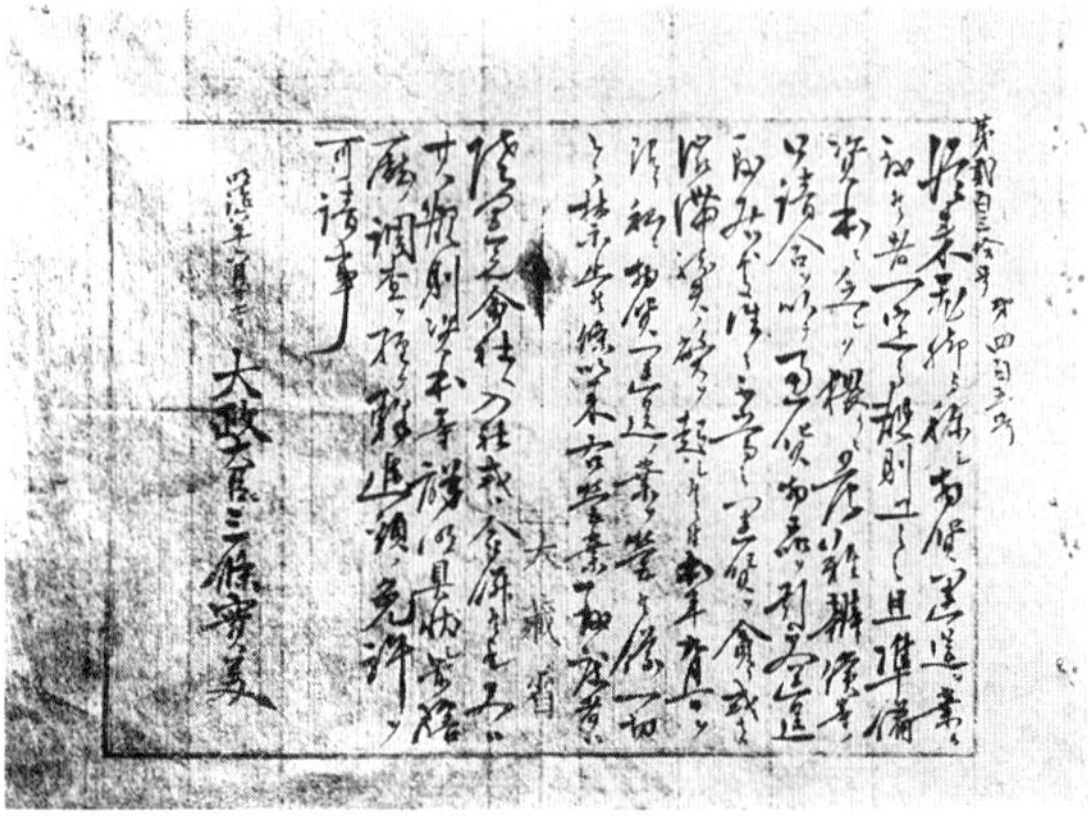

図版23　太政官布告第二三〇号

「布告　六年六月二十七日　太政大臣三条実美署

第二百三十号

従來飛脚ト称シ物貨運送ヲ業ト致シ候者、一定ノ規則無之且準備資本ニ乏シク、猥《みだ》リニ危難弁償等ノ口請合ヲ以テ通貨物品ヲ引受運送致折候処、往々不当ノ運賃ヲ貪リ或ハ渋滞紛失ノ弊ヲ起シ候ニ付、本年九月一日ヲ限リ、私ニ物貨運送ノ業ヲ営候儀一切令禁止候条、以来右営業致度者ハ陸運元会社へ入社或ハ合併候歟、又ハ其規則資本等詳明具状シ、管轄庁ノ調査ヲ経テ駅逓頭ノ免許ヲ可受事〔これまで飛脚を名乗り、物貨運送を営業してきた者は、一定の規則がなく、且つ準備資本に乏しく、危難弁償等の口請合によって通貨物品の運送を引き受けていたか、往々にして不当な運賃を貪り、あるいは渋滞や紛失の害を起こしてきたことから、本年九月一日を最後

に、私的な物貨運送営業を一切禁止する。以降、営業したい者は陸運元会社へ入社するか合併するか、または規則や資本等を提出し、管轄庁の調査を経て、駅逓頭の免許を受けねばならない」[17]

一読して明瞭だが、これは官民棲み分け路線にもとづいて民営化された陸運業にかかわる方針の転換を意味した。なぜなら、その要諦は、

——旧伝馬所をはじめとして陸運会社を名乗っている者たちは、いまより廃業か元会社への加入か、いずれかを選択せよ。

という強権の発動にほかならないからだ。

駅逓寮は陸運会社独自の経営努力に期待することを止め、欧米の株式会社に倣って設立された元会社の下にそれらを組み込む、言い換えれば、陸運会社を元会社の傘下に収めることで、全国的な陸運体制を短期間のうちに整備しようともくろんだのである。

かたや、前島の意を体して新時代に対応した内陸輸送網の整備に取り組む元会社は、太政官布告第二三〇号によって陸運事業者の元締たる資格と権限を正式に付与されたことから、急きょ『入社規則』を起草して駅逓寮に提出、八月にこれを公表した。有限責任制を前提とした入社資格は、図版24のように一等から五等に分類されている[18]。

この規則に続いて、六年一〇月には『事業区分規則』、『諸物貨差立受渡方法』、『諸物貨取扱規則』をあいついで制定、新入社員の増加と社業の拡大に備えた[19]。

「一時はどうなるかと肝を冷やしたが、前島様のお陰で新商売もなんとか将来《さきゆき》が明るくなったよう

一等社員	一株二〇〇円として株高に応じて損益を負担。
二等社員	一等社員と同様に株券購入して加入。みずから陸運営業をおこなうことも可。
三等社員	事業規模に応じて一〇〇円以上の身元金を元会社に預けて加入。
四等社員	各駅設置の取扱所。事業規模相応の身元金を供出し、保証人を設けて加入。
五等社員	身元金の供出は本人の任意。東京府下に有力な保証人があれば即入社許可。

図版 24　陸運元会社への入社資格

な……」

日本橋佐内町の元会社内では、頭取の甚兵衛をはじめ、副頭取の武田喜右衛門、河村幸が一様に胸を撫で下ろしていた。

「鬼かと思うていたが、いまとなっては地獄に仏であったな」

と笑いあう三人に、荘助は穏やかな表情を浮かべつつも気迫のこもった口調で、

「前島様の御配慮が無駄にならぬよう、ここは一気呵成に事をすすめるべきかと存じます。御布告には『其規則資本等詳明具状シ、管轄庁ノ調査ヲ経テ駅逓頭ノ免許ヲ可受事』なる一文もございますれば、これ幸いとばかり新規開業する輩《やから》が現われるやもしれません」

と油断を戒める。三人も思わず表情を引き締めた。

「それではまた出陣と参りますか」

荘助がいうと、武田と河村の両副頭取は力強くうなずいた――

かくて荘助たちは主要街道筋を巡回し、各地に社員を派遣することで、旧飛脚取次所、馬借《ばしゃく》[3]や河岸問屋などを傘下に収めていく。まことに太政官布告第二三〇号は、既存の輸送関連業者に対する元会社の支配力を高めるうえで、強力な根拠となった。

元会社の順調な成長をみた駅逓寮内では、「各駅陸運会社を正式に解散させるべし」という意見が急速に台頭する。すでに元会社との契約をつうじて私企業に転身した陸運会社には、伝馬所時代の旧債免除といった支援が与えられたにもかかわらず、いまだ旧弊の払拭が十分にはみられなかったからだ。

そこで駅逓寮は、一一月中旬に大蔵卿・大隈重信の名で右大臣・岩倉具視《ともみ》（一八二五～八三）に「陸運会社を全廃したうえで、陸運元会社に全国人馬の供給を担当させる」旨の伺書を提出、太政官の裁断を仰ぐ。以降、数回の廟議を経て、太政官は大蔵卿の提言を是認したうえで、一一月末に陸運会社の強制解散を内定した。

3馬借　馬背に荷物を載せて運搬する畿内の輸送業者で、大津、坂本、淀、木津などの京滋の水陸交通の接点や街道沿いの地を拠点として、船で運ばれてきた荷を京都や奈良へ搬入した。

翌明治七年一月九日に大蔵省から内務省に移管された駅逓寮は、引き続き各駅陸運会社の解散にむけた方策を検討し、三月に「陸運会社に代わる民間継立機関の確立にむけた準備が可能かどうか」を元会社に打診する(20)。

（ついに来たか）

荘助は安堵と同時に、全身が粟立《あわだ》つような興奮を覚えたであろう。

伝来の家業である書状送達の放棄という苦渋の決断、それと引き換えにいま、郵便関連物輸送請負の独占権に加えて、全国におよぶ金銀・為替・商貨・小荷物輸送の営業権をも掌中に収める好機が訪れたのだから。

（いま思えば、駅逓寮が我ら飛脚問屋と宿駅の伝馬所に持ちかけた西洋流の会社への模様替えは、開化の世においてどちらが陸運をになうのにふさわしいかを問う試験ではなかったのか……）

我らはそれに勝ったのだ、と荘助は胸中快哉を叫んだ。

ほんの数年前まで、人びとは封建的な地方分権体制の繭《まゆ》に包《くる》まれて暮らしてきた。「国」とはまさに自分たちが暮らす大名領や天領の一画にすぎず、それらをむすぶ街道や河川には関所・番所が設けられて、物流と人的交流には一定の制約が課せられていた。よって、当時の人びとにとって、「全国」とは想像するに容易ならざる広大な空間であり、ほとんど今日の「グローバル」という感覚に近かったであろう。

（これはたとえ、このさき何度生れ変わろうとも、二度とはお目にかかれぬ天恵だ）

荘助は頭取の甚兵衛、副頭取の武田・河村に諮《はか》って、この打診を官命として拝することを決定した。そして、七年三月中旬に荘助が中心となり、陸運会社の正式解散を待って社名を元会社から「内国通運会社」（図版25）に変更したい旨を上願。併せて『各駅人馬継立並《ならびに》今般派出巡廻之者共心得方等伺書』と『内国通運会社継立規則摘要』を起草し、駅逓寮に意見を求めたのである。

四月早々に内務省は、元会社の提出書類に報告書を添えて太政官に上呈。五月末に待望の太政官認可が下りると、荘助はただちに九州、四国、山陰、山陽、東北の各地に社員を派遣し、陸運会社のうちで有望なものを選んで取引契約を締結しながら、全国的な内陸輸送網の整備を加速させた。九月には「陸運元会社頭取　吉村甚兵衛」の名で『公私諸荷物継立規則』を「駅逓頭　前島密」に提出している。

こうして新たな内陸輸送網の整備を終えた元会社は、明けて明治八（一八七五）年二月二〇日、佐々木荘助・武田喜右衛門・吉村甚兵衛が連署で『公私諸荷物継立規則』にもとづく営業認可と社名変更請願書を、改めて駅逓頭の前島密に提出した。

これを受けた駅逓寮は、三月二八日に元会社が全国的な輸送体制を構築した旨、太政官に報告。陸運会社解散の裁許を仰ぐと同時に、元会社の「内国通運会社」への改称を稟請する(21)。

一カ月後の四月三〇日、内務省は「内国通運会社」への社名変更を許可するとともに、「内務卿大久保利通」の名で内務省布達甲第七号『陸運会社ヲシテ解社セシム』(22)を発して、「本年五月三十一日限リ総テ解社可申付、此旨布達候事」を正式に各府県に通達、各駅陸運会社の解散を公表した。

図版 25　内国通運会社本社

五月五日には内務省布達乙第五五号『内國通運會社へ公私荷物繼立ヲ許ス』[23]によって、公私荷物の継立に際しては各駅に設けられた内国通運の出張所・分社・取扱所に人馬の提供を依頼するよう奨励した。なお、同布達には『公私荷物継立規則』も添付されている。

じつは一年前の明治七年五月下旬、大久保内務卿が富国の基盤を民間活力に求め、その保護育成を謳った一篇の建議書――後世『殖産興業に関する建議書』の名で知られる――を太政官に提出している[24]。大久保の構想では、民業の生産力が増進すれば物流もおのずと隆盛にむかうから、全国規模での長距離輸送をになう民間資本が必要となる。その役割を期待されたのが、さきにふれたように、海上輸送では三菱商会、内陸輸送では内国通運なのである。

内国通運は設立時に三四八〇カ所におよぶ継立拠点を確保しており、これらをむすぶ定期便を開設、社名そのままに内陸輸送にかかわる現業全般の統括機関たる地位を確立した。宿駅制度の改廃から官営郵便と内国通運の棲み分け体制の確立にいたるまでの通信・輸送体系の変遷を描けば、図版26のようになるだろう。

この変遷の意義については、広岡治哉が「宿駅の継立人馬を利用して

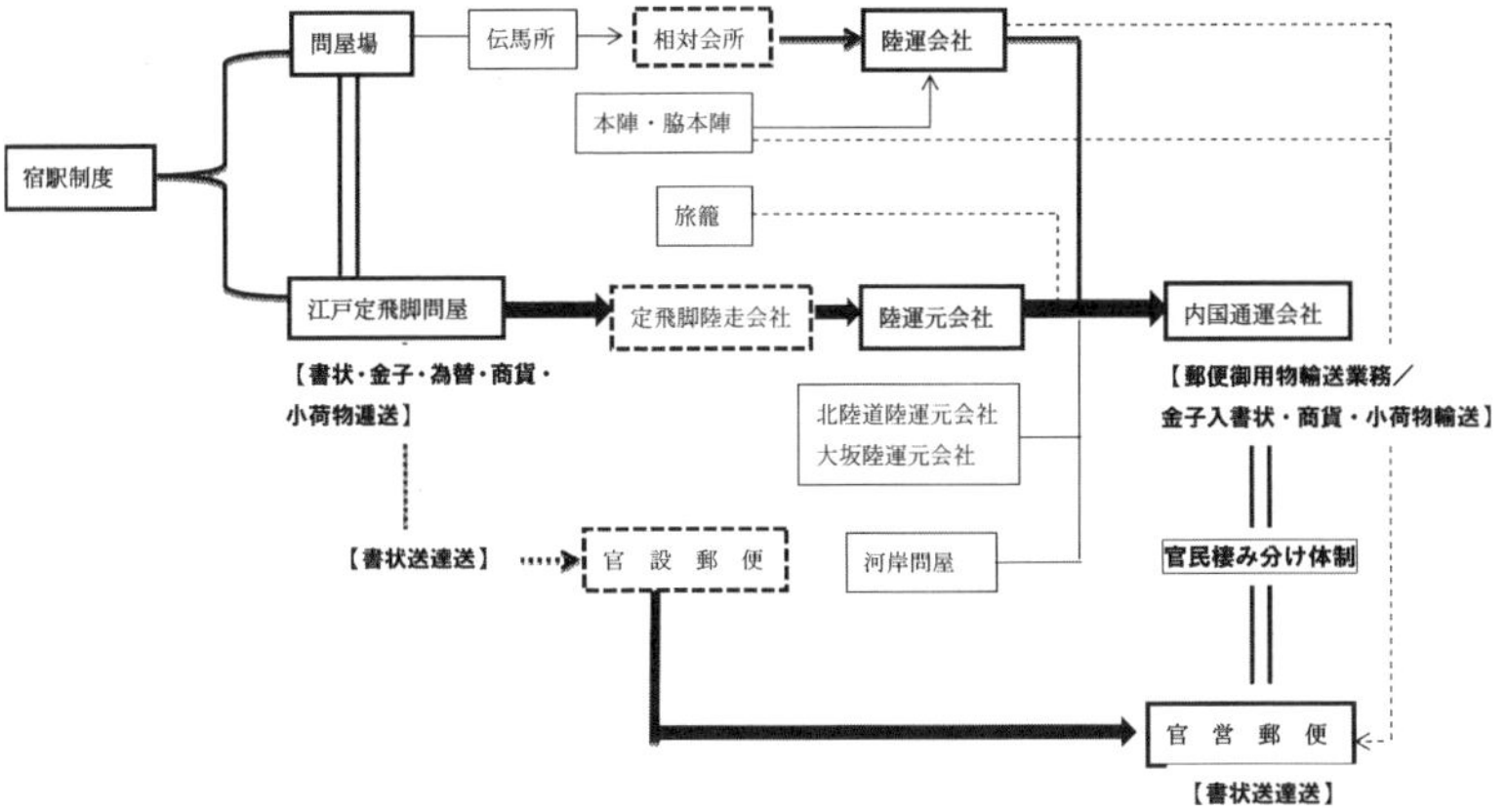

図版26　通信・輸送体系の変遷図（宿駅制度から官民棲み分け体制へ）

運送するという機構に立脚した所の商業資本であった（中略）定飛脚問屋が、明治政府の保護を受けて陸運元会社に転生し、陸運元会社は、各地の運送業者を下請的に支配する文字通り独占的な資本として、特権的商業資本として成立し、ここに日本陸運資本（通運資本）の特殊な発展の第一歩を踏み出した」(25)とまとめている。

ちなみに、元会社から内国通運への移行期にあたる明治七年一月～八年四月には、全国に一二七名の株主が存在し、資本総額は元会社設立時の五万円から六万七三〇〇円に増加した(26)。図版27は現存する株式証書である。

個々の株主の持株高では、図版28にあるように頭取の吉村甚兵衛が第一位の一万四六〇〇円を保有し、第二位が村井彌兵衛の六〇〇〇円、そして武田喜右衛門の五四〇〇円、嶋谷《ママ》佐右衛門の二四〇〇円、荘助の二〇〇〇円と続く(27)。

（陸運会社を我らが傘下に収めたからには、爾後《じご》は内国通運が日ノ本《ひのもと》の陸運のすべてを取りしきる）

荘助は身の内に野心がたぎるのを禁じえない。

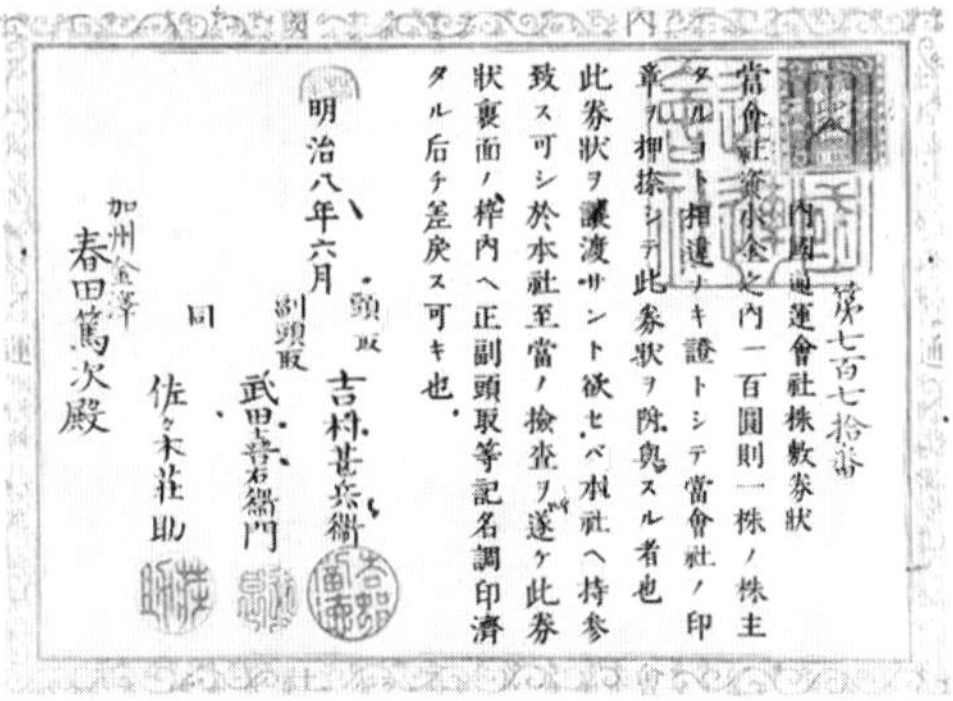

第七百七拾番
當會社資本金之内一百圓則一株ノ株主タルコト相違ナキ證トシテ當會社ノ印章ヲ押捺シテ此券狀ヲ附與スル者也
此券狀ヲ讓渡サント欲セバ本社へ持參致ス可シ於本社至當ノ撿査ヲ遂ケ此券狀裏面ノ枠内へ正副頭取等記名調印濟タル后チ差戻ス可キ也
明治八年六月
頭取　吉村甚兵衛
副頭取　武田喜右衛門
同　佐々木荘助
加州金澤
春田篤次殿

図版 27　内国通運会社株式証書

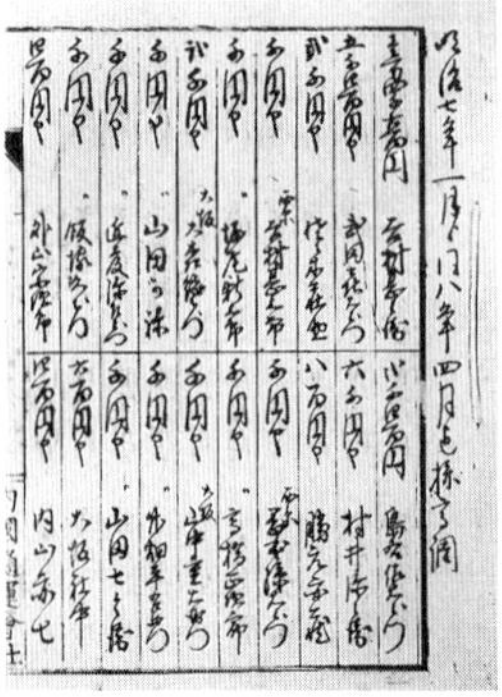

図版 28　株主名簿
(明治 7 年 1 月～8 年 4 月)

これがいわゆる内国通運時代、すなわち「明治八年三月、當會社が全國物貨運送を一手に取扱ふ事となり、社名を内國通運會社と改稱したりし時より、明治二十六年七月、商法の一部、即ち會社、手形及破産の三法の實施に依り、會社法の規定に基《もとづ》き、内國通運株式會社と改稱するに至りし迄、約十九ケ年の期間」(28)の幕開けである。同時に、荘助が明治実業史に残した栄光と挫折の軌跡のはじまりでもあった。

真誠講の創設

内国通運と駅逓寮、具体的には荘助と前島の密接な関係を象徴するのが、現在も日通の社章にもちいられている図版29の「Ⓔ㊂Ⓔ」マークであろう。

この社章制定については、『内国通運史』、『国際通運史』、『日通社史』にその経緯が語られている(29)。『日通社史』編纂にも参加した大矢誠一はそれらを総合的に検討し、「直接裏付ける原資料は見つかっていない」と断りつつ、内国通運設立に際して日章中に「通」の字を白く染め抜いた㊂旗章を駅

図版29　「E通E」マーク

逓寮に届けでたところ、前島がその左右に「エクスプレス（express）」の頭文字〝E〟を配して「E通E」ができあがった、と結論した(30)。

付言すれば、「エクスプレス」は主にアメリカ合衆国の書状・物貨の急送サービス業者が社名――アメリカン・レイルウェイ・エクスプレス（American Railway Express）、ウェルズ・ファーゴ・エクスプレス（Wells Fargo & Co Express）、レイルウェイ・エクスプレス・エージェンシー（Railway Express Agency）など――に使用しており、前島は欧米視察においてこれを見聞したものと推察される(31)。

あるいは、ポニー・エクスプレス（Pony Express）の逸話も聞き知ってたのではなかろうか。これはウェルズ・ファーゴ・エクスプレスの別会社セントラル・オヴァーランド・カリフォルニア・アンド・パイクスピーク・エクスプレス（Central Overland California and Pikes Peak Express）が一八六〇年四月から翌六一年一〇月までミズーリ州セントジョゼフ―カリフォルニア州サンフランシスコ間の約三二〇〇キロメートルで運営した駿馬のリレー方式[4]による合衆国横断急便サービスである。送達に要した平均日数は夏場が九日、冬場は一四日。従来は馬車、川船、南米

4 駿馬のリレー方式　ミズーリ、カンザス、ネブラスカ、コロラド、ワイオミング、ユタ、ネヴァダ、カリフォルニアの各州をとおる旧開拓者街道（Old Pioneer Trail）に一八九の継立所を設置し、騎手が継立所に配備された駿馬を数十秒で乗り替えて書状を送達した。

最南端廻りの海路、鉄道などを適宜使用して二〇日以上を要した東西間の連絡速度を半分に短縮した。ただし、料金は一通五ドル（現行の二五〇ドル）と高価であったために、利用は新聞社や特別な商用に限られている[32]。

閑話休題。前出の飛脚井戸にも刻まれていた「㊂」は、江戸期の飛脚・廻船業者のあいだで鑑札や旗章に使用された伝統的な図柄である。これを下敷きとして民間人が考案した社章に、官の人間である前島が文明開化を象徴する英語からエクスプレスの頭文字〝E〟の字を採り添えたという逸話は、内国通運という事業体の本質を如実にものがたる。すなわち、官民協調の産物であり、和と洋、旧と新の融合であった、と。

ここからは、陸運の近代化を託された荘助が、それを実現すべく推進した経営上の改革を紹介していきたい。

明治六（一八七三）年一〇月、荘助は損害保険の嚆矢ともいうべき危難請合制を実施している。飛脚問屋の時代には、輸送時の失態から生じた損害を宰領に弁償させたり、手代などによる預り金の横領といった不祥事に際しては飛脚問屋が弁償したり、弁償金が多額になる場合には問屋仲間からの借入によって弁償したりすることもあった。

けれども、会社組織への転換をすすめるなかで、従来からの場当り的な慣行を見直し、事前に危難請合料を徴収しておき、これを原資として運送中に生じた貨物の損害については内国通運が賠償の責を負うこととした。危難請合料支払いの準備として、同社は駅逓寮に地券五万円を供託しており、その実質的な効果において現在の損害保険事業とほとんど変わりがない(33)。

危難請合制はおそらく福澤諭吉が慶応三年に刊行した『西洋旅案内　下巻』「災難請合の事　イシユアランス」から啓示《ヒント》をえたものであろう。そこには「災難請合とハ《ママ》商人の組合ありて平生無事の時ニ《ママ》人より割合の金を取て萬一《まんいち》其人へ災難あれば組合より大金を出して其損亡を救ふ仕法なり其大趣意ハ《ママ》一人の災難を大勢で分ち僅《わずか》の金を棄て大難を遁《のが》るる訳にて」(34)という一節がある。

すでに紹介したが、荘助は『西洋事情初編』をはじめとする福澤の著作を精読していたようだ。ことによると福澤に私淑していたかもしれず、彼の著作からえた欧米の最新知識が前島とのあいだで丁々発止の駆け引きを演じる下地となった可能性も否定できない。

そのことはまた、『会社結算《ママ》報告書』からもうかがえる。その冒頭に「専ラ西洋簿記ニ倣ヒ、尚一層会計ノ規法ヲ釐革《りかく》シ、各出店出納閉鎖ノ期ヲ定メ、以テ新面目ヲ与ヘント欲ス」と謳い、勘定科目の分類や貸借仕訳の記入といった西洋式記帳法を採用している(35)。図版30は物流博物館が所蔵する明治一二年一月一日～一二月三一日期の『会社結算報告書』であり、貸借対照表や損益計算書を使用していることがわかる(36)。

すでに官辺では、明治三年に来日した御雇外国人エミリオ・ブラガ（Braga, Vicente Emilio：一八四〇～一九一二）の指導で大蔵省大坂造幣寮が会計制度の近代化を画して、本格的な西洋式記帳法を採用(37)。他方、民間事業者はといえば、いまだに江戸期以来の大福帳、買帳、売帳、注文帳、金銀出入帳、金銀受取帳、荷物渡帳の七種類を使用し、取引の種類や財産費目に応じて必要最低限の記帳をお

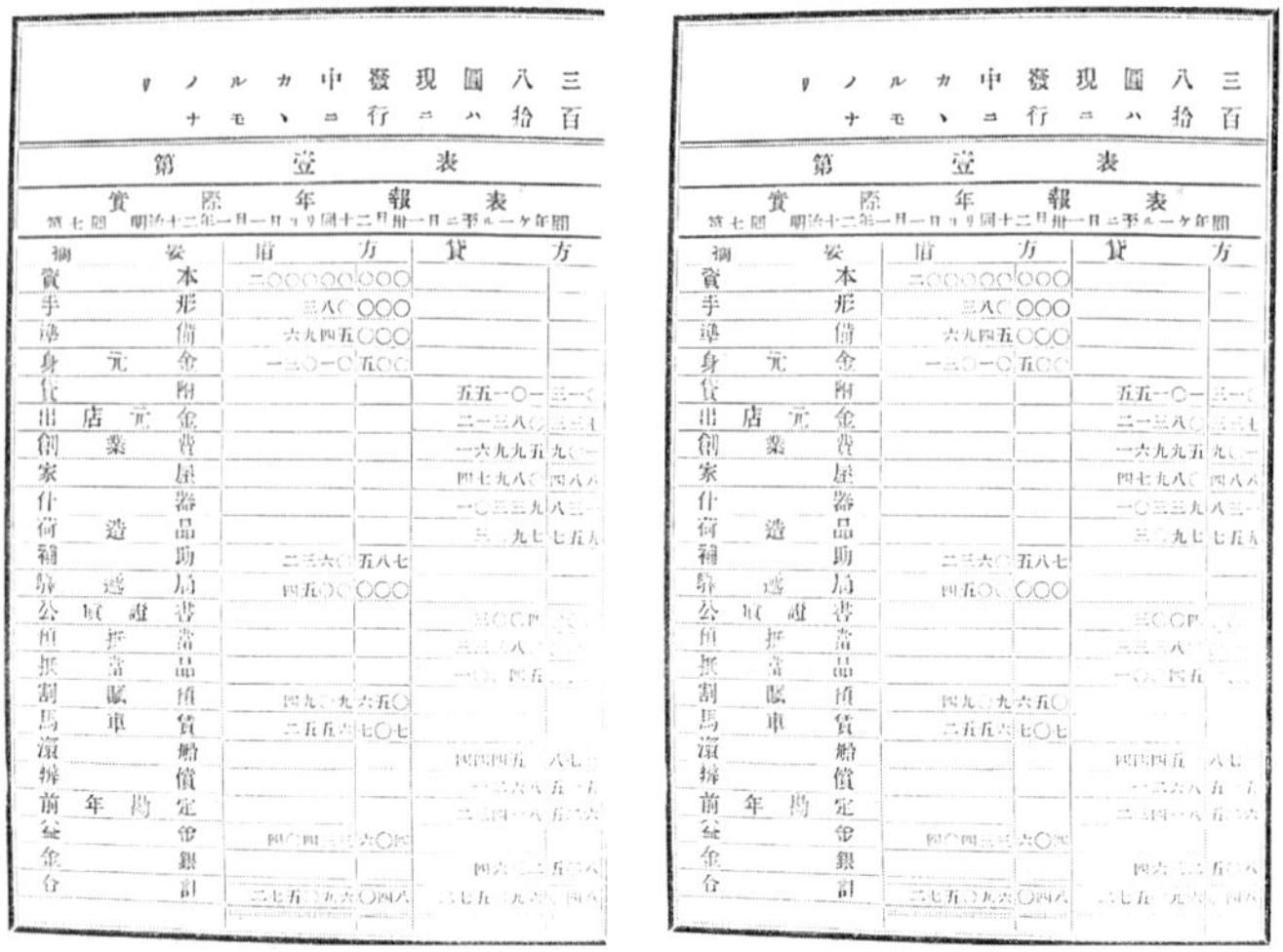

図版 30　内国通運会社の『会社結算報告書』

こなっているだけであった。

後世「簿記」の名で親しまれる記帳法を、一般にも知らせようとしたのは福澤である。明治六年六月、福澤は *Bryant and Stratton's common school book-keeping*, 1871 の翻訳書である『帳合之法《ちょうあいのほう》　初編』で「略式」＝単式簿記を、翌年六月刊の『同右　二編』で「本式」＝複式簿記を、それぞれ紹介した。原著に登場する商人名、商品名、単位を和名――ロバート・ローズを「相模屋」、ローレン・トーマスを「甲州屋」、リオのコーヒーを「上茶喜撰」、最高の紅茶を「上茶玉露」、ヤードを「尺」――に置き換えるといった工夫を施し、西洋式簿記を日本人にも解り易く解説している(38)。

福澤自身は旧来もちいられてきた「帳合」をbook-keeping の訳語にあてたが、明治六年一二月には大蔵省紙幣寮の海老原済と梅浦精一が御雇外国人アラン・シャンド（Shand, Alexander Allan：一八四四〜一九三〇）の *Bookkeeping for banks* を翻訳・編集した『銀行簿記精法』を上梓している(39)。荘助は福澤の『帳合之法』に学びつつも郵便関連御用を拝命している手前、『結算報告書』では官製用語たる「簿記」をもちいたのかもしれない。

余談ながら、福澤は明治三一（一八九八）年に時事新報社より発行した『福澤全集　巻一』の緒言で「ブックキーピングを帳合と譯《やく》して簿記の字を用いざりしは餘《あま》り俗に過ぎたる故か今日世に行はる、を見ず〔book-keeping の訳語として簿記ではなく帳合をもちいたが、あまりに俗っぽかったせいか、いまではほとんどもちいられていない〕」(40)と述懐している。

閑話休題。右のような日常業務上の管理改革もさることながら、荘助の事業経営者としての才覚と技量が存分に発揮された試みとしては、真誠講《しんせいこう》という旅宿の協定組合の結成があげられる。これは明治七年三月に内務省駅逓寮から打診された「各駅陸運会社に代わる全国的な継立機構の確立は可能か」という課題に対する具体的な取り組みのひとつでもあった。

ここで「講」とは、本来、寺院内で仏典を講読・研究する僧侶の集まりを意味したが、やがてそれが転じて、信仰とは無関係の世俗的な同志結社も「講」と称するようになる。それらのなかから、同業者の相互扶助的な機能を果たすものも登場した。

旅宿の講は、文化一三（一八一七）年に大坂玉造《たまつくり》上清水町（現・大阪市中央区玉造二丁目辺）の綿弓《わたゆみ》用弦《げん》5作り職人・松屋甚四郎とその手代・源助が江戸の鍋屋甚八と共同で結成した優良旅宿の協定組合「浪花組《なにわぐみ》」に起源を持つ(41)。同組は天保一二（一八四一）年に「浪花講」と改称。源助が正式に発

図版31　「浪花講発祥の地」碑

図版32　浪花講の看板（レプリカ）

起人となり、講元に甚四郎と源八が就任し、三都に世話方を配置して同講の維持・管理費の一切を負担した[42]。

現在、松屋のあった場所は玉造稲荷神社分社となり、その鳥居脇には「浪花講発祥の地」碑（図版31）が立つ。その由緒板によると、同講結成のきっかけは弦の行商にでた甚四郎と源助が、道中各地で良心的な旅宿探しに苦労した経験にある。この部分、由緒板の英文解説には“the idea from their bad business trip experience”とあり、すこぶるわかりやすい。

十返舎一九《じっぺんしゃいっく》（一七六五～一八三一）の『東海道中膝栗毛《とうかいどうちゅうひざくりげ》』（一八〇二～二二年刊）にも描かれたように、江戸期の主要街道筋では旅宿間での旅客争奪が激しく、強引な客引きや留女《とめおんな》が旅人を無理矢理に引っ張り込んだりするのはもはや旅の風物詩と化していた。くわえて、「飯盛《めしもり》」と呼ばれる宿場女郎、「護摩《ごま》の灰」と呼ばれる詐欺師や押売り、「巾着切《きんちゃくきり》」と呼ばれる掏摸《すり》も横行、風紀の乱れにより安心して宿泊できる旅籠《はたご》を探すのにも骨が折れるというありさまだった[43]。

おそらく甚四郎と源助も悪質な暴利行為《ぼったくり》、賭博勧誘、私娼の強引な斡旋に辟易《へきえき》したに相違ない。そうした不快が募りに募った結果、「それなら」と、道中出会った誠実かつ良心的な旅宿に信用のおける旅客を紹介する互助制度を思い立ったのだろう。英文解説には“the objective of providing safe and relieve accommodations to travelers nationwide”とある。

甚四郎らは加盟旅宿の軒先に「浪花講」と大書された図版32のような看板を掲げさせ、暴利行為や賭博の禁止、飯盛女の排除といった規制を加盟旅宿に課した。併せて、加盟旅宿をはじめ参詣地、各地の名産や名所・旧跡といった道中情報を掲載した『浪花講定宿帳』も出版。旅客には「浪花講」の鑑札を発行し、宿泊を請う際にその提示を求めている。

島崎藤村『夜明け前』には、主人公の青山半蔵が安政三（一八五六）年に妻お民の兄である寿平次《じゅへいじ》と一緒に江戸にむかう旅中において中山道の奈良井宿《ならい》（現・長野県塩尻市奈良井）に立ち寄る場面があり、左の光景がはさまれている。

「『お泊りなすっておいでなさい。奈良井のお宿はこちらでございます。浪花講の御定宿はこちらでございます』

しきりに客を招く声がする。街道の両側に軒を並べた家々からは、競うようにその招き声が聞える」(44)

このように浪花講は協定旅館・旅行社の祖＝“the first Japanese Ryokan association（……）the origin of the modern Japanese travel agency”となり、これを範として天保年間には大坂日本橋《にっぽんばし》の河

5 綿弓用弦　綿弓とは、繰綿（未精製の綿）を打って、不純物を除いた柔らかな打ち綿にするための弓に似た形の道具。これに鯨や牛の筋などで作った弦を張り、指先ではじいて綿を打った。

内屋茂左衛門と江戸馬喰町《ばくろうちょう》の苅豆屋《かりまめ》茂右衛門による三都講、江戸湯島天神通の大城屋良助《おおしろやりょうすけ》による東講《あずまこう》、維新後の明治六年には静岡で枚木營助・浅川行篤による一新講《いっしんこう》が結成された(45)。

荘助の構想した真誠講はしかし、右記の諸講を参考にしながら、江戸期の飛脚取次所を下敷きとして、主要街道筋の旅宿を同盟させたうえで、それを元会社の傘下に組み込み、旅客・手荷物の効率的な確保とその円滑な輸送を促進するという意図を含んでいた。

ここで飛脚取次所についても簡単にふれておく。飛脚取次所とは、三都飛脚問屋仲間から委託され、街道の各宿場において書状・金銀・荷物などを依頼客から請け負い、輸送途中の宰領に取り次ぐ役割を果たした業者であり、本陣や旅籠を兼ねる場合には宰領の定宿に指定されることもあった。夜間通行する宰領や飛脚人足のために、夜中でも常に風呂が用意され、一般の旅人にも重宝されたようだ(46)。（かつて飛脚取次所が果たした役割を一般の旅宿にもになわせたうえで、その全国同盟を作れば、取次所の確保に不自由することは随分と少なくなるだろう）

荘助は太政官布告二三〇号を前面に立てて、全国各地に元会社の出張所・分社・取扱所を開設するとともに、各駅陸運会社のうちで有望なものを傘下継立所＝取次基地に仕立てようとしていた。

事実、明治五年五月に定飛脚五軒仲間が元会社の設立にあたって駅逓寮に提出した『運輸仕法見込御伺書』には「毎駅々運輸ノ定宿手堅キ旅店ヲ撰《えら》ミ（中略）精々簡易ノ仕法相立諸人往来仕安キ様仕度右取調ノ上ハ運輸会社規則ト共ニ上梓致シ世上へ頒布仕〔宿駅ごとに堅実な営業をおこなっている旅宿を選んで（中略）旅客の街道往来が容易になるように、できるだけ簡略な規則を設け、会社規則と一緒に上程するとともに、一般にも周知したい」」という一文が含まれている(47)。

荘助がこの『伺書』起草の中心に座していたのはまちがいない。元会社がみずから継立経路を整備する段になり、優良旅宿を斡旋して旅客の便宜を図るという当初の目的と取次基地の増設という新たな目的が、頭のなかでひとつの構想にまとまった、ということである(48)。

『中川史料』収録「沿革史資料」には、荘助による真誠講設立の意図が左のように説明されている。

「佐々木思以《おもえ》ラク旅店ナルモノハ専ラ旅客ヲ接遇スル業ニシテ行旅来往ノ便ヲ圖《はか》ルヘキノ義務アルモノナレハ若《も》シ各駅中單ニ駅傳取扱ノミノ約束ニ應スルモノナキトキハ旅店営業者ノ内ヲ撰ミ駅傳取扱ヲ兼業セシメ且其旅店ヲ以テ全國同盟社中ノ定宿トセハ随《あわせ》テ他ノ旅客ノ信用ヲ受ケ其旅店モ自然繁栄ヲ招クノ一助ナレハ甘シテ之ニ應スヘキハ必定ナリ〔荘助が考えるに、旅宿は専ら旅客の接遇を生業としており、旅行の便宜を図ることを義務としているものである。そのために、各宿に継立だけの扱いに応じる者がいない場合には、旅宿のなかから継立業務を兼業してくれる営業者を選定し、そうした旅宿を全国同盟に組織して元会社の定宿に指定する。そうすれば、一般の旅客もこの旅宿を信用して自然と繁盛するだろうから、講加入の呼びかけに応じることは必定であろう〕」(49)

明治七（一八七四）年九月、荘助は営業が健全・確実な旅宿を選定し、それらに元会社の荷の取次業務を委託することを甚兵衛に諮った。そして、武田喜右衛門、佐久間庸則、春田篤次、若目田久庫ら幹部一〇名とともに、主要街道筋の各宿で「優良」の評判をとる旅宿に対して元会社が設立する旅宿組合への加入を呼びかける(50)。その際、荘助たちが旅宿に配布した『真誠講申合書』は、「當會社より発起真誠講名の旅亭内國各地へ設置同盟結社の所以《ゆえん》を左に掲く」という前置きに続けて、左のような設立の主旨を説く。

「当会社は物貨通運を以《もって》本業といたし、各地へ出張所・分社・取扱所を置《おき》、定式往復の荷物は多く之に拠り休泊するを通例といたし侯へとも、其地の都合運送等の模様により、差支えなきを必すへからす、殊《こと》に内国本・枝両道社中に列するもの少からざれば、通常旅行も多く自から往復の繁々たるゆへ、其休泊は出張所・分社・取扱所に限るべからず、是一つの講名を起し、其規則を立《たて》、定休泊処を各地に設ける所以なり、加るに今度公私の継立をも御許允相蒙り侯得《さぶらへ》ば、百般運輸の自由を開き、東西行旅は老若婦人の独りにても百里の行路憂《うれい》を知らず、長途安んじて来往し、彼我相併せて其安全を計るも、また当会社の事業に関し侯へば、各道市町駅村有志の旅亭を撰《えら》み、其地の出張所・分社・取扱所と倶《とも》によく申合《もうしあわせ》、公私旅行の人々往来に苦を忘れ其憂を知らざる様いたし度、此休泊所に当たるものを称して真誠講と名号し、内国広く推し及すを以、元社より新に旅行切手を発行し、各地へ分配いたし置、四方君子の求《もとめ》に応し、僅の講収料を得てさし出し、旅人これを以て発途する時は、沿道皆右の講名を表する旅店に訪ひ、自然之に帰し之に拠るの都合を以発起いたし侯ものに侯得ば、各々能く勉強し、漸次社中毎客へ伝ひて、同盟の家に誘ひ、此切手を所持する者懇《ねんごろ》に取扱ふを旨とせば、元社より屡々《しばしば》四方に弘告《ママ》するを以、不日にして講名社中の賑ひ前日に倍し、日に増し其業の栄ん事必せり〔陸運元会社は荷物の輸送を本業とし、定期的に荷物を継ぎ送る場合、宰領は各地に置いた出張所、分社、取扱所に休泊してきたが、物貨旅客の往来も頻繁なので、こうした施設だけでは足りず、このたび講を起こしてその規則を作成し、定旅宿所を各地に設けることとなった。我が社はすでに公私にわたる継立輸送の営業権の官許も受けていることから、物貨旅客が安全に街道を往来できるように努めることも事業である。そこで、街道筋各駅の旅宿を選んで、我が社との提携のもとで、公私旅客が旅程を憂いなく楽しめるように真誠講という旅宿同盟を設立し、これを全国に拡大したい。その際、我が社より発行した旅行切手を各地に配布し、弁《わきま》えた旅客の求めに応じてこれを低額で交付しておけば、旅客は街道筋の真誠講加盟旅宿を訪ねて、そこに宿泊することになるだろう。彼がその効能を他の旅客にも教えれば、評判を呼んで旅行切手を求める者も増え、やがて真誠講の加盟旅宿は大いに繁盛するに相違ない」(51)

荘助は真誠講設立の趣旨を「公私旅客が旅程を憂いなく楽しめるようにすること」としつつ、旅宿に飛脚取次業務を兼務させることで、継立機関の充実を図ろうとした。

(真誠講はまさに「三方良し」を実践するものだ)

という思いが荘助にはあったはずだ。「三方良し」とは、「売り手と買い手がともに満足し、また社会貢献もできるのがよい商売である」という近江商人6の心得である。

真誠講元社が政府からのお墨付きをえたことで、内国通運は傘下の継立所がない土地でも講加盟旅宿が継立業務を肩代わりしてくれるうえ、宿泊客の手荷物運搬も請け負うことが可能となった。他方、

6近江商人　中世から近代にかけて活動した近江国（現・滋賀県）出身の商人。大坂商人・伊勢商人と並ぶ日本三大商人のひとつ。行商と出店を基本に成長し、江戸期には廻船業にも進出。

旅宿側も政府御墨付きの講元社が宣伝をおこなってくれるお陰で、信用度も増して旅客の確保が容易となる。そして、旅客は良心的な旅宿に宿泊できる安心感によって、快適な旅を満喫できる――（「真誠」とは読んで字のごとく、「偽りやごまかしのないこと」である）

これが荘助の信条でもあったことは、後出する子どもたちへの遺訓「処世上の心得」のなかに「人は正直を素とし何事に限らず善悪邪正を克《よ》く勘別し正善の道に拠り邪悪の道には決《けっし》て入らざる様可心懸事《こころがけるべきこと》」[52]とあることからもうかがえる。

話をもどすと、幹部連による旅宿の勧誘は押しなべて順調にすすみ、明治八年一月中旬に「真誠講元社願人　陸運元会社社中　佐々木荘助」・「陸運元会社　頭取惣代　武田喜右衛門」の連署で、『真誠講設立願』が「前島駅逓頭」に提出された。

前島はこれを允許《いんきょ》したのち、真誠講元社の設立については東京府庁への請願を指示する。荘助と武田喜右衛門は二月中旬に「右両人代　中島長蔵」を加えた三名の連署で、「東京府知事　大久保一翁《いちおう》」に真誠講設立願書を提出した。

東京府は駅逓寮に対して真誠講にかんする照会を求め、駅逓寮は「旅客の便宜を図るものであるから評議を請う」という返答をおこなう。これを受けて、大久保一翁（一八一七～八八）は『真誠講結社願ニ付伺』を「内務卿　大久保利通」に提出するが、指令がないまま三月に入り、荘助は武田・中島との連署でふたたび大久保府知事に真誠講設立を出願した。

東京府はこの再願について内務卿に指示を仰いだところ、ようやく「官許する必要はなく、営業は人民の任意とするが、必要な取締りはおこなう」旨を回答するよう指令を受けた。東京府よりこの指令を下された荘助は、三月中旬に「講元願人」として代人・中島との連署で東京府に『御請書』を提出。これを以て真誠講は、最初の『真誠講設立願』から二カ月を経て設立にかかわる正式な手続きを完了したのである(53)。

明治九（一八七六）年二月になると、荘助は『真誠講約定証』を作成し、その遵守を誓った講加盟旅宿には図版29の「E㊉E」社章と「発起　内国通運会社」・「講元　佐々木荘助」の名が入った縦三尺（九一センチメートル）・横九寸（二七センチメートル）の看板（図版33）を授与した。店の軒先に掲げるこの看板、旅宿にとっては政府御用達を務める内国通運より優良宿泊施設として認められた証しともなる。

ここで、真誠講元が構想当初から内国通運頭取の吉村甚兵衛ではなく荘助になっているのは、すでに『真誠講中合書』に「陸運元会社を甲とし真誠講を乙とし此真誠講元社ナルモノ東京府内へ更ニ建設仕各市町駅村同盟之休泊処ヲ以分社と見做《みなし》内国一般執行仕候《とりおこないつかまつりそうろう》」とあり、真誠講元社が旅客の便宜向上と継立機関の拡充を推進する独立事業部門のごとき位置づけを与えられていたことから、その長たる講元を発案者の荘助に任せたためであろう。

図版33　真誠講看板

しかし、たんに講結成の発案者であるという理由だけでもあるまい。陸走会社から元会社を経て内国通運へといたる定飛脚五軒仲間の法人化過程において、荘助は構想《Plan》—実現《Do》—統制《See》の全局面で強力な指導力を発揮している。『中川史料』収録「沿革史資料」の冒頭には、左の記述がある。

「内國通運會社創立ノ際ハ旧定飛脚屋ノ仲間ニ於テ種々ノ紛議ヲ生セシコトアリ殊ニ政府ニ関係スルノ場合モアリテ事頗《すこぶ》ル煩擾《はんじょう》錯雑《さくざつ》ヲ極メタリシカ現任頭取佐々木氏ハ當時之ヲ一身ニ引受テ不撓不屈ノ精神ヲ以テ其間ニ周旋尽力シ之ヲ調理整頓セシ（内国通運の設立にあたっては定飛脚仲間のあいだにさまざまな紛糾が生じ、とくに政府筋との交渉に関係する問題をめぐる仲間内での葛藤は困難で複雑な様相を呈したが、現在の内国通運頭取佐々木荘助氏がこれを一身に引き受けて不撓不屈の精神で定飛脚仲間と政府のあいだを奔走・周旋して一致協力へと導いた）」[54]

こうした実績と先見の明に対する信頼と敬意が、甚兵衛だけでなく、おそらくは武田喜右衛門や河村幸といった幹部連にも共有されており、荘助を事実上の事業総帥《ビジネスリーダー》とみなす意識が芽生えていたのではなかろうか。

さて、荘助は真誠講独自の『旅行案内書』（以下、『案内書』）を発行し、各地の継立所または講加盟旅宿に置いた。図版34は物流博物館所蔵の『案内書』現物であるが、旅客は本籍、国郡、住所、姓名、年齢を申告してこれを五銭で購入する。ご覧のように罫角が刷られており、旅宿がそこに宿泊年月日・宿名を記入して宿印を押した。長期旅行の旅客はまとめ買いするか、罫角が埋まるたびに買い足すかした。

『案内書』を携帯する旅客は、そこに綴じ込まれた『継立休泊申合書』（図版35）記載の各種特権を旅中で受けることができる。

たとえば、①一泊料金三銭引と人力車・駕籠用立て手数料の三割引を受けられる、②ひとりでも宿泊を断られない、③病気の折には何不自由ない世話が受けられ、郵便で消息を実家に知らせてもらえる、④旅中で事故に遭っても前後駅の社中で手厚い世話が受けられる、⑤宿泊時に貴重品を封印して預かってもらえる、⑥忘れ物については人をやって知らせるか、後日講元社定期便にて現住地まで送ってもらえる、といったものである。

『案内書』はさしずめ、現在の旅行代理店などが発行するクーポン券の先駆といえよう。講元社は『案内書』収入のうち二割を講加入旅籠の取り分とし、残り八割を徴収して講の維持拡張費や講元社による巡廻費・広告宣伝費に充当した(55)。

ついで荘助はみずから筆をとり、明治八（一八七五）年一〇月に『真誠講三都美家計《みやげ》』（図版36）と題した旅行案内書を刊行するが、その序には左のような執筆の意図が記されている。

「我皇国に生れ来し人々の幸多き事はいひ出るも言旧きに似たり爰《ここ》に内国通運会社より発行せし真誠講は土地不案内の旅客をして駅路の便をなさしめんとの企《くわだて》なり猶《なお》休泊所の人々思ひ起して三都府の事情を知るべき一冊を予に編輯《へんしゅう》を乞《こい》世話講元の名儀いなむによしなく年々数度の旅日記を探り見聞の儘《まま》を梓に登して三都土産と題す」(56)

続く本文は書名のとおり「東京之部」・「西京之部」・「大坂之部」からなり、「東京之部」では左の

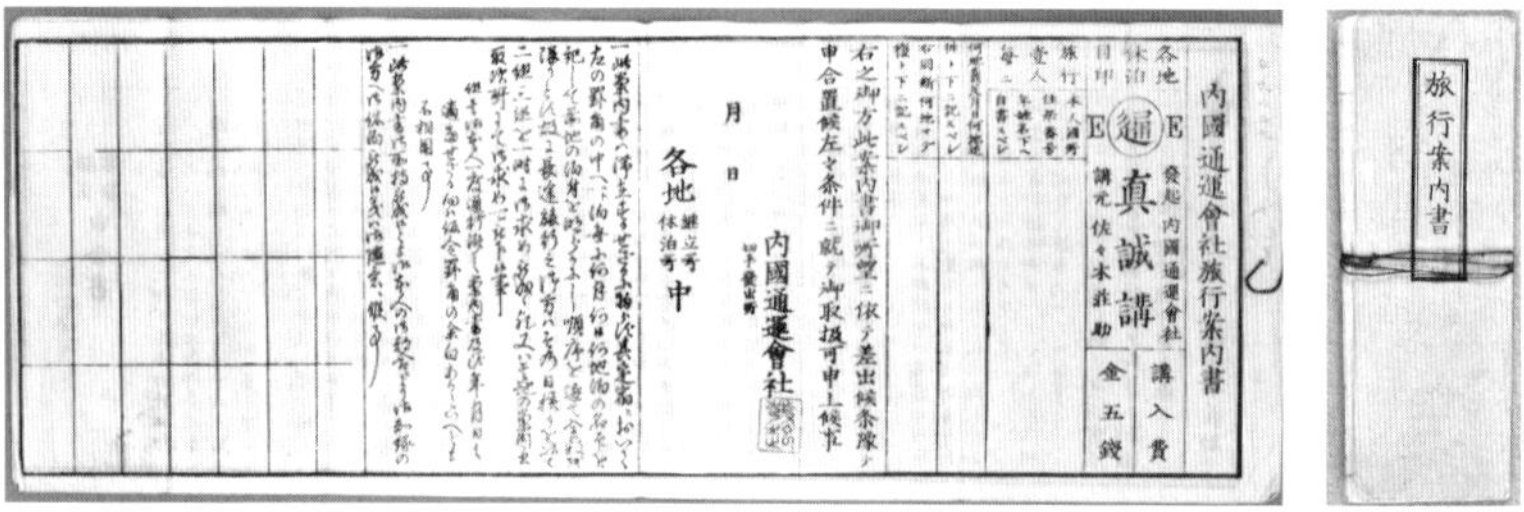

図版 34　真誠講旅行案内書

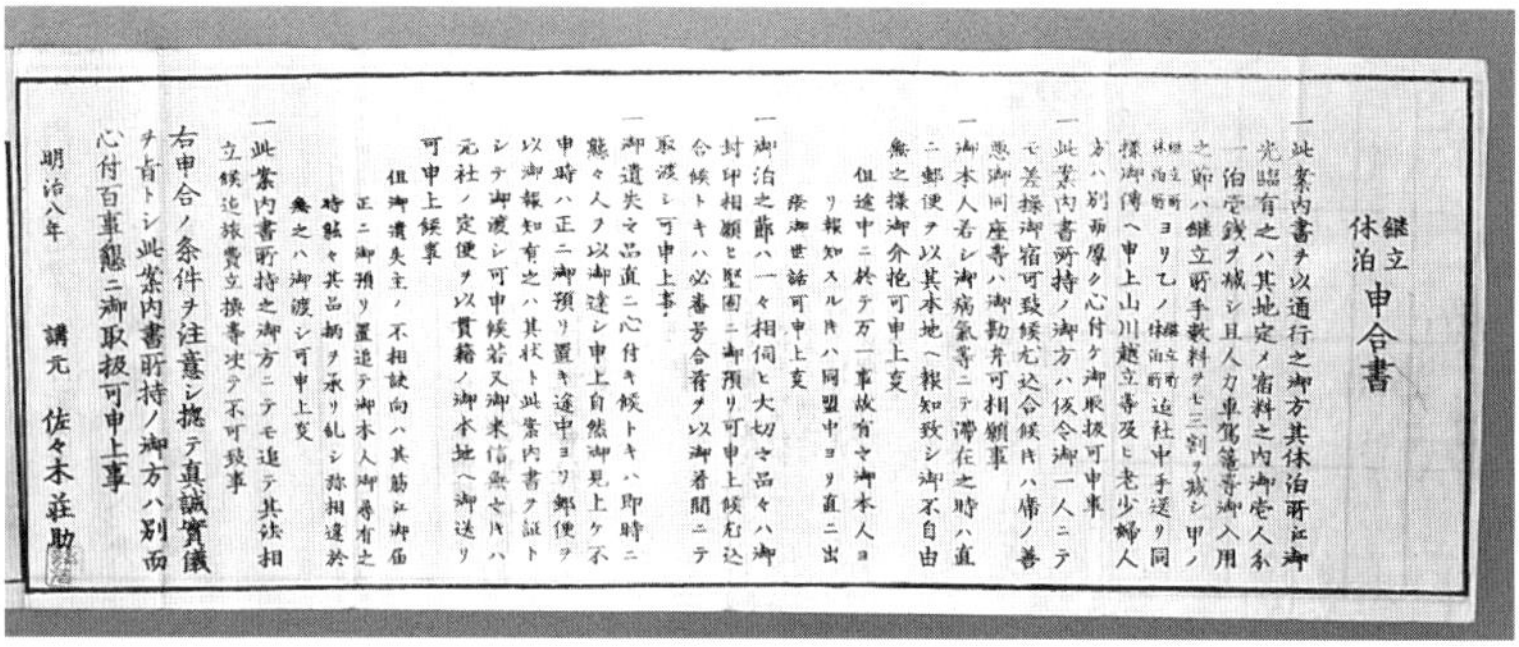

継立
休泊 申合書

一此案内書ヲ以通行之御方其休泊所江御光臨有之ハ其地定メ宿料之内御壱人ニ付一泊壱銭ヲ減シ且人力車駕籠等御入用之節ハ継立所手数料ヲモ三割ヲ減シ甲ノ継立所休泊所ヨリ乙ノ継立所休泊所迄社中手送リ同様御傳ヘ申上山川越立等及ヒ老少婦人方ハ別而厚ク心付ケ御取扱可申事

一此案内書所持ノ御方ハ仮令御一人ニテモ差操御宿可致候尤込合候節ハ相ノ善悪御同座等ハ御勘弁可相願事

一御本人若シ御病氣等ニテ滞在之時ハ直ニ郵便ヲ以其本地ヘ報知致シ御不自由無之様御介抱可申上事

但途中ニ於テ万一事故有之御本人ヨリ報知スル節ハ同盟中ヨリ直ニ出張御世話可申上事

一御泊之節ハ一々相伺ヒ大切之品々ハ御封印相願ヒ堅固ニ御預リ可申上候右込合候トキハ必番号合看ヲ以御着聞ニテ取渡シ可申上事

一御遺失之品直ニ心付候トキハ即時ニ飛脚人ヲ以御達シ申上自然御見上ケ不申時ハ正ニ御預リ置キ途中ヨリ郵便ヲ以御報知有之ハ其状ト此案内書ヲ証トシテ御渡シ可申候若又御来信無之節ハ元社ノ定便ヲ以貫籍ノ御本地ヘ御送リ可申上候事

但御遺失主ノ不相訣向ハ其筋江御届正ニ御預リ置追テ御本人御尋有之時ハ其品物ヲ承リ乱シ猶相違於無之ハ御渡シ可申上事

一此案内書所持之御方ニテモ追テ其休泊立候迄旅費立換等決テ不可致事

右申合ノ条件ヲ注意シ拠テ真誠實儀ヲ旨トシ此案内書所持ノ御方ハ別而心付百事懇ニ御取扱可申上事

明治八年　講元　佐々木荘助

図版 35　真誠講継立休泊申合書

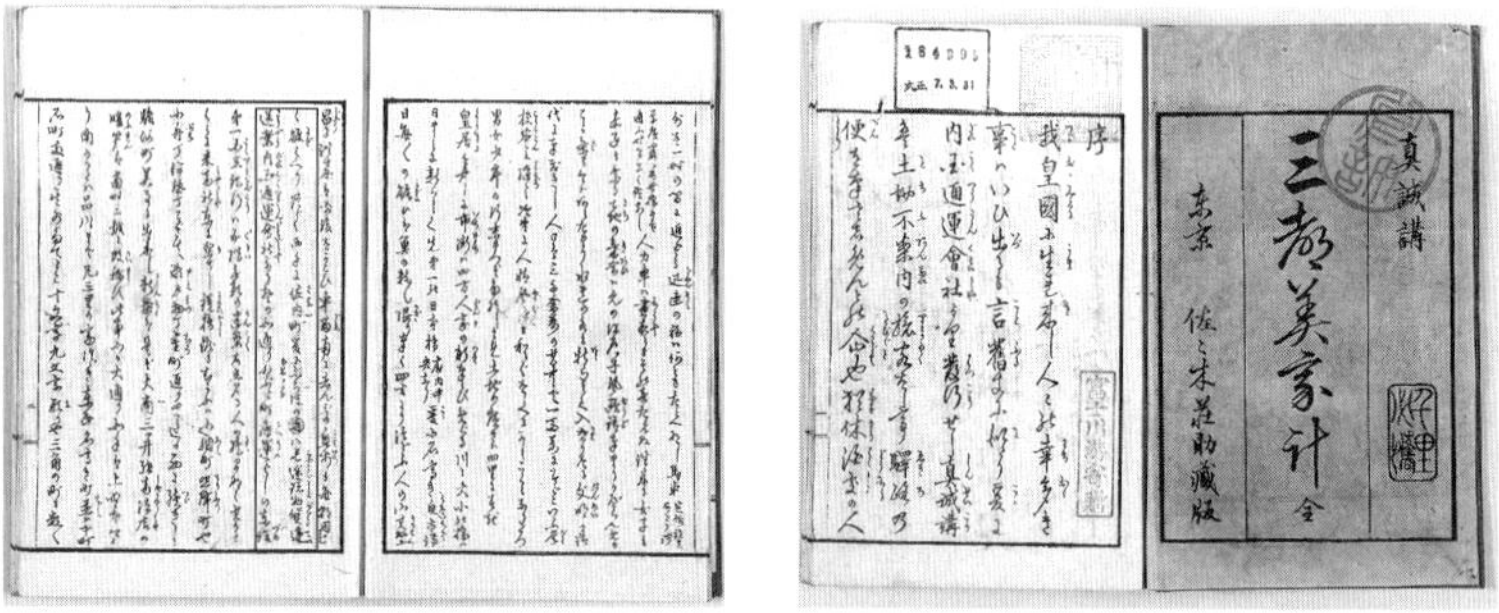

図版 36　『真誠講三都美家計』表紙部・序（右）と「東京之部」（左）

ように官営郵便の利便性を喧伝しながら、内国通運が本社を置く日本橋界隈の盛況を活写している。

「其便利よき第一の郵便ハ内地はおろか千万里波濤をへだつる国ゝへも自在に達する通信の本御役所ハ四日市発する馬車や蒸気船駅路ハ早脚エ〃サ〃サ數万の書状を一日に残るくまなく発着ハ実に万民の声息を該通開化の基本なり（中略）日本橋爰《ここ》に名高き魚市場（中略）西手に佐内町爰にふらほ（旗を意味する英語の"flag"＝フラグが訛ったもの—引用者）の(通)ハ長途諸物貨逓送業内国通運会社なりその北通りかぶと町海運ばしの東詰第一国立銀行ハ五階無類の建築故立見る人の絶《たえ》まなく其かたはらに米商社東に架せし鎧橋《よろいばし》渡るむこふハ小網町照降町《こあみちょうてりふりちょう》也小舟町《こぶなちょう》伊勢丁すぎて瀬戸物丁室町通り四ツ辻と西に続きし駿河町美事に出来し新築は是ぞ大商三ツ井組商法店の暖簾《のれん》は當時三越と改称す」(57)

新生日本の経済・金融の中心街となった日本橋の様子が手に取るようではないか。このような韻律《リズム》の良い軽妙な語り口で、荘助は各都の風土や特色、交通・通信や商況、名所旧跡、名産品等を簡潔に紹介していく。

巻末には「此書ハ三府東海道筋各駅町真誠講休泊所へ配分いたし置候間御望の御方は右講名へ御尋可被下候　明治八年十月発行　東京日本橋数寄屋町十四番地　真誠講元社　著作人　佐々木荘助蔵版　定価拾銭」(58)とある。

まさに現在の旅行ガイドブックの先駆であると同時に、荘助の知性と文才を示す貴重な史料ともなっており、大槻盤渓に学んだという説と併せて、若き頃に高い教養を身につける機会に恵まれたことを裏づけるものといえよう。

荘助の考案した真誠講は、宿泊所と取次所を兼営する約二〇〇〇軒の旅宿と提携することで、内国通運一社による全国的な継立の網状《ネットワーク》組織化に貢献した。これに関連して、明治一一（一八七八）年六～九月に東北地方を旅したイギリスの旅行作家イザベラ・バード（Bird, Isabella Lucy：一八三一～一九〇四）は、左のような評価を残している。

「日本には〈陸運会社〉（内国通運会社を指す―引用者）と呼ばれる陸上輸送会社があり、本社を東京に置き、支店や継立所などを多数の都市や町・村に置いている。この会社は駄馬と人足による人と物資の輸送を担っている。値段を取り決め、正式な領収書を発行する。農家から馬を借り、契約ごとに適切な料金を得るのだが、この会社のおかげで旅行者はやっかいなことも、遅れることも、法外な値段をふっかけられることもなくてすむ。料金は地方によってかなり異なる。秣《まぐさ》の値段や道路の状態、また雇える馬の数によって調整されるのである。二・五マイル（四キロ―引用者）に近い一里当たりの料金は、馬一頭と馬子一人につき六～一〇銭、〈人力車〉一台と車夫一人につき四～九銭、そして荷物運び人夫の場合もこれとほぼ同じである。《この輸送会社はみごとに組織化されている。私は一二〇〇マイル（一九二〇キロ―引用者）を超えるこの旅でこの会社を利用したが、いつも効率がよく信頼できた》」(59)

もっとも、東海道筋で営業する旅宿の組織化に際しては、先行の一新講とのあいだに軋轢《あつれき》も生じた。『日本立憲政党新聞』は、明治一三（一八八〇）年三月、真誠講加盟旅宿の上得意であった徳川慶喜が突如として一新講加盟旅宿に「鞍替え」し、遠州地方（現・静岡県大井川以西一帯）の真誠講加盟旅宿が軒並み面目を失くした事件を伝えている。静岡発祥の一新講としては、本拠を真誠講に脅かされることが不快だったに相違なく、何らかの策謀を巡らせた可能性もあろう(60)。

その後、真誠講のたどった運命については、『国際通運史』が左のようにまとめている。

「官私鐵道の發達に従ひ、貨物繼立機關を必要とせざるに至りしを以て、同盟旅館にも興廢《こうはい》あるを免れず、其の内兼業たる貨物運送業の成績良好なる者は、旅館を廢業して貨物運送を専業とし、後に當社の代理店叉は取引店となり、叉其の兼業が振はずして、之れを維持し難き者は、兼業を廢して、再び旅館を専業とするに至りたり、今尚ほ各地に眞誠講の看板を掲ぐる旅館あるは、其の當時の名残りを止むるものなり（官営・民営鉄道が発達して、陸上輸送の主役が道路から鉄道に移行すると、物貨・商貨の継立機関は次第に必要なくなり、真誠講に加盟する旅籠のあいだにも興廃が生じた。貨物運送業が好調な旅籠は、宿泊業を止めて貨物運送専業となり、のちに内国通運の代理店か取引店になった。逆に、運送業が不調な場合には、取次所を辞めて、ふたたび宿泊専業にもどる旅籠もあった。いまも各地で真誠講の看板を掲げた旅館がみられるのは、往時の名残である）」(61)

川蒸気・通運丸の運航

太政官布告第二三〇号によって内陸輸送事業の独占権を官許された内国通運は、内務省布達甲第七号が各駅陸運会社の解散を正式に命じた結果、明治一〇（一八七七）年一〇月には陸運会社をはじめとする各地の運送業者を分社一四三軒、取次所四九四〇軒として傘下に収め、真誠講元社を介して二

○○○軒を超える主要街道筋の旅宿にも取次業務を委託していた(62)。

就中、社業発展の大きな支えとなったのは、元会社時代の明治六年三月に発令された太政官布告第四三号『陸運元會社ニ郵便脚夫賃銭郵便切手通貨入書状等ヲ逓送セシムルニ付相當ノ保護ヲ為サシム』(63)によって駅逓頭とのあいだでむすんだ金子入書状の送達、毎月駅逓寮から各地の郵便取扱所へ交付する賃銭・手当金・郵便切手の輸送、各取扱所から上納する郵便切手売捌《うりさばき》代金の集金、郵便物の長距離輸送といった御用請負契約である。

これらを円滑におこなうべく、元会社は明治七年八月に東京―小田原間、内国通運に改称した直後の八年一一月からは小田原―熱田（現・愛知県名古屋市熱田区）間、九年八月には熱田―京都間に郵便馬車路線を開設している。また、明治一二年五月には東京―高崎間、一四年四月には東京―大坂間で、四輪二頭牽の馬車による一般荷物の輸送も開始した(64)。

ただし、馬車路線とはいうものの、実際に馬車が走行できたのは平坦な道路部だけであり、どんなに甘く見積もっても運行距離は東海道全行程の四分の三程度であったろう。久留島浩《くるしまひろし》によると、江戸期には東海道という天下の大幹線においてさえ、轍《わだち》や牛馬の足跡が残り、雨が降ればぬかるみ、ところどころに牛馬の糞《ふん》も落ちているのが常態で、わずかに琉球（現・沖縄県）や朝鮮の使節の往来、将軍や朝廷の通行にさきだち、道路整備が実施されたにすぎないという(65)。

ここで維新後数年間の道路行政を簡単にふりかえると、まず明治五（一八七二）年六月二四日に政府は太政官布告第一八九号『諸街道往還道敷取調』(66)を全国に発し、翌年八月二日に大蔵省番外『河港道路修築規則』[67]を通達、道路の等級とおおよその負担区分を設定している。その後、明治九年六月八日、太政官達第六十号『道路等級ヲ廢シ國道縣道里道ヲ定ム』[68]によって、諸道を国道、県道、里道に区分したうえで、各区分内での等級づけを実施したが、財政難に喘ぐ政府は本格的な道路整備に着手できなかった。

こうした事情から、明治一〇年代半ばに入って鉄道が急速な発展をみせはじめると、とりわけ幹道の整備の立ち遅れも手伝って、馬車は長距離輸送の役割を終え、鉄道駅での貨物集配という補助的な役割に転化していくこととなる。

長距離馬車以外での街道輸送については、宰領改め護送人の人馬継立によって遂行したが、明治前期における街道筋の治安は江戸期と大差がなかった。実際、明治八年一二月には内国通運の護送人・田中庄三郎が現金輸送中に大井川（現・静岡県焼津市南部）で地元の博徒・三浦義右衛門に殺害され、一万六〇〇〇円を奪われる事件も起こっている[69]。

いまの白米五キログラムの相場価格を二二〇〇円とすれば、明治三年頃は白米一升（約一・八キログラム）が約九・二銭であった[70]ことから、当時の一円は現行の約八八〇〇円に換算できるだろう。よって、被害金額一万六〇〇〇円は、現在の貨幣価値に置き換えると、おおよそ一億四〇〇〇万円にも相当する。

甚兵衛をはじめとする内国通運経営陣は激しく動揺した。宰領殺害による金品強奪事件は江戸期にも発生しているが、今回奪われたのは多額の公金である。あまつさえ金銀輸送は飛脚問屋時代からの経験を見込まれて独占委託された業務なのだ。

荘助はただちに内務省駅逓寮に前島を訪ねた。大金を奪われたことを謝罪し、今後の安全対策を検討するためである。

――内国通運は政府御用を拝命し、大金の輸送を請け負っている。

という話はすでに街道筋に知れ渡っていた。

この護送人殺害事件を重くみた内務省は、翌年五月に布達乙第六七号『金子入書状及郵便諸費逓送ノ内國通運會社宰領へ短銃携帯ヲ許ス』(71)を発し、護送人の護身用として連発式短銃一〇〇挺を内国通運に配布している。

馬車や人馬以外の輸送手段としては、駕籠、人力車、荷車、牛車も使用された。分社・営業所・取次所といった各地の物貨集配拠点からの小荷物配送は、内国通運社章「E通E」入りの行李《こおり》を載せた荷車でおこなわれ、町の風物となっていたようだ。

山本弘文は内国通運が創業期にとった輸送戦略を「奇妙なつぎはぎ」を基調とした「(郵便関連および一般の書状・金銀・小荷物の)早達のために、利用できるあらゆる交通手段を動員した長距離輸送」(72)と捉えている。

ここで留意すべきは、「交通手段の総動員体制」という場合、宿駅制度廃止と陸運独占の認可によって、内国通運は輸送の代理店《エージェンシー》的機能に加えて、運送業者《キャリアー》的機能もになうようになった点であろう。つまり、内国通運は長距離輸送の方式を、従来の宿駅継立型から一社継通《つぎとおし》型へと進化させつつあったことになる。

ただし、一社継通輸送とはいうものの、現場レベルでは混乱もみられた。イザベラ・バードは「この輸送会社はみごとに組織化されている」と称賛を寄せつつも、「料金は地方によってかなり異なる。秣《まぐさ》の値段や道路の状態、また雇える馬の数によって調整されるのである」という事実をさりげなく書き留めている。

また、明治一一（一八七八）年六月二六日付『広益問答新聞』第二三九号も、東京から地方に荷物を送ったところ、内国通運本社と同地方支店では輸送日数・輸送方法に違いがあるとはいえ、請負料金に倍以上もの差があったという批判的な投書を掲載している(73)。

提供するサービスの全国的な均質化には、鉄道という革命的な交通手段が拡張を遂げて「陸運の王」たる地位に就き、その国有化によって「輸送サービス平等」という建前の実現が可能になるのを待たねばならなかった。

それでも荘助は、現時点《リアルタイム》で利用可能な新旧のあらゆる交通手段を動員することで、一社継通型輸送の維持と効率化に日夜邁進していく。

「あちらを繕《つくろ》い、こちらをつなぎ……。つぎはぎだらけの着物のようだな」

ふと甚兵衛が洩らした冗談とも本音ともつかぬ言葉に荘助も苦笑いを禁じえない。

「責めておるわけではないぞ。ここまで仕立てあげたのは荘助なればこそじゃ」

甚兵衛は真顔でいった。

「着物が大きい分、つぎはぎには布地や糸もたくさん必要になりますれば……」

荘助は申し訳なさそうな表情を浮かべながら、冗談めかしく頭をさげた――

内国通運創業期の輸送戦略において荘助が最も力をそそいだのは、利根川水系を中心として関東一円に展開した水上輸送路の整備であろう。

周知のように、坂東太郎の異名を持つ利根川は関東地方を貫流する大河で、寛永期（一六二四～四四年）を中心に、大がかりな改流工事が実施され、年貢米輸送の効率化が図られた。その過程で陸上輸送との結節点となる川湊＝河岸が流域各地に成立する。そこには廻米だけでなく、商貨もあつかう河岸問屋が登場した。江戸でも物流拠点の日本橋を中心として、永代橋や八重洲と本所・深川の小《お》名《な》木《ぎ》川《がわ》、竪川《たてかわ》一帯に河岸が集中した[74]。

さらに、江戸から関東内陸部にかけて一七世紀中頃までにほぼ整備された舟運経路は、江戸川を遡上して関宿《せきやど》・境《さかい》にいたり、そこで利根川水系と接続している。その上流部の倉賀野《くらがの》あたりを起点として信濃・越後・上野《こうずけ》から、また中流域では鬼怒川・小貝川を経て下野《しもつけ》や奥州から物資が運ばれた。こうした利根川水系―江戸川―小名木川を基軸とする舟運経路を、江戸からみて奥川筋と呼んだ。

奥川筋一帯の河川や湖沼沿いには、河岸に付随する町場が無数にでき、周辺域から運び込まれる物資の集散地になると同時に、江戸や江戸経由で上方などから流入する多様な下《くだ》り荷物を関東各地・奥州へと供給する拠点としても機能したのである[75]。

すでにふれたが、荘助は利根川にそそぐ鬼怒川と小貝川にはさまれた下妻で生まれ育った。江戸とあいだでの人や物資の交流は、街道もさることながら、河川に頼るところが大きい。
（関東の河川を制することは、我らが繁栄の基《もとい》となる）
筏《いかだ》や高瀬船や艜船が盛んに往来し、河岸が賑わう光景に馴染んできた荘助にとって、河川舟運の重要性は自明であったはずだ。

『中川史料』収録「川汽船通運丸の起源」には「（明治）五年八月一旦水運理辧《りべん》の為め上州高崎河岸に運送所を開設し次《つい》て又野州阿久津河岸に出店を建設（阿久津河岸の出店は若目田健次郎へ譲り渡したり）仝《どう》六年六月利根川荒川鬼怒川の三川に水路物貨運漕の便を開施《ママ》」(76)とある。荘助は元会社創業まもなく和船――高瀬船や艜船――による河川舟運事業に着手し、太政官布告二三〇号が発令されるや荒川や鬼怒川へも航路を開いた、ということであろう。

この動きに応じて、利根川と江戸川の分岐点に位置する境河岸（現・茨城県猿島郡境町）では、旧くより同河岸最大の船持問屋として営業し、明治五年九月設立の境町陸運会社惣代に就任していた五右衛門家が元会社に入社、新たに元会社分社として開業している。これにより元会社は、東京―境河岸間の河川航路を確保することとなった(77)。

続けて『中川史料』収録「川汽船通運丸の起源」を読むと、明治七年三月のこととして、「今般元社に水運課を置き水運の社務を惣括《ママ》せしむ因て地理の便を撰ミ《ママ》小網町三丁目に出張所を設け課長若目田久庫副長国府義胤を以て諸事取扱為致候」(78)という一節もみられる。荘助は元会社本社に水運課を、小網町三丁目（現・東京都中央区小網町一丁目辺）に同課出張所をそれぞれ設け、課長に元会社株一〇

○○株をもつ若目田を据えている。
ついでながら、図版37にみられるように、横浜金川《かながわ》（帷子川《かたびらがわ》の別名）の業者と連携し、和船による湾内運漕に着手する元会社取扱所もあった。この広告が発行されたのは、明治七年三月〜八年二月のあいだのことであろう。

「東京下今井新川口　運送会社」は、元会社に加盟して「東京陸運元会社取扱所」の肩書を与えられた地元業者ではないか。かたや「官許　横濱　金川　諸港運送会社」というのは、横浜・金川の旧船主たちが明治政府の勧奨に応じて連合し、会社組織をとったものと考えられる。この両者が連携して、新川と江戸川の合流地にあたる下今井—横浜間の海上約七里、隅田川河口—横浜間の海上約一〇里の和船運漕航路を開設したという内容である[79]。

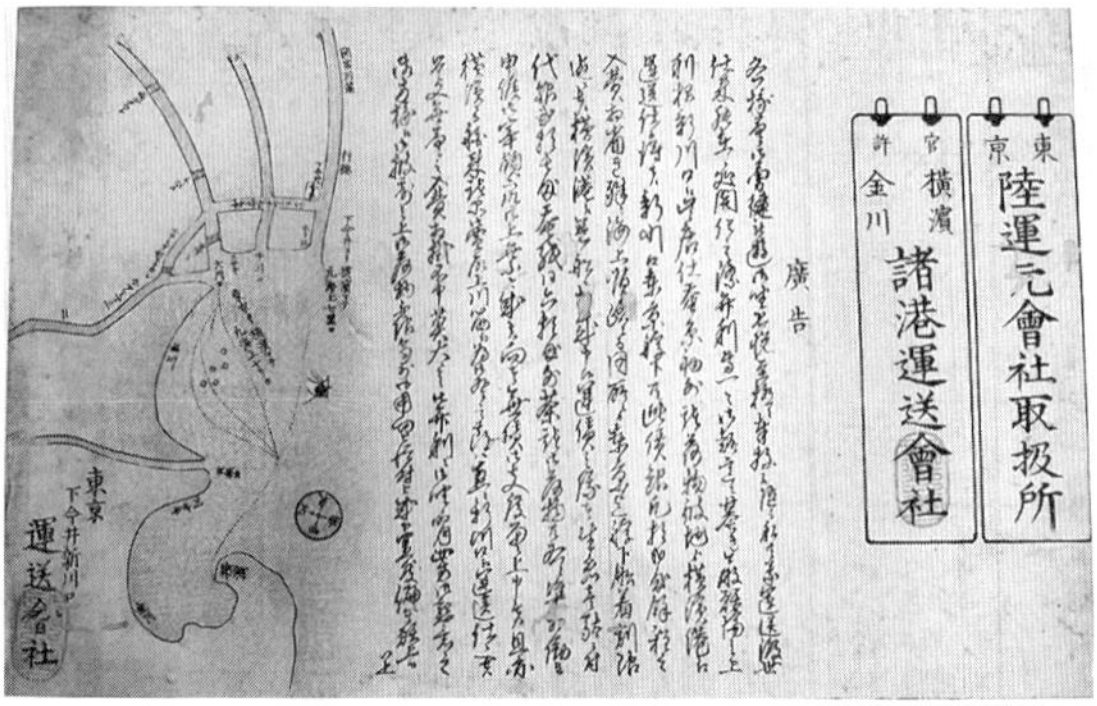

図版37　東京湾内和船航路の広告

元会社の取扱所は図版24に記した「四等社員」に該当し、事業規模相応の身元金を供出したうえで、保証人を立てて元会社に加入するのだが、定期便の配送や継立人馬の供給以外には業務上の規定がない。そのために、このように大がかりな事業を独自におこなうものが登場しても不思議はない。

荘助はしかし、高瀬船や艜船、帆走型和船による運漕に満足しているわけではなかった。

（これからの舟運は蒸気船に如《し》かず）

そう確信していた。

主に湾内や河川を航行する小型蒸気船は、英語の〝steamboat〟が訛《なま》って、「ストンボ」と呼ばれていた。

（福澤先生の御本には、たしか「飛脚船」とあったかな）

荘助は『西洋事情初編』「蒸気船」の項を改めて読み直す。

「蒸氣船ノ進行ハ機關ノ大小ニ由テ遅速アリ（中略）其最モ軽便ナルモノハ飛脚船ナリ飛脚船ハ商賣品ヲ積ミ旅客ヲ乗セテ諸處ニ往來ス大抵帆前ヲ用ヒス蒸氣ノミニテ走リ風ノ順逆ニ拘ラス着發必ス日ヲ限ル（蒸気船は機関の大きさによって速度が異なる（中略）最も小さくて速いのは飛脚船であり、商品を積み旅客を乗せて至るところを航行する。大抵は帆をもちいず蒸気動力だけで走る。順風逆風など気にすることなく、発着は定刻にておこなおれる）」(80)

（「飛脚船」とはなんとも心地好い響きではないか）

荘助は心が浮き立つ。

すでに紹介したように、慶応三（一八六七）年一〇月に嘉納治郎作が幕府より運用委託された蒸気船・奇捷丸で大坂―江戸間に定期航路を開設し、これに定飛脚問屋も便乗して「蒸気飛脚船」と称したこともあった。

（あれは所詮借り物にすぎず、我らが意のままにはならなんだ。だが……）

今度はちがうぞ、と荘助は顔を紅潮させた。

すでに明治二年一〇月七日、政府は太政官布告第九六八号『百姓町人ニ至ルマテ西洋形船ヲ所有スルヲ許ス』[81]を発令し、「西洋型風帆船蒸気船自今百姓町人ニ至ル迄所持被差許候間、製造又ハ買入等致度者ハ、管轄府藩添書ヲ以テ東京外務省ヘ可願出事〔これより西洋型の風帆船や蒸気船の所有を全人民に許可するので、船舶の製造または購入を望む者は管轄府藩より添書をもらい東京外務省に出願すること〕」を奨励していた。

これを受けて、明治三年一一月に回漕会社頭取の地位にあった嶋谷《ママ》（屋）佐右衛門が、「カナガハ」と名づけられたスクリュー式蒸気船を「ジュバン」というフランス人から四千ドルで購入。昌栄丸と改称し、「武州下総川々（利根川水系に属する関東地方の河川）」で短期間航行させている。同船は回漕会社の附属船として舟航したようだが、ほどなく事故に遭って航行不能となり、明治五年に改造されて船名を盛運丸と改めた。その際の船主は明治四年九月頃に嶋谷から売却を受けた加瀬豊吉であり、これまでどおり利根川を航行したい旨、回漕会社頭取総代の橋本善四郎より願いでている[82]。

村越博茂によると、関東地方の湖河川で初めて定期航行した蒸気船のなかで船名があきらかなのは、明治四年二月に東京—中田（現・茨城県古河市）間で就航した外輪式蒸気船の利根川丸である。これは東京深川東永町の西村七右衛門の所有船であり、翌年九月からは銚子—布佐《ふさ》（現・千葉県我孫子市布佐）間に航路変更して鮮魚輸送をおこなっている[83]。

さきに述べたとおり、大久保内務卿は明治七年五月に殖産興業を富国の基軸に据えて国内輸送機構の整備に着手したが、その一環として河川航路の開発によって内陸水運の網状組織《ネットワーク》を形成し、これと海運網を連動させて一大水上交通体系を構築するという政策をすすめつつあった(84)。

（大久保卿は前島様の推挙を受け容れて三菱商会に海運を託された。ならば、内陸水運のほうは太政官布告二三〇号を賜った我らにお任せいただこう）

荘助は利根川水系で蒸気船による本格的な舟運事業を展開しようと構想する。

荘助が自邸を構えた本所相生町三丁目二〇番地（現・東京都墨田区両国四丁目九〜一一辺）は、江戸期に「御使番　牧野主計千五百石」の屋敷地であり、南面する竪川の南北両岸に竪河岸が置かれていた。ここより内国通運本社にかようには、隅田川に架かる新大橋を渡らねばならない。眼下には荷を積み込んだ高瀬船が往来《いきき》していた(85)。

『中川史料』収録「沿革史資料」には「陸路ノ事業ハ明治九年ニ通スルノ準備モ略整《ほぼととの》ヒタレハ、佐々木以為《おもえ》ラク、我国ノ首府タル東京ニ近接シ両野常総及武蔵ニ跨《またが》リタル有名ノ利根川ニ汽船ノ航通ナキハ遺憾ナリ（陸上輸送事業については明治九年に全国展開する準備もだいたい整ったことから、荘助は首府東京に隣接する上野・下野・常総・武蔵各地方に跨る有名な利根川に蒸気船の航路がないのは残念なことであると考えるようになった）」(86)とある。

『内国通運史』も「未だ之れ（利根川―引用者）に汽船の航通を見るを得ずして、僅かに和船の航運に委ねて、之れを顧みざるは、恰《あた》かも天物を暴殄《ぼうてん》するが如し（利根川に汽船を走らせず、和船の往来に任せていて、利根川水運の利点に気づかぬのは、天が与えた恵みをないがしろにするようなものだ）」(87)と記している。

荘助は頭取の甚兵衛、副頭取の武田と河村に、利根川水系を中心とする河川舟運が内国通運の発展に対して持つ意義を述べた。

「関八州7を貫流する坂東太郎を活用できるか否かによって、荷や人の往来に天地ほどの差がでましょう。太政官布告二三〇号のお陰で、河岸問屋も我らの傘下に収めることができます。いまストンボを運航すれば、関八州の舟運は我らが独壇場となるは必定」

その表情は自信にあふれている。

すでに元会社時代の明治七年一月から八年四月までの株主名簿には、一〇〇〇株の若目田を筆頭に、二〇〇株の小松原五郎三郎（下総境河岸）・小林兵右衛門（武州小河原）・小泉武八郎（野州猿田河岸）・坂戸平六郎（野州坂戸河岸）・秋谷平兵衛（下総加村）、一〇〇株の佐藤孫左衛門（阿久津河岸）・酒巻半平・後藤善右衛門（ともに下総布施）・笹目八郎兵衛（常州高浜）といった利根川水系で営業する大船持や河岸問屋の名があった(88)。

「ストンボの速さは高瀬船や艜船をはるかに上回る。これをもちいれば関東一円の物貨旅客の輸送は随分と便利になろう」

荘助の見込みを聞いた甚兵衛と河村は満足げにうなずいたが、嶋屋の共同経営者を代々務めてきた武田は眉間《みけん》に微かな皺《しわ》を寄せた。さきほどふれたように、嶋谷《ママ》佐右衛門は昌栄丸を事故で破損させている。その苦い経験が脳裏によみがえったのだろう。

「坂東太郎は難所も多い。ストンボを走らせるなら、万全のうえにも万全を期す心構えが必要ぞ」

と武田は静かだが厳しい口調で念を押した。

その言葉どおり、利根川は古来より「一日一人を喰《くら》う」と恐れられ、渡船の転覆事故も頻発してきた。あまつさえ、利根川と江戸川の分岐点一帯は天明三（一七八三）年の浅間山大噴火以来、土砂の堆積が甚だしく、和船よりも大きく船底も深い蒸気船の航行には不適な地勢となっている(89)。

「武田様の御言葉もっともにございます。まずは水運課にて川筋の水深測量を実施し、然るのちに必要なところでは川浚《ざら》えをおこないたく存じますが」

荘助がいうと、甚兵衛は表情を引き締めながら、

「内国通運にとって初の大事業となりそうだな」

と重々しく答えた。河村も「うむ」と力強くうなずく。武田も小さく顎《あご》を引いた。いずれも承諾の意であった——

荘助は早速、水運課に命じて明治九年三月より水深の実測調査を開始する。それと併行して、四月に『水路運漕規則』を立案、一〇月に駅逓寮の認可をえた。同規則は「當會社ハ内地遠近ヲ論セス衆人委託ノ諸物貨受負通運スルヲ本業トス故ニ各地同盟運漕所ニ於テ執行スル川々通船及ヒ小回リ渡海船等ノ乗船人幷ニ諸荷物ノ運漕ハ自今左ノ條款ヲ準トシ取扱可致事」したうえで、内国通運に加盟した河川・近海水運営業者が「内国通運會社運漕所」と明記した看板を掲げ、一定の抵当金品を本社に

7 関八州　江戸期における関東地方の呼称。武蔵国、相模国、上総国、下総国、安房国、上野国、下野国、常陸国の八国。現在の東京都および神奈川、埼玉、千葉、群馬、栃木、茨城県にほぼ該当。

供託すること、また、各所在地の実情に応じて定めた運賃・発着時間を店頭に掲示し、乗船人・積載物は懇切丁寧にあつかうことなどを、全二六条にわたって求めている(90)。

水深調査の結果、小名木川の中川口に設けられた旧舟番所前（現・東京都江東区大島九丁目）、荒川流域の船堀村《ふなぼり》—三角村《みすみ》（現・東京都江戸川区西部）および新川村（現・埼玉県熊谷市大字新川）の流域、武蔵では江戸川筋の流山（現・千葉県流山市域）、野田—関宿《せきやど》（現・千葉県野田市域）、武州では利根川筋の大越村《おおごえ》（現・埼玉県加須市北部域）一帯の水深が浅いと判明(91)。

すでに明治五年、政府はオランダ人技師たちに利根川その他の河川の浚渫《しゅんせつ》工事を計画させ、同八年の江戸川沿い松戸（現・千葉県松戸市）を皮切りに、利根川・江戸川の要所要所で浚渫工事を実施していたが(92)、政府の浚渫竣工を待っていては蒸気船運航がいつになるやもしれぬ。

そのために、内国通運は明治一〇年一月に関係各府県と内務省に対して浅瀬浚渫願を提出し、二月には利根川筋往復蒸気船の物貨旅客賃銭および乗船人心得書を作成して認可を受けた。そして、水深測量も兼ねて外輪蒸気船・通運丸の試験航行を実施。まず、二月一八日に前島をはじめとする駅逓寮員数人を招いて府下川筋を四時間ほど航行し、ついで二四日に東京両国橋を発して本所竪川筋中川を経て、利根川筋武州大越村にいたる航路を往復した(93)。

試験航行の結果を受けて、荘助は三月に水上障害物の除去と取締にかんする申請をおこない、官命を拝して利根川・江戸川の浅瀬浚渫に着工。巨額の社費を投じて約二カ月を費やし、浚渫の幅が平均六間（約一一メートル）、合計距離一五六〇余間（約二・八キロメートル）におよぶ水路整備を終えた(94)。

ところで、『中川史料』収録「史料　交通沿革畧歴年表稿後編」によると、利根川筋の蒸気船運航を計画した内国通運は、明治九年に前島の勧めで横浜製鉄所[8]（以下、横鉄）に「通運丸」三隻の建造を依頼している(95)。

横鉄製作の第一通運丸はしかし、喫水を浅くすることばかりに意を尽くしたことから、船体と客室とのバランスが悪く、実用に供するには難があると判明。ために、内国通運は横鉄を脱退して石川島平野造船所[9]を創設した平野富二（一八四六～一八九二）に第一通運丸の改造と第二・三通運丸の新造を依頼し、続けて第四・第五通運丸も追加発注したらしい。

第二通運丸は明治一〇年一月末に竣工、第一通運丸も二月初めに改造を完了。両船ともに横浜に回航して検査を受けたあと、まず第二通運丸が二月一八日に、ついで第一通運丸が同二四日に府下川筋で試験運行した。つまり、前島ら駅逓寮員数人を招いた試乗会は第二通運丸で催され、両国橋―武州大越村間の往復は第一通運丸でおこなわれた、ということになる。両日とも平野みずからが通運丸の操船にあたったと伝えられる。

二～四月には第三～五通運丸もあいついで竣工したが、荘助は「横鉄が建造した通運丸の構造上の

8横浜製鉄所　幕府がフランスと提携して一八六五年二月に着工、九月下旬に開業。船舶修理のほかに横須賀製鉄所の建設に必要な各種器具や船舶用機械を製造し、近代的産業技術の導入・発展に貢献。

9石川島平野造船所　一八五三年に幕府が水戸藩に命じて江戸隅田川河口の石川島に造船所を築造。一八七六年に平野富二が払下げを受けて石川島平野造船所を創業。現ＩＨＩ。

不備については、平野にも責任がある」と主張し、通運丸納入に際して大幅な値引きをせまった。たしかに平野は横鉄の共同経営者として通運丸三隻の建造に関与している。これに対して平野は、明治一〇年二月三日付『東京日日新聞』に「横鉄とは示談をつうじて無関係になっている」旨の広告を掲載し、荘助の値引き要請に応じなかった。

結局、平野は荘助に掛け合って、新造の第二通運丸を「実費同様」で引き取らせたが、第一および第三～第五の通運丸については年内に支払いを受けられず、経営上厳しい状況に立たされている。

以上、「本邦初の民間外輪蒸気船」といわれる通運丸の発注・製作の経緯を簡単にまとめてみたが[96]、「詳細は定かでない」というのが実情である。実際、第一～五通運丸については、きわめて早い段階で解体や改造がおこなわれたようだ[97]。

荘助は明治一七（一八八四）年から小名木川沿いの深川西町に内国通運深川支店造船所（現・東京都江東区森下五丁目一番地墨田工業高等学校敷地）を開設して、通運丸の造船・修理とともに浅喫水船の研究開発をすすめていく。利根川上流・支流域では夏・冬の渇水期に水深三〇センチメートル以内になる場所も多く、水深不足から蒸気船運航に支障を来すため、定期航路を維持するには浅喫水船が必要不可欠だった[98]。

通運丸は同じ船名号数の再建造を含めると、内国通運時代に七九船体、全航行時期をつうじて八七船体の建造を確認できる。深川支店造船所はそのうちの少なくとも二〇船体を建造したといわれる[99]。図版38は造船協會編『日本近世造船史』に掲載された通運丸であり、船体の外観が鮮明に描写された稀少な図面である。見出しは「第貮拾六《にじゅうろく》通運丸船體圖《せんたいず》」となっているが、正しくは内国通運深川支店で明治三七年五月に製作された第三六通運丸と考えられる(100)。

　大がかりな水路整備と自社蒸気船の建造を終えて、明治一〇年五月一日、内国通運は東京深川扇橋（現・東京都江東区猿江一丁目）から江戸川・利根川を経由し、思川《おもいがわ》沿いの生井《なまい》村（現・栃木県小山市）にいたる航路を開業(101)。

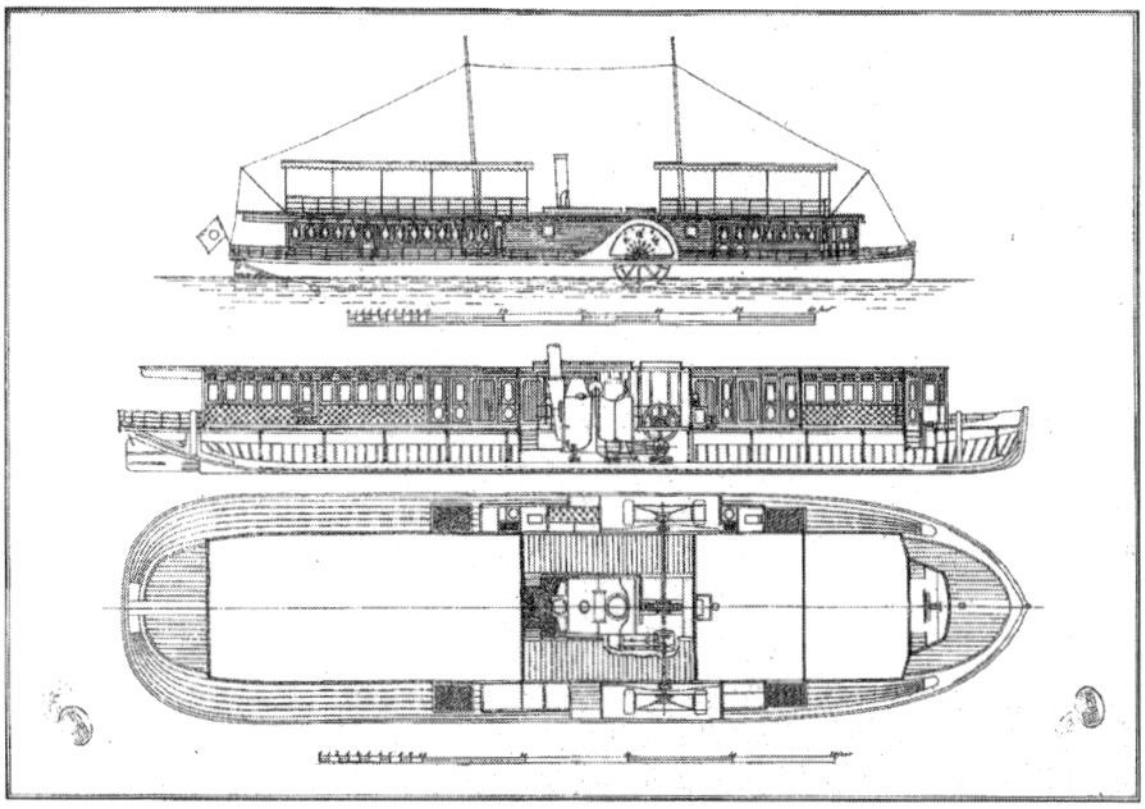

図版 38　第三六通運丸の船体図面

　あたかも西南戦役の只中《ただなか》、大久保内務卿をはじめとする政府大官のほとんどは京都や戦地の鹿児島・熊本に赴いていた。東京には不穏な空気も漂っていたが、利根川水系に蒸気船航路が開設されたことは開化の進展を示すものとして歓迎される。

　同日付『郵便報知新聞』には、左の広告が掲載された。

「利根川筋人乗蒸気船、五月一日より開業、東京深川扇橋よりは日々午後三時出船、野州生井村迄二日より出船致候。此段尚広告候事。

　但し爲便利、東京は蠣殻町三丁目九番地にても取扱、本船迄相艀候間、乗船諸君は右両所之内へ御來車可被下候也。

内国通運会社」(102)

第五号まで順次就航した通運丸の船室は、上・中・下の三等に分けられ、床下には荷物を収納する船倉が設けられた。以降、内国通運は図版39のように蒸気船航路を着実に拡張していく。

開設時期（明治）	始点―終点	船数・往復数	航路延長
一〇年五月一日	深川扇橋―下野生井村	二隻・毎日一往復	一〇年八月に生良、乙女河岸まで航路を延長
一〇年五月二一日	深川扇橋―常州霞ヶ浦高浜河岸	一隻・一カ月六往復	実際は木下―高浜間を航路（不詳）
一〇年六月一日	深川扇橋―下野古河	午前六時発船 一隻・二日に一往復	
一〇年六月二〇日	東京蠣殻町出張所―中山道戸田河岸	一隻・二日に三往復	
一〇年七月二三日	下総木下―下総銚子港	二隻	
一〇年九月二〇日	蠣殻町出張所・深川猿江町出張所―下総境河岸	一隻・二日に一往復	
一一年五月六日	武州栗橋―同北河原河岸	一隻・毎日一往復	一三年七月より扇橋―北河原直航、一三年冬に上州赤岩まで航路を延長。一五年九月より就航を増復
一三年四月二八日	蠣殻町出張所―東京湾内下総寒川港	一隻・毎日一往復	一三年八月より二隻就航し、毎日二往復
一六年四月中旬	東京両国―下総銚子港 同　右―常州鉾田河岸	毎日一往復 毎日一往復	江戸川―利根川間は陸路連結
一七年三月	下総境河岸―同大須賀	一隻・毎日一往復	一部区域は陸行
一七年一二月六日	東京京橋新船松町将監河岸―下総館山	数隻毎日一往復	
一九年五月	東京霊岸嶋船松町―相模金田湾・同三崎	不　詳	

図版39　通運丸航路開設一覧

明治一〇年発行の通運丸運賃表によると、東京—行徳間は上等が二〇銭、下等が一二銭。野田まではそれぞれ五〇銭と三二銭、古河までは八五銭と五五銭、終点の生井までは九五銭と六二銭であった。ちなみに、陸路の場合に東京—宇都宮間の乗合馬車を使用すれば、古河までは一円二〇銭が必要となる(103)。

通運丸が東京から野田までの遡航に要する時間は約八時間。帰りは川の流れに乗ることから航行時間は短縮され、燃料代も節約されるために、運賃は四割ほど安くなった(104)。まことに河川舟運は利用者の「懐《ふところ》に優しい」交通手段であったといえよう。

『中川史料』収録「沿革史資料」は、内国通運による河川舟運事業を「小名木川筋ヨリ江戸利根川及ヒ本流利根川ニ出テ渡良瀬川ヨリ思川ニ入リ関宿境栗橋古河等数ヶ所ヲ径《ママ》テ栃木県下野州生井河岸迄凡ソ川路三十里許ヲ毎日往復セシカハ東京両野常総沿岸最寄及ヒ陸羽筋ノ旅客多ク之ニ搭スルヲ以テ益《ママ》繁栄ヲナセリ」(105)と描いている。

実際、同社『結算報告書』は、明治一一年に約八七〇〇円、翌一二年に一万五七〇〇円を河川舟運による利益として計上した。これは同社利益総額のそれぞれ約二〇パーセント、約四〇パーセントに相当するものだ(106)。

けれども、内国通運の川蒸気輸送が人気を呼ぶと、当然にも後発業者の参入があいつぐ。のちほど詳しく述べるが、明治一二年五月三日に発せられた太政官布告第一六号『明治六年第二百三十號飛脚貨物運送営業禁止布告廢止』(107)によって内国通運の独占権が事実上消滅したことは、国内の陸運・水運をめぐる競争に拍車をかけた。

明治一二（一八七九）年六月に東京新大橋西元河岸（現・東京都江東区新大橋一丁目辺）の光通会社が東京—行徳間に汽船の光通丸を、翌一三年一〇月には旧備前岡山藩池田家の家臣であった永島良幸が池田慶政《よしまさ》・茂政《もちまさ》10の資金援助を受けて利根川筋に永島丸五隻を、また一五年一二月に東京航運会社が東京—佐原、東京—小見川間に第一・第二いろは丸を、それぞれ就航させている(108)。

とりわけ永島は、池田家の投資事業に為替方名代人として関与していたことから、旧藩資産を利用して内国通運に熾烈な運賃ダンピングや貨客の争奪戦を仕掛け、定員外の詰め込みや航路妨害などを繰り返した。

通運丸と永島丸による壮絶な水上合戦は新聞の報ずるところとなり(109)、内国通運と永島の双方とも所轄官庁の警告や社会的な批判を受ける。

とはいえ、消耗戦の鍵となるのは物量に如かず。そこに組織力と政治力が加われば勝敗はおのずとあきらかである。内国通運は房総銚子の地元資本が設立した銚子汽船会社、木下河岸で汽船営業をおこなう吉岡家と連携し、各社競合状態に突入してから五年のうちに、永島および東京航運会社との競争に終止符を打った。

『中川史料』収録「沿革史資料」は、その顚末を左のようにまとめている。

「十六年三月永島良幸カ所有セシ地所家屋汽船トモ内国通運会社へ買入タリ（此時ハ已ニ吉村氏ハ頭取ヲ辞シ佐々木氏頭取ニ進ミタリ）此間ニ於テ東京ト下総行徳及ヒ河原村間ノ汽船航行ヲ開キシカ

亦類業アリテ競争セシモ十六年ノ末ニ至リ行徳地方人民ト示談整ヒ十七年ヨリ内国通運会社一手ノ営業トナレリ其他汽船類業ハ江戸川筋ヨリ中利根川ヲ経下総銚子常陸北浦鉾田《ほこた》ニ達スル航路ヲ開キタル航運会社ナルモノ（船号いろは丸ト云フ）アリテ始終拮抗セシモ十八年一月ニ至リ航運会社所有船ノ内其大ナルモノ二艘内国通運会社ノ手ニ入リタレハ航運社モ休業ノ姿トナレリ於是利根川汽船業ハ大略内国通運会社ノ占有スル所トナリタルヲ以テ同年六月ヨリ凡テ運賃ヲ減額セリ（明治一六年三月に永島良幸が所有する地所・家屋・汽船を内国通運が買収した。当時、吉村甚兵衛が頭取を退き、佐々木荘助が頭取に就任していた。この間、内国通運は東京―下総行徳および河原に航路を開いたが、そこには他業者も営業していたから競争が起こった。やがて明治一六年末に内国通運と行徳住民とのあいだに示談が成立、翌一七年からはこの航路も内国通運のものとなった。そのほかにも江戸川筋から中利根川を経て銚子や北浦鉾田に達する航路を開設した航運会社が内国通運と渡り合ったが、一八年一月に航運会社所有のいろは丸二隻を買い入れたところ、航運会社はほぼ休業状態に陥った。こうして、利根川水系の蒸気船航路は内国通運の占有するところとなり、一八年六月からは運賃も安くに設定した）」(110)

関東河川舟運の覇権をめぐっては、明治一五年五月初旬、岩崎彌太郎率いる三菱商会が川蒸気事業に乗りだす気配もあった(111)。荘助としては、

10池田慶政・茂政　慶政（一八二三～九三）は、岡山藩第八代藩主。茂政（一八三九～九九）は、同第九代藩主。茂政は慶政の養嗣子として水戸徳川家より池田家に迎えられた。

（海豚《いるか》を相手にしていたところが、突如として潮吹く鯨の背がみえた）

という感覚ではなかったか。

あまつさえ岩崎みずから河川航路を巡察したとか、川蒸気の原発場を訪れたとかの噂も流れていた。たしかにこの頃の岩崎は健康状態がすぐれず、療養を兼ねて家族とともに利根川で鮎《あゆ》釣りを楽しむこともあったようだが……[112]。

事の真偽はさておき、前島の推挙で海運覇権を握った岩崎にすれば、関東の河川航路に食指を動かされぬわけでもなかった。けだし、これを手中にすれば海路で輸送した物資の内陸への運搬効率が一気に向上するからだ。火のない所に煙は立たぬ。

「三菱が利根川に進出すれば、我らの川蒸気輸送は窮地に立つではないか」

「岩崎という男、利のためなら手段を選ばぬと聞くぞ」

内国通運内に動揺が走った。

ここで荘助が前島に連絡をとり、

「もし岩崎が関東の河川舟運に野心を抱いているのなら、なんとか思いとどまるよう説得願えませぬか」

と頼んだことは容易に想像できる。じつはこのとき前島は、明治一四年政変[11]の煽りを受けて駅逓総官を辞し、大隈重信や高知出身の政治学者であり実践家の小野《おの》梓《あずさ》（一八五二～八六）による立憲改進党[12]の結成に参画していた。が、荘助の依頼には、

「あいわかった。早速、岩崎にたしかめてみよう」

と即応したに相違ない。

すでにふれたところだが、前島はかねてより「海運の三菱商会＝岩崎彌太郎、陸運の内国通運＝佐々木荘助」を両輪とする全国的な海陸輸送路の構築をもくろんでいた。その両者が無用の争いに突入することは、せっかくの「置き土産」が無駄になりかねず、是が非でも避けたい事態であった。

そこで、前島は下野した身とはいえ、ただちに三菱商会に真意を問い質した。すると、彌太郎の実弟である岩崎彌之助（一八五一～一九〇八）が五月二二日付書簡（図版40）で「事実無根」と明言してきた。前島は同日付書簡（図版41）で荘助にその旨を知らせている(113)。

荘助は前島の配慮に感謝するとともに胸を撫で下ろしたであろう。多少穿《うが》った見方をするなら、前島は事実確認を口実に、「関東の河川舟運は内国通運に任せるように」と岩崎を懇《ねんご》ろに説諭し、岩崎もまた大恩人の言にしたがったのかもしれない。

（前島様の御力添えで最大の懸念が払拭できたいま、関八州の河川舟運を内国通運が牛耳ることになんの支障もなし）

11明治一四年政変　一八八一年一〇月、大隈重信が国会開設・憲法制定について急進的な意見を述べ、これを警戒した薩長閥が開拓使官有物払下げ問題を口実に大隈を免官した事件。

12立憲改進党　一八八二年結党。明治一四年政変で下野した官僚や新聞記者などを中心に結党。総理は大隈重信。君民同治を説き、二院制、イギリス流の穏健な立憲君主制を主張。

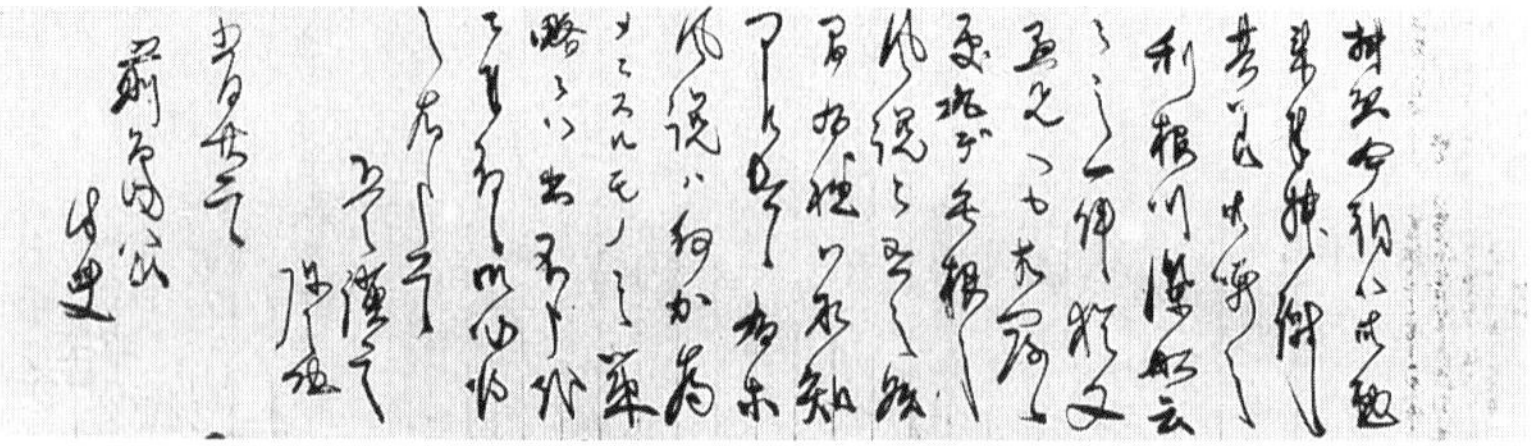

図版 40　岩崎彌之助から前島密宛書簡

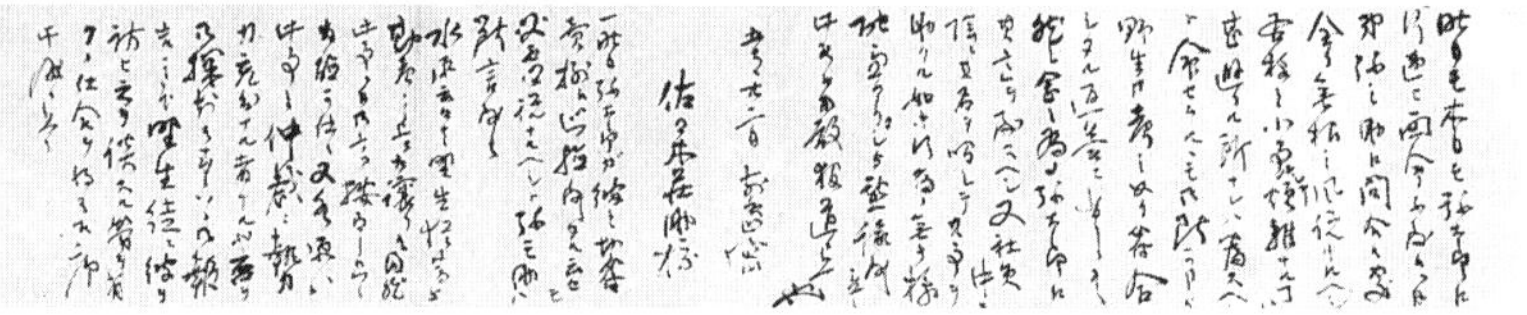

図版 41　前島密から佐々木荘助宛書簡

　この事件以降、荘助は競合各社に対して攻勢を強めた。通運丸と派手な水上合戦を演じた永島良幸は、明治一五（一八八二）年一一月に放漫経営の責を問われて池田家為替方名代人を罷免される。川蒸気営業権を剥奪された永島は旧岡山藩一〇代藩主・池田章政《あきまさ》（一八三六〜一九〇三）によって告訴され、四〇〇〇円の損害賠償を命じられた。池田家は、以降の家政改革を薩摩閥重鎮の松方正義（一八三五〜一九二四）に委ねている[114]。

　永島丸五隻は通運丸にとって厄介な競合相手であったことから、荘助が政府筋の手を借りて池田家に何らかの工作をした可能性もあるが、それを裏づける証拠は残されていない。

　明治一六年二月二八日、内陸通運は池田家より永島の所有していた船舶・地所・家屋を一万六〇〇〇円で買収した。その際、荘助をはじめとする経営幹部は逸機を懼《おそ》れて、「権内區域を超越する」ことを承知で株主総会に諮ることを俟《ま》たず、「臨機の評議を以之《もってこれ》を決し」てい

図版 42　東京両国橋の通運丸発着所

る[115]。つまり、電光石火の意思決定による非常の措置を断行したのである。

図版42は、歌川重清筆の『東京両国通運会社川蒸汽往復盛栄真景之図』。通運丸の姿と両国橋西畔の発着所を描いたもので、図版39に記した明治一六年四月の両国─下総銚子港間、両国─常州鉾田河岸間の航路開設にあたって刷られた宣伝用の錦絵と推察される。

両国橋は見物人で溢れ、隅田川に屋形船や渡し船が長閑《のどか》に浮かぶなか、大鯰《おおなまず》を連想させる二隻の通運丸が黒煙をたなびかせて航行している。黒いなまこ壁の土蔵のまえに開設された洋風三階建ての乗船待合室の入口には「郵便御用蒸汽通運丸乗船所」と大書された看板が掲げられ、二階バルコニーには日章のなかに「通」の字を白抜きした社旗がはためく。

荘助は「陸運の政商」たる地位を存分に活用して、明治一〇年代後半には内国通運を関東一円の河川および湾内の蒸気船運漕においても支配的な地位に押しあげた。まことに通運丸の威容は、文明開化の世にふさわしい事業組織＝会社としての内国通運の力量を、世間一般にすぐれて可視的《ビジュアル》なかたちで印象づけたにちがいない。

V　陸運の政商が遺したもの

保護喪失と鉄道

荘助は巧みな交渉術で政府から太政官布告第二三〇号を勝ち取り、これを武器として短期のうちに全国各地に散在していた旧幕時代の継立輸送施設を網状組織《ネットワーク》へとまとめあげ、単一企業＝内国通運の統制下に置いた。

ここで改めて同社の事業組織を眺めておく。すでに元会社時代の明治六年八月、図版24のような入社規則を制定していたが、「一等社員」はさておき「二等社員」以下は名こそ「社員」であるものの、実体はいずれも独立採算の自営運送業者にほかならなかった。

そこで、陸運会社解散が決定的となった明治七年三月に駅逓頭の准允《じゅんいん》をえて、入社規則を廃し、図版43のように元会社を頂点とした『陸運元会社事業区分規則』[1]を定めた。そこには既存の陸運事業者を傘下に収めた統合企業への強い志向がうかがえる。

この志向は内国通運に改称したことでさらに強まり、『内國通運會社事業區分条例』[2]では図版44のように元会社時代の「寄合所帯」的性格は払拭され、道路輸送と河川舟運を軸とした統合的な内陸輸送事業体に変貌を遂げたことがわかる。

出張所	直轄支店に相当し、損益はすべて元会社に帰属。
分　社	元会社の事業の一部を担当する一種の代理店で、株主であることが条件。元会社の定期便の運送取扱業務のほか、近傍への独自の輸送業務を遂行。
取扱所	元会社の定期便の荷物の取次・配達・定期便の継立に要する人馬・荷車を供給。株主である必要はないが、その地の住人で身元金（利息付）を元会社に預託。
仕役人	実際に運送をになう宰領や脚夫。身元金二五円以上（利息付）を元会社・分社に納めたうえで引請人を立てる。

図版 43　元会社の傘下事業区分

分　社	緊要の地に設置。内国通運の定期便の運送取扱業務を担当する一種の代理店で、株主であることが条件。本社定期運賃中、金子輸送は二〇パーセント、荷物輸送は一〇パーセントの手数料を得、分社の独自路線の場合は五～一〇パーセントを本社に納入。
取次所	内国通運本社・分社の定期便の荷物の取次・配達に従事。本社・分社と競合しない限りで独自営業も可。
継立所	人馬の供給を遂行。分社・取次所が兼業。制度上は運送取扱業に区分。
運漕所	内国通運に入社した水運業者に与えられた名称。

図版 44　内国通運の傘下事業区分

内国通運の強い統合志向を裏づける史料として、『内國通運會社　福島縣下　社中申合定則』の複製が筆者の手許にある。内国通運会社福島分社が元会社傘下時代の社中申合定則を改正したのは明治一〇（一八七七）年一月のことで、「本社へ稟議ノ上管廰ノ官准ヲ得テ確定スル」という但し書きが附されている。

改正定則の第一条は「内國通運會社分社ヲ福島驛ニ設ケ福島縣下ノ総轄所トナシ各驛繼立所ヲ管理セシム規則ハ渾テ東京本社ノ定款ヲ履行ス」、第八条は「社中ノ者定則ニ背キ或ハ規則ニ随《したが》ハサルモノハ出張所ノ監督ヲ受社員合議ノ上管轄廳ヘ上申シ事実御検査ヲ乞ヒ資本金ヲ没捨《ママ》セシメ速《すみやか》ニ脱社ノ上其旨本社ヘ報告シ社中一般ヘモ通知スヘシ」、第二十条は「此定則ハ猥《みだ》リニ変更スルヲ得ス若止《もしやむ》ヲ得サル事故アラハ本社ノ承認ヲ経《へ》管廳ノ允許ヲ得テ後改定スヘシ」と定め、内国通運本社の統制に従う姿勢を明確にしている。

明治一〇年六月二四日、吉村甚兵衛が福島県権令の山吉盛典《やまよしもりすけ》（一八三五〜一九〇二）に改正定則の承認願を提出したのに続き、七月一六日に内国通運福島分社長の鈴木孝四郎が分社所在地戸長の鈴木精との連名で『社中申合定則改正願』を山吉権令に提出。山吉権令は七月二四日にこれを認可した。おそらく同様の手続事例が全国各地でみられたであろう。

こうして、明治維新から数年のうちに、旧問屋資本を母体とする国権寄生型の全国規模の独占事業体が黎明期の実業界に忽然《こつぜん》と姿を現わしたのである。

（前島様の御期待に沿うことが、内国通運の繁栄にもつながる）

荘助はそう思い定めていた。

元会社の設立からまもない明治五（一八七二）年九月、小包郵便開始の建議があった折に前島は「駅逓寮として物貨輸送の業務を元会社にまかせたわけであるから、これを駅逓寮みずから反故にしては、虚言を弄したことになる。よって、物貨輸送はいっさい元会社にまかせるべし」と述べて、小包郵便建議を却下した。

（前島様が駅逓の権を握っておられるうちに、内国通運の土台を盤石《ばんじゃく》なものとする）

荘助は「内陸輸送は内国通運に」という前島の構想を実現するために、一社継通網の確立をめざした改革を着実に遂行していく。

財務面においては、明治一一（一八七八）年七月の定款改正にともなって資本金額を二〇万円に確定し、これを明治二〇年五月まで継続。その間の配当率は一〇〜二四パーセントを上下するとともに、株券売買価格は当初の二倍超を記録した(3)。だが他方では、全国におよぶ継立拠点の確保や蒸気船による河川舟運事業の拡張に巨額の資金を注ぎ込まねばならなかった。

これに関連して、物流博物館所蔵『明治一一年七月役員月給原簿』をみると、頭取の吉村甚兵衛は最高額の六〇円を支給されており、以下、副頭取の荘助は五〇円、副頭取心得の武田喜右衛門が四〇円、取締役連は三〇円となっている。

前出の「明治三年の一円＝現行の八八〇〇円」という米価を基準とした換算値をもちいて、彼らの月給額を現行価格に置き換えると、甚兵衛は五二万八千円、荘助は四四万円、武田は三五万二千円、取締役連は二六万四千円となる。昨今なにかと話題を集める巨大企業トップたちの俸給と比較しても、意外なほどリーズナブルな、というよりも「お安目」の金額ではなかろうか(4)。

ただし、内国通運幹部たちは、同社の大株主でもあったことを考えると、最高五四パーセントにも達した配当率がもたらす高額配当金は、おそらく額面の給与額をはるかに上回っていたにちがいない。

荘助はしかし、事あるごとに政府庇護が生みだす社風の緩みと社員の驕《おご》りを戒めた。とくに甚兵衛をはじめとする経営幹部には、辞を低くしながらも、

「いまは社中が一致団結し、辛抱強く着実に歩をすすめねばなりませぬ」

と自彊不息《みずからつとめてやまず》の姿勢を常に求めた。

明治九年四月、維新以来獅子奮迅の働きをみせる荘助に対して、内国通運の経営幹部と主要株主たちは全員が署名・押印した頌功状《しょうこうじょう》を贈っている。曰く、

「会社起立之砌ヨリ百事勉励今日之盛大ヲ成シ社中一般之目途ニ達シ随而充分之社益有之実功顕然ニ付株主中衆議之上月々金三拾円宛致賞与候右者創業中之功労ヲ表シ候儀ニ付謹役之進退ニ拘ラス社益之有無ヲ不論會社有限中異儀仕間敷候〔創業以来、幾多の難事を克服し、今日の繁栄にいたり、会社としても一人前となり、利益も十分に確保できていることから、株主一同が協議したうえで、創業期における佐々木荘助の功労に対して毎月三〇円の賞与を支給するものとする。これは勤務の如何や会社の財務状況にかかわらず、会社が存続する限り保証される〕」(5)

この褒賞は、右の文言からもあきらかなように、時代の急転に対峙して飛脚業が新たな発展を遂げる道を拓いた荘助を、内国通運の事業経営において特別な存在であると暗黙裡に認めた御墨付としての意味を持つ。

「我らが今日在るのも、荘助の忠誠の賜物じゃ。これからもいっそう励んでくれ」

甚兵衛の言葉に荘助は身体が顫《ふる》えた。甚兵衛がまたなにかいったが、耳はそれを聞いていない。平伏しながら、

――内国通運のために我が身命を賭す。

との決意を新たにした。

明治一〇年代に入って、殖産興業が軌道に乗り、各地で商工業が盛んになると、物貨輸送に対する需要もおのずと高まる。内国通運の社運は隆盛にむかい、「陸運の政商」と呼ぶにふさわしい業界支配体制を敷こうとしていた。

けれども、得意の絶頂にあった内国通運の頭上に、突如として暗雲が漂う。明治一二年五月三日、政府は「これまでの陸運行政において特定企業に比類なき特権を付与し、他企業に対する公平性を欠いた」として、前出の太政官布告第一六号を発した。その結果、内国通運は、元会社時代の明治六年六月に発令された布告第二三〇号が保障する特権的な優遇を喪失したのである。

これによって、内務省駅逓局が管轄しつつも、実質的には内国通運の手に委ねられてきた一般物貨・商貨の輸送と運漕にかかわる独占的な裁量権が消滅する一方で、新規参入を狙う業者たちは地方庁への出願だけで開業認可をえることが可能になった。

青天の霹靂《へきれき》に打たれたような衝撃が内国通運に走る。おそらく荘助は、ただちに前島のもとに赴いたことであろう。明治一〇年一月の官制改革により内務省駅逓寮は同駅逓局に改称し、前島は内務少輔兼駅逓局長となっていた。

「このたびの御措置、一体いかなる所存にございましょうか」

前島と面会した荘助は、非礼を承知で、声を押し殺して質《ただ》したのではないか。

政府との政策的一体化、政府要人との癒着をつうじて獲得した特権的保護を槓桿《こうかん》として強力な高蓄積を享受する政商にとって、政策の転換と政局の動向はその経営に直接的かつ深刻な影響をあたえる。

「なにぶん政事《まつりごと》の話であるゆえ……。その方らには気の毒であるが、すでに決したことであるから、わしとてどうにもならぬ」

苦虫を噛み潰したような表情の前島は、いつになく歯切れが悪かったにちがいない。

征韓論争に端を発する明治六年政変[1]から旧西南雄藩領で続発した士族反乱[2]を経て維新動乱がひとまずの区切りを迎えたのもつかのま、殖産興業路線を推進してきた内務卿の大久保利通が東京紀尾井町清水谷で不平士族の凶刃《きょうじん》に斃《たお》れる。他方で、板垣退助（一八三七～一九一九）や後藤象二郎（一八三八～九七）といった旧征韓派参議が中心となって藩閥官僚による専断政治を糾弾する自由民権運動も拡がりをみせていた。こうした事情を背景として、政府保護下で莫大な超過利潤をえる特権企業＝政商への批判と営業の自由を求める声が巷間《ちまた》に溢れだす。

1明治六年政変　西郷隆盛・板垣退助などが唱えた征韓論は、内治優先論を説く岩倉具視・大久保利通・木戸孝允らの反対で実現せず、征韓派は一斉に下野。大久保を中心とする政権が誕生した事件。
2士族反乱　明治初期、士族が旧特権廃止政策に抵抗し、政府打倒を画して起こした武力闘争。一八七四年の佐賀の乱から七七年の西南戦争を経て、七八年の大久保暗殺へといたる。

そのなかで、政府がこれまで手厚い保護を与えてきた内国通運から特権を剥奪し、批判的世論を多少なりとも和らげようと意図したことは、誰の眼にもあきらかであった。以下は推測による。

「我が内国通運は私益を貪《むさぼ》っておるのではなく、郵便物御用という国事に日夜……」

奔走しておりますぞ、と訴える荘助を、

「わかっておる」

と前島は遮《さえぎ》った。ふっと息を吐いたあと、もう一度「わかっておるわ」とつぶやく。

「……」

頬を強張らせて唇を噛む荘助を、前島は真正面から見据えながら、

「ともかく、これまでのように大っぴらには支援してやれぬ、ということじゃ」

と断言した。

荘助はぐっと言葉を呑んだ。非礼が口を衝きそうになったからだ。

前島はそんな荘助の表情を読み取り、

「郵便物御用については爾後も内国通運に任せる肚積《はらづ》もりである。そのうえで、臨機の支援も与えよう」

と諭すように語りかけた。

「ありがたきお言葉いたみいります」

荘助は深々と頭をさげたが、声には微かな躊躇《ためらい》がある。

「疑っておるのであろう」

「そんな、滅相もございません」

荘助は慌てて首を振った。

「このような仕打ちを受ければ無理もないな」

前島はふと表情を和《なご》ませる。そして、荘助の肩にそっと手を置いた。

「なにも恐れることはあるまい。政府の表立った支援が消えたとて、お主らはすでに我が国の陸運をその手に握っておるではないか。いまや内国通運に真っ向から太刀打ちできる者がおろうか」

口調はあたかも父が子を励ますがごとくであった。

荘助は頬が染まるのを感じた。わずかに兆した疑念と弱気を、前島に見抜かれたことが恥ずかしかった。

「今後とも、前島様にはいっそうの御指導御鞭撻のほど願い奉ります」

脇の下に汗がにじんでいるのに気づいたのは、駅逓局をでてからのことであった——

野口雅雄は太政官布告第一六号の影響を左のようにまとめる。

「如何なる人でも、自由勝手に運送業を始めることが出来るやうになつたのであるから、丁度雨後の筍《たけのこ》の如く至る所に其の業を始める者が簇出《ぞくしゅつ》して、所謂《いわゆる》小業分立の弊を生ずるに至つた（中略）豫《かね》て内國通運會社の事業の有利なるに流涎《りゅうぜん》してゐた各驛の類業者は機到れりとなし、孰《いず》れも立ちて貨物運送の業を開始した（中略）内國通運會社は、永年其の手裡にあつた貨物運送の獨占權を失ひたると同

時に、新たに同業者と競争するの已むを得ざる事（中略）に至つた」(6)

たしかに特定企業に対する政府保護の廃止と新規参入の自由化は、独占の弊害を排除して社会的公正を担保するために実施されるわけだから、それまで排他的な利益を享受してきた企業が大きな不利をこうむるのは必定である。

実際、太政官布告第一六号を受けて明治一二年一〇月九日に発令された内務省布達乙第四四号『内國通運會社人馬継立所ノ興廢ハ同社ノ都合ニ任ス』(7)からは「人馬継立が自由競争になったからには、内国通運もみずからの裁量で社運を拓け」という突き放した響き《ニュアンス》も感じ取れる。

けれども、ここで留意すべきは、政府が市場開放を実施して自由競争に切り替えたからといって、独占企業がただちに既得権益のすべてを喪失し、「企業群のなかのひとつ（one of them）」になるとは限らない、という点であろう。山本弘文は左の事実を指摘する。

「このような一般免許的な制度への転換が施行されたとはいえ、内国通運会社の営業網と競争力は、それまでの助成策によってすでに圧倒的なものになっていた。そのうえ（中略）各道継立所の完備と人馬常備の義務も、（中略）法制的助成の廃止によって解除（中略）されることになった。そして郵便下請業務の独占的請負のような実質的助成は、二四年四月の一般入札制開始まで存続したのであった。こうした点からすれば、同社はなお、帝国憲法体制成立期まで、引続き初期独占的な体質をぬぐい去ることができなかった」(8)

つまり、太政官布告第二三〇号発令から同第一六号発令までの約七年にわたる市場独占がもたらした資本蓄積とそれを支えた荘助の事業戦略は、市場開放による自由競争期が到来したあとも、数多《あまた》の競合企業群に対してもなお、陸運業界の雄として振る舞える余力を内国通運に残した、ということだ。

図版45は『内国通運史』収録「内國通運株式會社事業發達表」を下敷きにして、元会社時代を含む内国通運の事業発展を数値で示したものである。太政官布告第一六号が発令された明治一二年の利益額は四万四三三円であったが、翌一三年には三万三八五二円と大幅な減少となった。だが、その後は着実に挽回し、明治一六年には七万八〇二二円という過去最高額を記録している。

政府の方針転換がもたらした衝撃は、内国通運という巨大事業体よりも、それを率いる荘助という生身の個人にとって大きかったかもしれない。

(いまや「会社」を名乗って独自の送達網を抱えているが、政府《おかみ》の御用が頼りということでは、公儀認許の特権に安住していた定飛脚問屋の頃とさほど変わりがあるまい)

国の行政機関や政治家の庇護を受けて巨大な利得にあずかる我が身の強さと脆さの両面を、いまさらながらに痛感したことでもあろう。

だが、歩を止めるわけにはいかない。太政官布告第一六号によって競争の扉が開け放たれたとはいえ、競合者に対する内国通運の優位は圧倒的であった。

(恐れはひとを盲目にする。恐れる心をこそ恐れねばならぬ。前島様のいわれるとおり、我が内国通運の優位は歴然としているのだから)

それよりも、と荘助は思った。

種目 年次	資本金 （円）	収入金額 （円）	支　出　金　額		利　益 （円）	利益率 （%）	配当率 （%）
			運送費（円）	営業費（円）			
明治 5　年	50,000	———	———	———	———	———	———
同　6　年	54,000	———	———	———	———	———	———
同　7　年	79,400	———	———	———	12,816	16.1	21.0
同　8　年	102,900	———	———	———	41,873	40.7	54.0
同　9　年	128,900	———	———	———	29,510	22.9	24.0
同　10　年	140,700	———	———	———	41,622	29.5	24.0
同　11　年	145,300	267,398	151,897	76,168	39,332	27.1	23.0
同　12　年	200,000	291,611	175,105	76,072	40,433	20.2	12.0
同　13　年	200,000	330,251	220,151	76,247	33,852	16.9	10.0
同　14　年	200,000	421,804	283,513	101,852	36,438	18.2	10.0
同　15　年	200,000	442,552	298,392	104,399	39,760	19.9	11.0
同　16　年	200,000	527,440	299,094	150,323	78,022	39.0	13.0
同　17　年	200,000	399,796	172,905	169,527	57,363	28.7	12.0
同　18　年	200,000	473,022	256,900	185,087	31,033	15.5	10.0
同　19　年	200,000	532,696	310,402	179,716	42,577	21.3	11.0
同　20　年	1,000,000	646,193	369,150	200,690	76,352	7.6	18.0
同　21　年	1,000,000	828,223	515,490	236,607	76,124	7.6	14.0
同　22　年	1,000,000	1,172,196	783,965	295,936	92,295	9.2	13.0
同　23　年	1,400,000	1,510,195	1,156,457	225,447	128,290	9.2	11.0
同　24　年	1,400,000	1,495,714	1,195,690	226,539	73,487	5.2	5.0
同　25　年	1,400,000	1,611,066	1,313,411	196,735	100,920	7.2	6.0
同　26　年	1,120,000	2,281,459	1,940,499	239,701	101,259	7.0	6.6

図版 45　陸運元会社～内国通運会社の事業発達（明治 5 ～26年）

（陸蒸気《おかじょうき》には、内国通運としても、よりいっそうの取り組みが必要であろう）

　じつは太政官布告第一六号とともに、内国通運にとって喫緊の課題となっていたのが、陸蒸気こと鉄道。日本におけるその起源は国交樹立を求めて横浜に上陸したペリーが精密な可動式蒸気機関車模型を徳川将軍に献上したことにさかのぼるが、本格的な出発点は明治五年九月の東京新橋―横浜間路線の開業に求められる。その後、明治七年に神戸―大阪間、明治一〇年に大阪―京都間にも路線が開通し、三都と横浜・神戸の開港場が鉄道でむすばれた。

　ほぼ時期を同じくして、陸運独占を謳歌する内国通運も東海道筋を中心に従来の馬背輸送を馬車輸送へと切り替え、また利根川水系の河川では郵便関連物と沿岸貨客の蒸気船輸送に進出しつつあったことはすでに述べた。

このように、明治日本の産業振興は、「官による強権的改革」と「民による創意工夫」がほとんど時間差《タイムラグ》なく発生・進行し、対立・衝突→妥協・淘汰→協調・共存という流れを経て、ようやく安定した制度的枠組が確立されていくところに特徴を持つ。奇しくも陸運業界において長距離馬車と川蒸気を主力とする内陸輸送網が発展の緒についた時期は、同時に大量輸送機械としての鉄道の導入と普及が本格化した時期でもあった。

国内輸送について「沿岸海運重視」の整備方針をとってきた大久保内務卿は、明治一一（一八七八）年三月、これを「海運網と連絡する鉄道敷設重視」へと転換するとともに、一二五〇万円の六分利付内国債＝起業公債の募集を決定した。その結果、明治六年政変に端を発した台湾出兵や一連の士族反乱がもたらす財政逼迫によって停滞していた鉄道敷設が一気に活況を呈しはじめる(9)。

ここに長距離馬車は、圧倒的な輸送の量と速度を誇る鉄道によって、その存立を脅かされた。最終的に、馬車輌は走行性能を高める時間もなく、貨物の集配・積卸しに特化するかたちで鉄道輸送の補助手段となり、道路もまた十分な舗装がなされぬままに置かれる。

辛うじて利根川を中心に関東一円で展開した河川舟運は、鉄道輸送と連係するかたちで、つまり、蒸気船の発着場に隣接する鉄道駅とのあいだで貨客の相互乗換えや積替えをおこなうことによって、道路網の整備・拡張を背景に大型トラック輸送が本格化する昭和三〇～四〇年代まで細々と命脈を保っていく(10)。船舶については、すでにふれたように、荘助が内国通運深川支店に開設した造船所で研究開発がすすめられ、荘助の死後も通運丸の航行性能の向上が図られた。

話をもどすと、荘助はかねてより鉄道輸送に関心を払っていたと推察される。愛読した思《おぼ》しき『西洋事情初編』「蒸気車」の項には、左のような記述があった。

「歐羅巴《ヨーロッパ》諸國及ヒ亜米利加《アメリカ》ニテ（中略）國内縦横ニ鉄道ヲ作リ車ヲ製スル一年ハ一年ヨリ多シ旅客ヲ乗セ荷物ヲ運送シ東西ニ驅セ南北ニ走ル恰モ是レ陸路ノ良舟千里ヲ遠シトスルニ足ラス蒸氣車ノ法世ニ行ハレテヨリ以来各地産物ノ有無ヲ交易シテ物價平均シ都《と》鄙《ひ》ノ往来ヲ便利ニシテ人情相通シ世間ノ交際俄《にわか》ニ一新セリ（ヨーロッパ諸国とアメリカ合衆国では（中略）国内縦横に鉄道を敷設し、蒸気機関車を製造することが年を追うごとに盛んである。旅客を乗せ、荷物を運送し、東西南北を走駆すること、あたかも陸をゆく船のようで千里の距離も遠くに感じさせない。蒸気機関車の技術が世の中に登場してからは、各地の産物が交易によって広まり、物価に高低がなくなり、都市部と地方の往来が促され、情報が行き交い、世間の交流は一気に新段階を迎えた）」(11)

鉄道とはつまり、貨客輸送の量と速度において既存のいかなる陸上交通手段も凌駕する最先端の交通手段であった。東京新橋―横浜間約二九キロメートルを五三分でむすぶその速度は、明治五年当時においてまさに驚異的。けだし、同区間は徒歩で八～一〇時間、馬車で四時間程度、内海の蒸気船航路でも約二時間半を要したからだ(12)。

（大久保様の御意向によって、福澤先生の御本に書かれていたように、陸蒸気でなにもかもを運ぶ時代が到来するのか）

開化の波は恐るべき速さで押し寄せてくる。うかうかしていると、その大波に呑み込まれて二進《にっち》も三進《さっち》もいかなくなるだろう。

（波に呑み込まれぬためには、波頭に立たねばならぬ）

荘助は常々そう思ってきた。

鉄道輸送については、明治六（一八七三）年九月から京浜間路線で貨物取扱《かもつとりあつかい》がはじまると同時に、積み降ろし手続の代行や集配などの業務が民間に委託された。早速、政府為替方の三井組が鉄道寮の認可をえて、一〇月初めに横浜三井組名代・高瀬英佑の名で「今般当店ニテ鉄道荷物運搬取扱之儀蒙許可候（中略）東京新橋及ヒ横浜兩ステーションへ当分ノ内仮扱所設立開業候」という宣伝広告を『横浜毎日新聞』に掲載。集配作業や貨物のとりまとめと鉄道への引き渡し、為替貸付荷物[3]の取扱業務をおこなう⒀。

これがいわゆる小運送事業の嚆矢であり、当初は三井組が独占したが、明治八年三月以降は三井組以外にも開放されることになった。荘助はただちに京浜間路線における貨物取扱の営業許可を受け、一二年秋には京都—大津間路線の開通にともない、大津西山町に出店《でみせ》を開設した⒁。西の開港地神戸にも、明治一五年頃、元町通五丁目に山中文造が「㊟内国通運社」の、また兵庫本

3為替貸付荷物　荷主は貨物を三井組に引き渡すことで商品代金の大半を入手し、送り先からの代金回収は三井組がおこなう仕組み。

町江川町（現・神戸市兵庫区七宮町）の山中藤平が「内国通運會社分社」の看板をそれぞれ掲げている。当時の神戸・兵庫地域で営業する主要商店を絵入りで紹介した『豪商神兵　湊《みなと》の魁《さきがけ》』(15)には、図版46のように「EE(通)EE」の旗をたなびかせた山中藤平の通運社が描かれており、店先の看板には「汽車荷物取扱所」とある。神戸駅が近いこともあり、荷主が鉄道に荷積みする際の面倒な手続きの代行を主要な業務としていたのだろう。

鉄道敷設は各地でさらに熱を帯び、明治一三（一八八〇）年二月には滋賀米原《まいばら》―福井敦賀《つるが》間路線が新たに起工し、七月には東海道の京都―大津間路線、一一月には北海道幌内鉄道の小樽小宮―札幌間路線それぞれが開通した(16)。

翌一四年末には本邦初の民営鉄道会社が、岩倉具視をはじめとする華士族の出資によって設立される。その名も日本鉄道会社《にほんてつどうがいしゃ》（以下、日鉄）。東京―青森間の路線建設を目的とし、年八分の利子補給、利益保証といった手厚い政府保護・助成を受け、工部省からも技術支援をえて敷設工事をすすめ、明治一六年七月に上野―熊谷間、九月に熊谷―本庄間、翌年八月に上野―前橋間で路線を開業した(17)。

内国通運では明治一六年四月の株主総会で「日本鉄道会社（中略）ハ当社ノ本業ニ密接ノ関係ヲ有スル運搬業ニシテ、之ト協同結託《ママ》セバ本業ノ便益亦少ナカラズ、故ニ頭取々締熟議ノ上、鉄道會社へ弐百株（壱株金五拾円合金壱萬圓六ケ年十二回払込）加入セリ」という報告をおこない、株主一同の承諾をえている(18)。明治一九年九月発行の日鉄『百株以上株主人名簿』には、「二〇〇　佐々木荘助」、「一〇〇　吉村甚兵衛」、「一〇〇　吉村佐平」というように、内国通運関係者の名もみえる(19)。

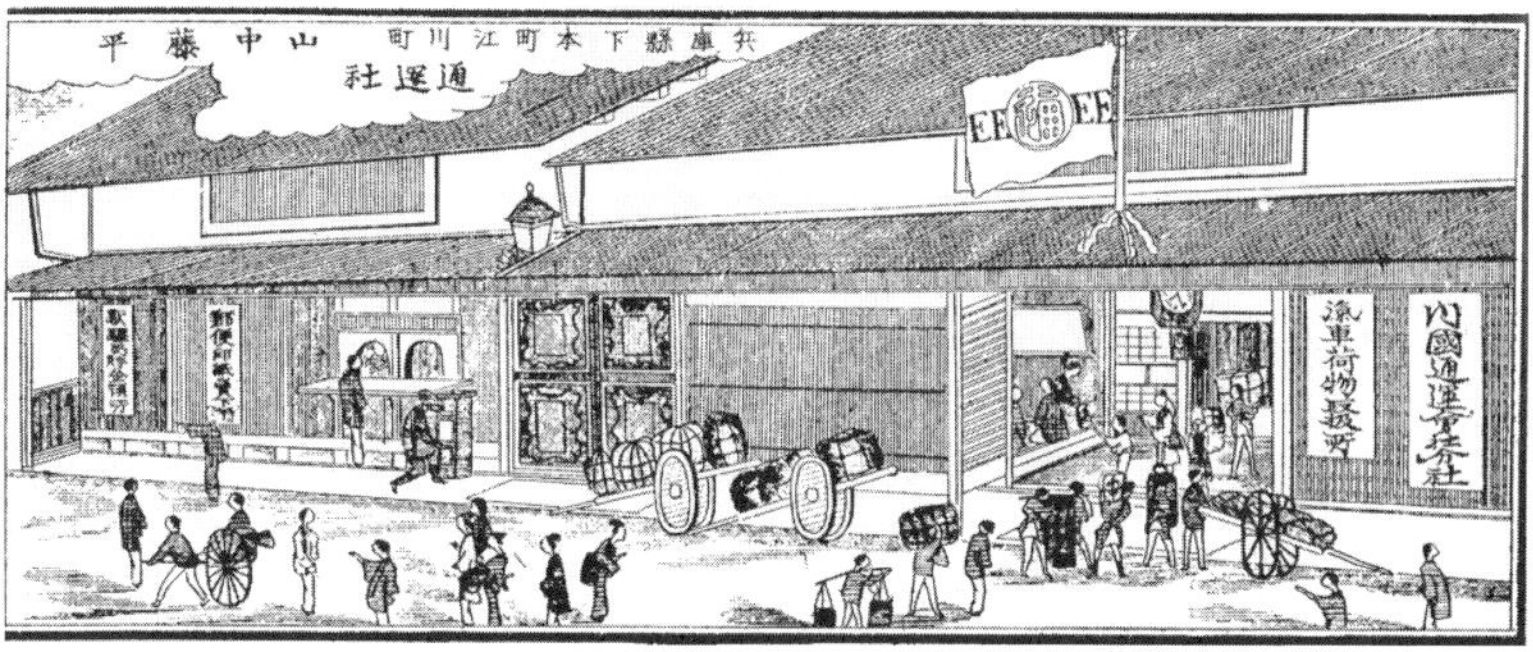

図版 46　兵庫の内国通運会社分社「山中藤平」

（陸蒸気の営業はこのさき、ますます盛んになることであろう）

荘助は明治一九年五月に名古屋禰宜《ねぎ》町《まち》停車場前、六月に高崎飯塚停車場前に仮派出所を開設。一〇月になると、日光那須停車場にも仮出張所を設け、一二月には上野停車場前の出張所を支店に昇格させた(20)。

鉄道路線の拡張は、太政官布告第一六号とあいまって、各地に中小規模の陸運業者を簇生《そうせい》させたが、これらは鉄道輸送を補助する道路・水路輸送に新たな需要をみいだした。また、積極的に鉄道と提携することに活路をみいだす業者も登場する。

明治一六年八月、日本橋区新材木町の三倉屋運送店が日鉄の貨物運送取扱を開始。一二月になると、山東共同運搬会社が滋賀長浜―岐阜関ヶ原間路線の春照停車場脇に事務所を開設し、奥羽水陸運輸会社は第一国立銀行と提携して貨物預り証を発行している。

明治一八年三月には、開陸会社が東京板橋停車場内で開業。翌年五月、共同中牛馬会社が東京下谷《したや》御徒町《おかちまち》に設立される。その系譜をひく中央陸運会社は明治二一年四月に教科書輸送の特権を獲得。一二月には日本運輸会社（以下、日本運輸）と改称して五〇万円を増資したうえで、内国通運社員の引き抜きを敢行、公然と業界の雄に戦いを挑んだ(21)。

もっとも、日本運輸が攻勢にでた明治二一年時点でも、内国通運はいまだ郵便物御用を独占し、いまだ不完全ながらも道路陸運と河川舟運を基盤とした全国規模での一社継通輸送網を誇り、同業他社に対しては相当な優位を保っていた。

なお、平原は明治二一年五月に荘助自邸より遠からぬ両国柳橋南側、下柳原同朋町新地《しもやなぎわらどうぼうちょうしんち》の名料亭亀屋清右衛門、通称「亀清」（現・東京都台東区柳橋一丁目。閉業）で開催された内国通運臨時株主総会の席上、荘助が披露した『臨時會の祝ひ文』（以下『祝文』）の一節に「鐵道事業や其外《そのほか》に仕組し事もやすらかに」とあることから、荘助が「鉄道事業の直営、つまり通運鉄道の敷設・運営にも乗りだすことを本気で考えていた」(22)と推測している。

これが事実ならばまことに壮大な構想というべきだが、残念ながらその裏づけとなる具体的な記録や文書は見当たらない。荘助の死後、内国通運は鉄道や蒸気船航路を利用した小運送に主軸転換《ドメインチェンジ》することになるが、それを可能にしたのは、『祝文』に謳い込まれた「鐵道事業に仕組し事」＝鉄道構想ではなく、生前に荘助が整備した一社継通輸送網の存在であったと考えて差し支えないだろう(23)。

競争激化と社内対立

話は多少前後する。競争の自由化と鉄道の発展によって陸運業が新たな局面を迎えるなか、内国通運では明治一四（一八八一）年八月初旬に吉村甚兵衛が頭取を辞任し、荘助が第二代頭取に就任することとなった。

これにともない、荘助とともに副頭取の地位にあった武田喜右衛門と元京屋相続人の村井彌兵衛が佐久間庸則、小津善兵衛、坪野平作、森本伊助とともに取締役に選任され、以降は副頭取が欠員の扱いとされる(24)。

和泉屋入店時の年齢を「荘助碑」撰文にしたがって一二歳とすれば、荘助はそこからわずか四半世紀のうちに、ときの実業界でも最大規模を誇る民間事業体の総帥たる地位に就いたことになる。ときに四七歳。

（故郷《しもつま》をあとにした頃は、このような筋書き、描くことなどできなんだ）

当主甚兵衛の信頼をえて支配人に昇り詰めたとはいえ、奉公人にすぎぬ自分が嶋屋や京屋の共同経営者たちを差し置き、内国通運という大会社を統括する身分になるとは予想もしていなかった。

付言すると、荘助の頭取就任をめぐっては、「荘助碑」撰文が明治一二年、『内国通運史』『日通社史』が明治一四年八月、『国際通運史』巻末年譜が明治一五年としている(25)。また、『中川史料』収録「史料　交通沿革畧歴年表稿後編」には、「明治十五年四月　當季《とうき》に於ける役員は頭取佐々木荘助、取締役武田喜右衛門、仝兼支配人佐久間庸則、取締役小津善兵衛、坪野平作、村井彌兵衛、仝兼副支配人森本伊助とす」(26)という記載がある。

東京都公文書館保管「諸会社　頭取交代届　内国通運会社」によると、起案年月日は「明治一四年八月六日」となっており、その日に甚兵衛から荘助への頭取交代が勧業課に報告されたと考えられる。

諸記録のあいだに時間差があるのは、荘助の頭取就任を「事実上」と「正式」のいずれから捉えたのか、ということによるのではないか。それを前提としたうえで、荘助が内国通運頭取に就任するまでの経緯を整理すれば、明治一二年頃から体調の思わしくない甚兵衛に代わって荘助が事実上の頭取として振舞っていたが、一四年八月に甚兵衛退任を受けて頭取に選出され、翌一五年に正式なかたちで頭取を拝命した、という流れも想定できるだろう。

さて、荘助の頭取就任とほぼ同時期、荘助の経営手腕を高く評価し、元会社時代から一貫して手厚い保護をあたえてきた前島が、明治一四年政変を機に官界を退いている。もっとも、前島が下野後も荘助を側面から支援したことは、すでに述べたとおりである。

むしろ頭取就任まもない荘助にとって打撃となったのは、武田喜右衛門の死去ではなかったか。定飛脚五軒仲間の一として陸走会社から元会社を経て内国通運にいたる道のりを荘助とともに歩んできた武田は、明治九年二月にいったん退任したものの、一一年六月副頭取に復帰。荘助が頭取に選任された一四年八月に取締役となるが、在任中の一五年八月にこの世を去った[27]。

荘助は嶋屋佐右衛門の重鎮であった武田を甚兵衛と同等にみて、自分の上司として接したものと推察される。よって、自分が甚兵衛に代わって頭取に選出されたとき、「取締役」を新設して武田を据えたのも、武田を副頭取として自分の風下に置くことを憚《はばか》ったためかもしれない。

(武田様とはともに維新の危機を乗り越えてきた……)

荘助の胸には荒涼とした風に吹かれるような淋しさが去来したことだろう。

（このさきの舵取りは、これまでよりも数段むずかしくなろう）

荘助は内国通運が最初の転換期にさしかかった時期、名実ともに最高経営責任者の座に就いたことになる。

『中川史料』収録「史料　交通沿革畧歴年表稿後編」によると、郵便物御用にかかわる優遇措置は太政官布告一六号発令以降も継続し、内国通運は明治一七（一八八四）年五月に貨幣封入郵便物逓送配達の取扱方、一八年一月に小笠原島他五カ所への郵便貨幣入書状の逓送方、一九年一月に駅逓局・各地駅逓出張所から所轄郵便局への経費金の逓送配達取扱、二〇年三月に鹿児島より種子島、屋久島間の郵便貨幣入書状の運送方、六月に新橋・横浜両駅における一日三回の小荷物配達、一一月に大蔵省金庫局および同大阪出張所発送金の配送取扱を拝命した(28)。

その間の明治一八年頃、荘助はしばらく体調を崩したらしい。『中川史料』収録「沿革史資料」には「頃日《けいじつ》佐々木氏ハ宿痾《しゅくあ》ニ罹《かか》リ家居療養〔最近佐々木頭取は持病により自宅療養中〕」(29)とある。「宿痾」の正体は定かでないが、維新以来の激務によるものとも考えられる。

「かようなときに、なんとも情けないことだな」

荘助は周囲にそんな自嘲を洩らしたかもしれない。

同右「沿革史資料」によると、明治一八年一二月末時点の内国通運経営陣は左のとおり。

「頭取　佐々木荘助（略）

取締兼支配人　佐久間庸則　創業ノ頃ヨリ佐々木氏ニ力ヲ添へ専ラ本業ニ尽力セシ人

図版 47　「吉村家歴代墓」

取締兼副支配人・会計係長　森本伊助　会社創立
以来専ラ本業ニ尽力セシ人
取締兼検査係長　坪野平作　旧北陸道陸運元会社
社員ニシテ一一年以来会計ヲ変革セシ人
取締兼検査係　村井彌兵衛　元京屋家ノ人ニシテ
浜田利右ヱ門ト称セシカ京屋家ヲ相続ス
同兼会計副長　多湖三郎兵衛　元島屋佐右ヱ門家
長ノ一人ナリ
同兼京阪支店検査係　吉村甚三郎　吉村甚兵衛ノ
実弟ニシテ元京都支店ノ家長ナリ」(30)

荘助を筆頭にいずれも内国通運の有力株主であり、それぞれに検査や会計といった役割が付与されている。頭取不在時にも事業運営に支障を来さない経営体制が敷かれていた証左であろう。

　このように、内国通運が近代企業としての体裁を整えていくなか、創業期より定飛脚仲間の先頭に立って幾多の難局に対峙してきた吉村甚兵衛が明治一九年一一月二六日に長逝した(31)。

（甚兵衛様が主人《あるじ》でなければ、俺はこのような地位まで到底昇れなかった。また、甚兵衛様の御器量が無ければ、飛脚問屋などは維新のときに霧消していたにちがいない）

荘助は改めて甚兵衛という存在の大きさを痛感した。
和泉屋第九代の吉村甚兵衛は谷中墓地にある「吉村家歴代墓」（図版47）に埋葬された。戒名は「清光院信譽浄安居士」。葬儀後、自邸にもどった荘助は、甚兵衛との日々を思い起こし、身を慄わせて慟哭《どうこく》した。

図版48　第一〇代
吉村甚兵衛

図版49　吉村佐平

図版50　籾山半三郎

このとき甚兵衛の遺児たちはまだ若輩で、甚兵衛死後の後継をめぐっては、

「いずれの御子息にも、内国通運の舵取りはまだ荷が重すぎよう」

とする意見が社内の大勢を占めたようだ。

『人事興信録　第四版』、『同前　第八版』をひもとけば、甚兵衛の長男・楠松は明治五年一二月に別家を立てていたが、父の死にともなって第一〇代吉村甚兵衛（以下、一〇代甚兵衛／図版48）を襲名。本家の家督は、明治三年一〇月生まれの佐兵衛が佐平（図版49）と改名して相続した。明治一一年一月生まれの三男・甚三郎は、生後まもなく日本橋湖船町《ママ》（現・東京都中央区日本橋小船町）の海産物仲買三浦屋こと籾山《もみやま》半三郎（図版50）の養子となる。籾山は明治二一年四月より内国通運協議委員を務めた[32]。

ついでながら、『人事興信録　第四版』は一〇代甚兵衛を明治元

（一八六八）年一〇月二四日生まれとしており、これに従えば父の甚兵衛死去時には一八歳であったことになる。だが、大正三（一九一四）年七月三日付『日本』掲載の記事「内国通運紛擾」には、「吉村甚兵衛氏は本年四十八歳の働き盛り」[33]という一節があり、これから逆算すると慶応二（一八六六）年の生まれとなる。あるいはまた、『日通社史』は「大正六年一月二五日、牛込区市ヶ谷佐土原町一の三の自宅で死去した。享年五〇」[34]と記しており、これだと慶応三年生まれになる。吉村家の菩提寺・一言院（東京都江東区三好）に照会を求めたが、「過去帳は非公開」との回答であった。

一〇代甚兵衛の生年月日は判然とせぬが、右の諸記録からは父である先代甚兵衛の死去時には一八〜二〇歳だったことになろう。江戸期の慣例に照らせばすでに元服を終えており、明治中期においては徴兵検査も近い年齢であることから、「分別ある立派な大人」と目されたのではないか。

話をもどすと、引き続き頭取を務めることとなった荘助は、

〈先代の御恩に報いるためにも、いましばらくは我が手で内国通運を育てねばならん〉

と、決意を新たにした。そして、新規参入業者の動向をにらみ、会社組織の近代化や営業内容の充実に努めていく。

『中川史料』収録「沿革史資料」には「内国通運会社ハ其事業ニ比スレハ其資力微弱ナルヨリ未タ充分事業ヲ拡張発達スル能《あた》ハサル処アリ荏苒《じんぜん》経過セシカ此程ニ至リ佐々木氏ハ通運事業ヲ一層盛大ナラシメントノ一大問題ヲ起シ目下計画中ナリ」[35]という一節がある。

同資料の作成は明治一八年一二月のことであるから、当時荘助が「通運事業ヲ一層盛大ナラシメ」

るために「計画中」であった「一大問題」とは、資本金の大幅増額と推察される。実際、明治二〇（一八八七）年五月開催の定時株主総会において、荘助は資本金二〇万円を一躍五倍の一〇〇万円とすることを提議した(36)。

翌二一年四月二二日に亀清で開催された増資株主臨時総会では、一〇〇万円への巨額増資とともに、頭取制から社長制への職制改編も正式に承認される。ここに荘助は内国通運初代社長の座に就いた。

これにともない、先代甚兵衛の実弟・吉村甚三郎をはじめ村井彌兵衛、多胡三郎兵衛、佐久間精一らが退任し、一〇代甚兵衛が菊池長四郎、菊池治郎兵衛、平松甚四郎、佐羽吉右衛門、籾山半三郎、茂木佐平治、伊関寛一（のちの安田善三郎）とともに協議委員に名を連ねた(37)。ゆくゆくは亡父の跡を継いで内国通運の総帥となるための修業を兼ねた人事だったとも推測される。

ついでながら、前出『祝文』はこのとき披露されたものだ。曰く、

「（前略）会社を維持なす方法も、後任の人へ伝えつつ（中略）丸く通ずる通運の、旗章を内地に輝かし（中略）亀の如くに尾を張りて、千歳の鶴におとらぬやう、社の身代《しんだい》をのしあげて、無難長久株主の、利益も年々増し升《ます》やう（中略）鉄道事業や其の外に、仕組し事もやすらかに、年々歳々進まして（中略）着実主義で押通し、通運業は国のため、社会の進歩に伴ふて、株主諸君事務諸君、節操義気のみこころを、わすれたははずともどもに、団結力をあくまでも、つらぬきたまひ此社をば、永く日本の名物と、多くの人の信用を、得まするやうに皆さんも、あつく心にかけられて、此の上ともにおしたしく、何分御愛顧下さるやう、ここにひたすらねがふになん」(38)

荘助は祝辞に事寄せて、「会社経営の要諦を後継に伝えながら、内国通運の社章『E通E』を全国各地に掲げ、出資者に毎年手厚い配当を保証し、鉄道などの事業を着実にすすめる」という事業目標と、「堅実な経営方針を貫き、国益に奉仕する姿勢を出資者・従業員ともに忘れることなく、一致団結して国民の信頼を獲得する」という経営理念を、格調高い七五調で軽妙に謳いあげている。『真誠講三都美家計』と並んで、荘助が大槻盤渓門下の俊英であったという説の根拠にもなるのではないか。

巨額増資を実施して財務基盤の強化を図った内国通運は、明治二一年七月二〇日に第一国立銀行とのあいだに特約を締結している。これによって内国通運は東京・横浜・福島・仙台などの営業所で荷為替証明を発行できることとなった。

八月には全国三五の営業所において貨幣送達便を開始したが、郵便や銀行為替がまだ整備されていなかった当時としては非常な好評を博する。一〇月には内国通運株式が初めて東京株式取引所に上場されて定期売買に付された[39]。

図版45を眺めれば、「資本金」を一〇〇万円としたことによって、「収入金額」の増加にもかかわらず、「利益率」は明治二一年に七・六パーセントと明治二〇年度のほぼ三分の一近くまで減退している。ただし、「収入金額」の順調な増加を反映して、「配当率」は伸長したのである。

明治二二年九月五日付『官報』第一八五七号は、「東京府ニ於テ昨二十一年中内国通運会社ノ事蹟ヲ調査セシニ」と前置きして、左のような数値を掲載している。

「＊役員・従業員数と給与額

役員は一九四人で、給与額は二万一五三円。従業員数は一一五六人で、給与額は六万五六五四円一〇銭。合計人員一三五〇人で、給与総額は八万六八〇七円一六銭二厘。これは明治二〇年と比較すると、人員数にして二四二人、給与総額にして四五八〇円五銭四厘の増加である。

＊本社・支店・出張店・派出所

本社は東京日本橋区佐内町三番地に在り、支店は東京三ヶ所、大阪府・京都府・神奈川県横浜・石川県金沢・愛知県名古屋・宮城県仙台・福島県福島・北海道函館に各一ヶ所、出張店は三八ヶ所、派出所は二六ヶ所、各地分社・取次継立連合店は五二四七ヶ所である。

＊川蒸気船定繋所

東京日本橋区米沢町川岸《ママ》、同濱町川岸《ママ》、同蠣殻町川岸《ママ》、京橋区新船松町将監川岸《ママ》の四ヶ所。汽船数は二六隻で、乗組員は船長以下一七三人である」[40]

図版51は明治二一年四月時点における内国通運の定便路線を日本地図上に示したものである。右記『官報』記事にある出張店・派出所・分社・取次継立連合店が、大小の離島を含めて、北は択捉《えとろふ》島《とう》斜《しゃ》（紗）那《な》から南は琉球那覇（現・沖縄県那覇市）まで置かれ、輸送網が全国主要地域間に張り巡らされていたことがわかる。

図版52は明治二二年頃に内国通運金沢支店が発行した営業案内広告であるが、そこには鉄道輸送と従来の道路輸送を連結した「毎日定期飛行便」、品代金を回収する「品代金引替運送」、現金を速達する「貨幣速達便」といったサービスが掲載されている。

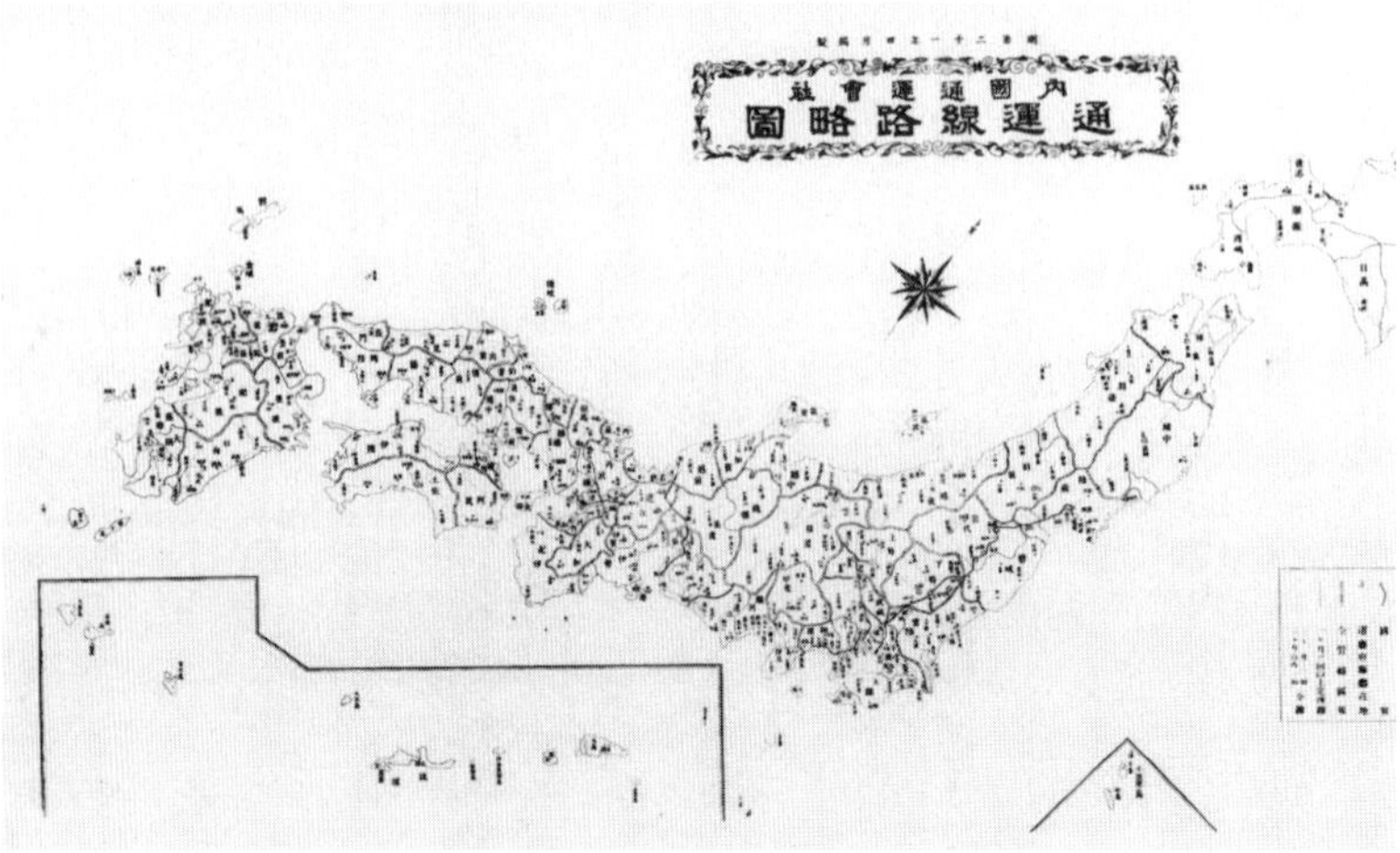

図版 51　内国通運会社通運路線略図（明治21年 4 月）

太政官布告第一六号発令以降、地方基盤の中小陸運業者が内国通運の誇る全国輸送網に対して競争を挑んだが、同社が郵便物御用を独占している状況下では、せいぜい鉄道網の拡張に便乗した貨物集配や数隻の川蒸気による内陸水運などの隙間事業の域をでず、その脅威はいまだ限定的なものにとどまっていた。まさに内国通運は明治実業界で最も高度な市場支配体制を敷く独占企業となっていた、とみてよかろう。

（内国通運の天下を盤石なものとしたうえで後継に託したいものだ）

五〇歳の峠を越えた荘助がそう願ったことは、『祝文』にある「会社を維持なす方法も、後任の人へ伝えつつ」という一節からもうかがえる。

荘助の意中にあった「後任の人」が誰を指すのかは必ずしも定かでないが、おそらくは明治二一年四月より協議委員に名を連ねることとなった一〇代甚兵衛を念頭に置いてのものと推察される。

（社業の継承を滞りなくおこなうには、郵便物御用の特権を絶対に守り抜かねばならない。それこそが内国通運の虎の児なのだから）

荘助の唱える「着実主義」、言い換えると堅実経営も、政府との良好な関係があってこそのものなのだ。

明治一八年一二月には太政官制が廃止されて内閣制が制定されている。これにともなって省庁再編が実施され、郵便事業は農商務省駅逓局から逓信省に移管された(41)。通信分野に特化した省庁の新設を機に、荘助は郵便草創期から駅逓行政の発展に尽力してきた大物官僚を内国通運の顧問に迎えようと画策する。逓信省をはじめとする関係省庁とのつながりをさらに堅固にしておくためだ。現在しばしば世論の批判を浴びる高級官僚の天下りの原風景ともいえよう。

図版52　内国通運金沢支店の営業案内広告

当初、荘助が内国通運の顧問に迎えようとしたのは、いうまでもなく、官民棲み分け路線を提唱し、元会社時代から荘助を陰に日なたに支援してきた前島である。

明治一四年政変を機に下野した前島は、翌一五年に畏友の大隈重信や小野梓らが興した立憲改進党に参加し、一九年九月には大隈と小野が中心となって設立した東京専門学校（現・早稲田大学）

の校務を主宰していた。二〇年五月、翌年に開業を控えた関西鉄道株式会社[4]の社長に招聘され、八月には同社社長のまま東京専門学校の校長にも任命されている。

荘助は幾度か前島に顧問の就任を打診したが、そのたびに固辞されてきた。理由は定かでないが、おそらく前島は、ただでさえも内国通運との関係が深い立場で、さらに同社の禄を食《は》むことになれば、官民癒着の誹《そし》りを免れないと判断したのではなかろうか。

あるいは、自叙のなかにも顔をのぞかせる飛脚業への偏見――たとえば、「私自身すらも、賃銭を取つて私人の信書を送達するなど、いふ事は、飛脚屋輩の営業であるとして、賤視する観念があつた」、「飛脚便と呼ばう《ママ》かと思つたが、それでは餘りに野卑である」(42)という一節――が、飛脚問屋を前身とする企業の幹部となることに、躊躇《ためらい》を抱かせたのかもしれない。

結局、荘助は前島の招聘を断念し、明治二一年六月に東京逓信管理局長の真中忠直を顧問に迎えた。『中川史料』収録「史料　交通沿革畧歴年表稿後編」には「明治廿一年六月　非職東京逓信管理局長眞中忠直を顧問役に聘す」とある(43)。

天保八(一八三七)年五月埼玉県北葛飾郡《かつしかぐん》吉田村(現・埼玉県幸手市南東部)に生まれた真中は、一六歳のとき江戸に遊学して蘭学と漢学を学んだ。明治三年に民部省に出仕して駅逓少令史を拝命、以降は駅逓行政ひと筋に官僚としての実績《キャリア》を積む(44)。

明治七〜一七年までの『官員録』(45)を眺めれば、駅逓権助、駅逓助、駅逓大書記官、二等駅逓官、一等駅逓官、一等駅逓官副長、そして逓信省成立後は逓信管理局長というように、一貫して前島の副官《ナンバーツー》に相当する職位を歴任している。

――前島様を除けば、真中様が最も駅逓のことにはつうじておられる。

これは内国通運幹部にとって周知の事実である。前島が明治一四年末に下野していることから、官にあって駅逓行政の変遷《うつりかわり》をつぶさにみてきた人物は真中ひとりとなっていた。

ところが、明治二五年四月一四・一五日付『読売新聞』掲載「佐々木荘助氏自殺の顚末」（以下『読売顚末』）、『百傑傳』、そして平原の『荘助篇』および『物流史談』収録「自殺の真相」は、いずれも真中の顧問招聘を内国通運の経営危機とむすびつけ、やがて荘助を自死へと誘うこととなった原因のひとつと捉えている(46)。

『百傑傳』は、逓信管理局長だった真中が「非職」となることから、内国通運入りを密かに希望し、同社幹部を務める知人の何某《なにがし》をつうじてみずからの顧問就任を荘助に働きかけた、としている。何某は内国通運出張所にほど近い日本橋蠣殻町《かきがらちょう》の中華料亭で催された幹部寄合の席で、荘助に真中の顧問就任を勧めると同時に、前島を「非常の才略家であり、顧問に招けばさきざき統御するのが大変である」と評したらしい。これに続けて、「君（荘助）其言に動かされ遂に前島氏を聘するの念を断ち真中氏を聘するに決す。是れ実に会社をして否運《ママ》に向はしむるの端緒なりしとは、後日に至りて、悟ら

4 関西鉄道株式会社　一八八八年三月開業。大阪府中東部・三重県・奈良県・和歌山県を中心に路線を展開。現在、西日本旅客鉄道株式会社と東日本旅客鉄道株式会社が保有する関西本線・草津線・片町線・紀勢本線・桜井線・和歌山線・奈良線・大阪環状線の前身。

れたり」(47)という皮肉な感想がつづられている。もっとも、真中の招聘にいたった事情については真偽が定かでなく、典拠もあきらかでないことから、たんなる噂話の可能性も否定できない。

それでも、荘助が将来にわたり政府からの支援を確保すべく、政府筋向けの渉外担当として駅逓行政官をぜひとも社に迎えたいと考えていたことはたしかである。よって、幹部何某による説得の有無にかかわらず、駅逓行政の「生き字引」ともいえる真中を顧問に迎えたのは荘助自身の決断にほかならず、前島の招聘が困難な状況においては次善《セカンドベスト》の選択であったといえよう。

誤算があったとすれば、政府筋との交渉役として招聘したはずの真中が、荘助の期待ほどにはその役目を果たせなかったことであろうか。

（やはり前島様よりも数段落ちる御仁といわねばなるまい）

荘助は人知れずため息を洩らしたことだろう。

無理もない。戊辰戦役に際して官軍との徹底抗戦を唱え、幕府軍艦を率いて江戸脱出を企てた榎本《えのもと》武揚《たけあき》（一八三六～一九〇八）に対してその非を説き、維新後は大坂遷都をもくろむ大久保利通に東京遷都を建言し、鉄道開業予算案を作成し、郵便創業を建議した前島は、行政官僚である以上に政治家としての資質に恵まれていた。このような人物と比較されては、真中も堪《たま》ったものではなかろう。

真中は真中で、駅逓創始以来その発展に尽力してきた、という自負を抱いていた。そめために、顧問就任と同時に「資本金を増加して二百五十萬圓と為し且つ通運鐵道を敷設するの議を提出す（中略）質素の風を改めて事々物々新奇を競ひ華美を事とし机を廢して卓子とし前垂を棄て丶洋服と為し宛然官衙《えんぜんかんが》の躰裁に摸倣せり〔資本金を二五〇万円に増額し、通運鉄道敷設の議案を提出し、これまでの質素を旨とする社風をことごとく改めて、机をテーブルに、前垂れ掛けを洋服に替えさせ、万事役所に倣った体裁とする〕」(48)という挙にでた。

（このような内向きの仕事をしていただくためにお迎えしたのではないのだが……）

荘助は心中苦々しく思ったのではないか。和泉屋家憲『永代定目』には、支配人の勤務心得として「御屋敷に勤は綿服にて勤可申事」(49)とある。ここで改めて図版3の四葉の肖像を眺めれば、荘助が家憲を忠実に遵守していたことは一目瞭然であろう。

だが、荘助がそんな思いを真中に直接ぶつけることはなかった。社内一丸となって難局に対峙せねばならぬ折から、せっかく官辺より迎えた新戦力とのあいだに無用な諍《いさか》いを起こすことは極力避けたかったからだ。

経営陣や大株主のなかにはしかし、政府保護を背景とした内国通運の優位に驕《おご》って、荘助の堅実で周到な事業政策と質素倹約を旨とする旧商家的な社風に飽き足らず、真中の華やかで積極的な事業拡張路線を支持する者も少なからずいた。

（西洋趣味の政府筋の心証が良くなるなら、洋服や洋卓や椅子も結構だろうが……）

荘助は半ば諦め気味に、真中の所業《パフォーマンス》を容認していたと推察できる。それどころか、真中とともに東京商業会議所の会合や役員選挙に顔をだしている。また、渋澤栄一、大倉喜八郎（一八三七～一九二八）といった財界著名人が中心となって鹿鳴館《ろくめいかん》で催した大日本帝国憲法の発布祝賀夜会にも、真中を自身の代理として出席させている(50)。

内国通運は水面下に荘助と真中の確執を孕《はら》みながらも、明治二二（一八八九）年五月に各分社を廃して代理店に改称、事業組織としての統一性をさらに高めた。その一方で荘助は無駄な投資を極力回避すべく、競合者との協調を図っている。

すでにふれたところだが、内国通運は河川舟運事業の延長として、明治一七年三月に東京湾内を横断して相模国浦賀を経由、房総諸港にいたる蒸気船航路を開業した。一九年三月にはこれを相模国三崎まで拡張する。

これに対して、通運丸の設計・建造にあたった平野富二の率いる東京平野汽船組合や第二房州汽船会社、三浦汽船会社が競争を挑んだ結果、熾烈な貨客の争奪戦に突入。互いに互いの利益を食い合う泥仕合が続いた。

そこで、明治二二年一一月、荘助は競合三社との協議に臨み、無益な競争を止揚すべく内国通運を含む四社が合併して、東京京橋区霊岸島に有限会社の東京湾汽船会社を創設することに合意した。これを以て内国通運は相模湾内航路をすべてこの新会社に譲渡する一方で、荘助がその取締役に、真中が相談役に、また取締役補欠員に佐久間精一が名を連ねることとなったのである(51)。

「いや、これで無用な争いに煩わされることもなく、心置きなく増資に踏み切れますな」

声を弾ませる真中に対して、荘助は努めて冷静な口調で、

「そうですな。まずは抜かりなく一歩ずつ事をすすめましょうか」

と答えた。真中は一瞬不満げな表情をのぞかせたが、

「なるほど。着実主義で押しとおす、ですか」

と皮肉な笑いを口の端に浮かべた――

明治二三（一八九〇）年六月、図版45の「資本金」欄からもわかるが、荘助は真中の事業拡張路線を容れて資本金を一四〇万円に増額する。じつは当初、真中は二五〇万円の増資を計画していたのだが、実際の応募金は辛うじて一〇〇万円に届いただけであった。そこで、最終的な増資額を一四〇万円にとどめざるをえなかった、という事情がある。あまつさえ不足分の四〇万円は、株主五〇名への貸付け（年六朱の利子徴収）を名目とする帳簿操作と冗員整理《リストラ》によってようやく捻出している(52)。

（なんと粗雑な見積もりであったことか……）

荘助は慨嘆したに相違ない。おそらくは、信条とする着実主義の事業経営が足許から崩れていくような危機感に襲われたのではないか。

平原は「（真中）忠直はハイカラで、大風呂敷屋であったりして、荘助とは性格が合わなかった。経営方針についても、意見の相違があった」(53)と評している。

それにしても、この増資に際して荘助が断行した冗員整理は、内国通運内部に大きな禍根を残した。整理対象となった社員たちは荘助を恨んだ。彼らは新たに陸運事業を起こすとともに、内国通運に対して狡猾な営業妨害を開始する。

明治二三年秋、元社員たちは内国通運株主であった社会派弁護士・大井憲太郎（一八四三～一九二

二）をかつぎだし、「さきの増資に際して株主五〇名に貸し付けた四〇万円は空株であり、社長の佐々木荘助は詐欺取財を働いた疑いがある」と訴えて、帳簿の閲覧を強硬にせまった。

悪いことは重なり、翌二四年春には福島支店の社員が生糸業者の懇請を受けて荷預証を不正に発行、梁川《やながわ》第百一銀行と山形第八十一銀行から約九万円の損害賠償を求められる事件が発生した(54)。

この時期の内国通運――というよりも荘助――にとって慰めとなったのは、前島の政界復帰であろう。電話創業をめぐる逓信省内での混乱(55)を解決するために、同省初代大臣の榎本武揚が前島に出馬を要請したのだ。

これを承諾した前島は、明治二一年一一月、関西鉄道会社の社長職を中野武営《たけなか》（一八四八～一九一八）に譲って逓信次官に就任。先行の電信・郵便と同じく電話も官営とし、国家が通信事業を完全に掌握することの理と利を榎本に進言する。それと同時に、外務大臣として政界復帰した大隈にも電話官営路線に対する支援を仰いだ(56)。

（前島様が逓信省に居られるなら、これほど心強いことはない）

荘助がほっと胸を撫で下したのもつかのま。明治二二年三月、閣内で予想もしなかった人事異動が発令された。すなわち、榎本が文部大臣に任命され、逓信大臣の後釜には土佐閥の重鎮・後藤象二郎《しょうじろう》が就任したのである。

当時の後藤といえば、有司専制の打倒を叫ぶ勢力の巨魁《きょかい》にほかならない。明治六年政変を機に下野して以降、同郷の板垣退助らとともに自由民権の先頭に立ち、自由党の結成を経て大同団結へといたる反政府運動のなかでつねに指導的な役割をになってきた(57)。

このような人物が逓信大臣の椅子に座ったことは、当然にも、創業以来長らく特権的な地位を官許されてきた内国通運の前途に暗影を投げかける。対照的に、新興の日本運輸や地方資本に簇生した中小陸運業者は、反藩閥・反政商を標榜する自由民権運動の大物が逓信大臣を拝命したことに希望の光をみいだした。

競争の激化にさらなる拍車をかけたのが、勢いを増した鉄道の拡張と旧存の河川舟運の連携である。隣接しあう鉄道駅と河岸のあいだに短距離輸送の需要が発生し、貨物の集荷・配達、積み降ろしが陸運の新たな業務に加わった結果、資力や信用や設備が無くとも、荷車の一輌、天秤棒の一本もあれば、誰もが容易に陸運業者を名乗ることが可能になった。

明治二二年八月二一日付『中外物価新報』は、東京市内で新旧陸運業者がしのぎを削る状況を、左のように報じている。

「鉄路の延長、航路の拡張共に我邦運輸の事業を発達せしむる本《ママ》にして、運送会社は頻々勃興するに至りたるが、就中内国通運会社、日本運輸会社、日本郵伝会社、中牛馬会社等は、益々其事業を拡張するに汲々《きゅうきゅう》たるものの如く、其他の小会社及び組合等に至るまでを算すれば実に多数のものなるべし。然るに近来其事業に就ては益々注目するもの多く、現に内外逓運会社は百万円の資本を以て組織し、事務の整頓は已に近きにありと。其他尚是と同様の計画をなすものありて従来の駅伝組といへる一社を引継ぎ更に資本を増額して百万円となし、以て通運会社等と相頡頏《きっこう》するの計策ありて、逓信省の非職書記官某氏を雇聘《こへい》するの契約既に成れりといふが、斯く同業者の増加するは貨主にとりて此上なき便利なるべけれど、同業者の間に生ずる競争も亦た想ふべきことなりとて、人の疝気《せんき》を頭痛に病む連中もありとか、兎角《とかく》競争の世の中と云ふべし」(58)

このような逆風は、ただちに内国通運の新株価格に影響をあたえる。後藤入閣の直前には一〇二円の高値を呼んだものが、後藤入閣後は大幅に下落し、九〇円五〇銭となった(59)。図版45の「配当率」欄をみれば、明治二二年から下落を来し、二四年には過去最低の五パーセントを記録している。

荘助はしかし、この時点でも、

（後藤伯など逓信については素人同然。前島様のいうことを聞くしかあるまい）

そう冷静に状況を分析していた。

（真中様をお迎えしたことが、ようやく効いてくるときが来たか）

考え抜いて打った一手の効きをたしかめる棋士のような感覚であろうか。

（官に前島あって、民に真中あり。かつて駅逓行政を支えた両名が連携すれば、我らが地位は安泰である）

そんな胸算用もめぐらせる。

けれども、荘助のもくろみは脆くも崩れ去った。電話創業については、後藤も前島が推す官営方針を了承し、明治二二年三月の閣議で電話官営化が正式決定された。が、当初より後藤と反りが合わなかった前島は、東京―横浜間の電話敷設予算案を策定したあと、明治二四（一八九一）年三月を以て逓信次官を辞し、再び野に下ったのである[60]。

（まずい……）

荘助は眉を曇らせ、口をへの字に曲げた。

奇しくも前島の退官と時を同じくして、内国通運が政府とのあいだにむすんでいた郵便物御用の請負契約が満期を迎える。太政官布告第一六号が発令されて以降も、郵便物御用だけは内国通運の聖域であった。事実、明治一八年八月には郵便空行李《からこうり》と行嚢《こうのう》の改回収と逓送が請負業務に加わっている。ために、「郵便物御用は内国通運の世襲なり」という批判的な世論はますます高まっていた。

逓信省を率いる後藤は、特定事業者に対する過度な優遇の継続が民意に反し、民益を損なうという立場から、従来のような請負契約の自動更新を認めなかった。そのために、内国通運は前島という官側における最大の後楯を失くしたなかで、元請契約の一般入札に臨むこととなる。このときも真中は対政府交渉《ロビイング》においては全く無力であった。

請負契約終了から一カ月後の四月に逓信省で催された入札には、内国通運のほかに日本運輸、帝国中牛馬会社、共同中牛馬会社などの六社が参加した。開票の結果、五万九〇〇〇円で日本運輸の落札に決定する。

「郵便物御用が奪われた?!」

内国通運内には衝撃が走った。

（とうとう、かような仕儀となったか……）

荘助は天を仰いだ。予感がなかったわけではない。なんといっても逓信大臣の後藤は、民権派の巨魁なのだから……。

じつは今回の入札に際して、逓信省は高・低二様の予定価格を設定し、その範囲内で最低価格に最も近い価格を採用するという方法をとった。ために、日本運輸よりも低価格をつけた業者は落選したが、日本運輸の入札価格はなんと逓信省設定の最低価格と寸分違《たが》わなかったのである。

当然のことながら、この結果は物議を醸《かも》した。世間の疑念を払拭するために、会計検査院調査官が帳簿検査を実施したが、不正を裏づける確たる証拠はえられず、最終的に日本運輸が新たな郵便物御用請負業者の指定を受ける。

その契約内容は、折からの電話創業も手伝って、郵便為替金逓送、郵便貯金逓送、電信電話通報用物品運搬、電信電話建築用物品運搬、郵便空行嚢運搬、郵便葉書・封皮・時計・秤量其他金員物品運搬、公債証書逓送、電信電話通報用物品荷造、電信電話建築用物品荷造、郵便空行嚢荷造、郵便葉書・封皮・時計・秤量其他金員物品荷造というように、従来にも増して多岐におよんだ。

こうして、内国通運は陸運独占の支柱としてきた郵便物御用を一朝にして失い、陸運業界の一大手に転落する。

(やられたな)

もし前島が逓信省にとどまっていたなら、果たしてこの結果はあったのだろうか。

(否、思うまい。前島様が駅逓を仕切られていたときにも太政官布告第一六号が発令されている。

政事《まつりごと》とはかくなるものなのであろう）

荘助は悔恨と憤りが入り混じった激情を懸命に抑えた。

図版45の「利益」欄をみれば、過去最高の一二万八二九〇円を記録した明治二三年から翌二四年には一気に七万三四八四円へと低落。一〇〇万円への増資以来、回復傾向にあった「利益率」は明治二四年度に五・二パーセントと過去最低を記録する。

幸いにも今回の請負契約は「期間一カ年」とされていた。荘助は翌年に控えた入札で契約を奪回するべく、社員給与の五分～二割の削減、部・課・係の合併・兼務、減資、遊休資産の整理売却といった事業再建策に着手。政府保護に胡坐《あぐら》をかいた野放図な拡張路線を放棄し、他業者との競争に耐えうる堅牢な企業体質を培うべく、経費節減を主眼に置いた減量経営路線へと転換していく。その結果、明治二五年には利益額がふたたび一〇万円の大台を突破し、一〇万九二〇円を計上した。

大胆な減量経営に舵を切った荘助の決断は、やがて内国通運の再起を援《たす》けることになるのだが、荘助自身がそれをみることは叶わなかった。明治二五年三月、日本運輸に一カ年契約で委託されたはずの郵便物御用請負が、あろうことか入札を経ることなくそのまま更新されたのである(61)。

「なんということだ⁈　入札すらおこなわれぬとは……」

一年前をはるかに上回る衝撃に襲われた内国通運内には絶望と虚無が漂いはじめた。

（このような無体《むたい》が許される道理はないぞ‼）

長年にわたり政府保護を享受してきた政商に対して民権派大臣が下した鉄槌《てっつい》か、と荘助は唇を噛んだ。

（郵便は官の力のみにて創業したのではない。我ら飛脚の合力《ごうりき》あればこそ成ったのだ）

思えば、郵便創業を構想した前島は和泉屋甚兵衛を召喚し、その名代である荘助に飛脚問屋が蓄えてきた逓送のノウハウを提出するよう求めた。これに応じて、荘助は甚兵衛と諮り、飛脚営業の実際をまとめた文書を駅逓司に提出している。これが郵便創業に果たした役割は測り知れない。

（郵便物御用はたんなる賜り物にあらず。なにも知らぬ世間は「内国通運の世襲」などとぬかすが、これこそが郵便創業に果たした我らが功労の証しなのだ）

商人の財産は金銀ばかりではない。飛脚問屋の場合、料金計算や継立の段取り、請負物の保管・保全・運搬のノウハウはいうにおよばず、仲間株や街道筋の情勢を報知しあう商売慣行も、長年にわたる家業存続のなかで蓄えた所有財産にほかならない。実際、郵便貨幣入書状や郵便業務に関連する金品輸送は、飛脚問屋が駅逓司にこの知的財産を譲渡することなしには、軌道に乗せることが甚だ困難となっていたはずだ。

（我らが功労を、かくも無慈悲に踏みにじるとは……）

髪が逆立つほどの怒りが激しい波のように荘助の全身に拡がっていく。目のまえが暗い帳《とばり》に覆われ、脳中に逆巻く波音で周囲の声はいっさい掻き消されていた――

後藤がいかなる思惑を抱いて日本運輸の御用契約更新に踏み切ったのかは不明であるが、荘助にとってはこれが決定的な痛打となった。

社内では荘助のすすめる緊縮方針への反発が強まっており、郵便物御用の請負を奪回できなかったことはそれを増幅させる。荘助はもはや内国通運を率いる力量と資格が自分にはないことを悟った。

近代企業の創成

「父」と慕う九代吉村甚兵衛、そして副頭取として創業をともに支えた嶋屋の武田喜右衛門はすでにこの世になく、「師」と仰ぐ前島もまた官を去った。

（手堅い仕事ぶりが、俺をここまで支えてきた。周りの信頼も業績をあげてこそのものだ。それが潰え去ったいま、俺に心を寄せる者は社内におるまい）

荘助は半ば自嘲気味に思った。

「荘助碑」撰文は、荘助の人柄を「君爲人温和思慮深密容貌恂恂而気節之堅如銕石（君の人と為《な》り温和にして思慮深密、容貌恂々《じゅんじゅん》、而して気節の高きこと鉄石の如し）」と称している。温厚篤実にして頭脳明晰。学者肌であり、理を積みあげることで目標を着実に達成していく成果志向型の実務家――これが荘助の実像ではなかったか。

「尊敬はされるが、慕われることが少ない」といえば少々酷かもしれぬが、人というものは相手を一個の容器《いれもの》として捉え、その空《あ》いたところにみずからの居場所を見出す。この空きの大きさを俗に器量とも称するが、荘助という容器はすでにして彼自身の才覚で満ちており、他人の入り込む余地が極めて少なかった、といえるのではないか。

平原は荘助の学識が定飛脚仲間のなかで抜きんでていたとして、「文字通り鶏群《けいぐん》の一鶴《いっかく》で、世の中の見透《ママ》しや、将来の運送業の在り方についての考え方は、断然彼等を引離していたから、同業者たちは彼にひきずられるだけで、通運創業史は全く彼の独り舞台」となり、「縁故関係の佐久間精一（内国通運副頭取を務める—引用者）その他荘助支持派の役職員を除いては、本社には意外に荘助の腹心が少な（く）片腕になるような有為のアシスタント・協力者も少なかった」と指摘したが(62)、この評はかなりの蓋然性を持つだろう。

（甚兵衛様あっての俺だったのだ）

と、荘助は醒めた眼でおのれのこれまでを振り返った。

「俺にはいささか過ぎた舞台であったかな」

荘助は文机のまえに端坐してつぶやいた。

障子を開け放った書斎に月灯りが煌々《こうこう》と降りそそぐ。寒さは不思議と感じず、みずからが大気に溶け込むような心地よさがあった。

（いやしくも一社中を統《す》べる者は身を寒きところに置かねばならん。おのれがぬくぬくとしていて、なんで周りに暖をあたえられようか）

しばし瞑目したのち、荘助は筆をとった。

明治二四（一八九一）年一二月、荘助は密かに長男の正三をはじめとする子どもたち(63)に宛てて、『処世上の心得』と題する遺訓をしたためている。その冒頭には「人の為　吾が身の為や　国の為

尽《つ》くし甲斐なき　今の様かな〔人のため、我が身のため、そして国のためを思って、誠心誠意尽くしてきたが、力およばずこのような仕儀となってしまった〕」(64)という句があり、これが荘助の辞世となった。

いま一度、図版3にある晩年期の二葉の写真をみれば、荘助は気が抜けたごとき表情を浮かべている。おそらくは、苦難と苦悩に追い詰められて心身ともに消耗しきっていたのだろう。

「積善の家には余慶あり。驕らず貪らず是を賢という。内外節倹を旨とし奢侈《しゃし》に流れぬよう心掛けるべきこと」(65)

荘助は子どもたちへの遺訓を書きあげると、よし、とうなずき静かに筆を擱《お》いた。

もはや孤独なあがきを続けても、社運の好転は望めまい。それならばいっそのこと、みずからが悪運を一身に背負って旅立つことで、新たな道へとつながる扉を残された人びとのために開いてやるべきではないか。

明治二五（一八九二）年四月六日、株主総会を二〇日後に控えた夜(66)、本所相生町の佐々木邸に突如銃声が響いた。家人が慌てて書斎の障子を開けると、血に染まる畳のうえに倒れ伏す荘助の姿があった。手許に置いていた短銃――内務省から拝領した護送人の護身用とも伝えられる――を喉元に押し当てて引き金を引いたのだ。幸か不幸か、弾丸は骨節に留まり、荘助は苦悶に呻いている。

ただちに本所小泉町から近藤玄齢《げんれい》、本郷湯島から佐藤進が呼ばれ、瀕死の荘助に応急手当を施した。「当代の名医」(67)と謳われた両名の的確な救命措置によって、荘助は辛うじて一命をとりとめたものの、いまだ予断を許さぬ容態が続く。

やがて家人の報《しら》せで佐久間精一が薄木保吉とともに駆けつけた。『改進死状』によると、荘助は苦しい息のなかで周囲に左のような言葉を残したという。

「この荘助、これまで一身を賭して社運の隆盛に力を尽くしてきたが、予想もしなかった時運の変化や諸々の障害によって、貴君らをはじめ多くの株主諸氏に少なからざる損失をもたらしたこと、慚《ざん》愧《き》の念にたえない。死を以て償うことを決意した以上は、家族のことは顧みるところではなかろう。俗に雨降って地固まるというが、荘助自決の血が内国通運の将来の基礎を固める一助となれば悔いはない。このうえは一刻も早く死にたい。もし余力があればもう一弾を発射でき、いまの苦痛はなかったであろうに……」(68)

以後、荘助はふたりの名医の治療と服薬を拒絶、翌四月七日夕刻、鬱血に肺を侵されて息を引き取る。すでに長男の正三に家督を譲って隠居の身となっていた荘助は、自殺前日の四月五日、懇意の株主数人に遺書を郵送していた。

ついでながら、荘助が送った遺書について平原は、「内容の全文が具体的に公表されたものは一通もな（く、）現存しているといったことは、本書の著者（平原のこと──引用者）も知らない」(69)と述べている。実際、いまも荘助の遺書は公にされていない。

『改進死状』によると、荘助の葬儀は四月一〇日に谷中共葬斎場で催され、内国通運の経営幹部や有力株主、府会・市会・区会の議員連のほかに前島の姿もみられたという(70)。陸運事業の近代化に生涯を捧げた荘助にふさわしく、「大徳院通運荘寿居士」の戒名が授けられた。

その二〇日後に創刊された『通運』第壹號には、土方武勤による哀悼の辞「吊故内國通運會社長佐々木君詞」が掲載されている。曰く、

「嗚呼《ああ》我等ノ推戴《すいたい》セシ佐々木君ハ逝《い》ケリ嗚呼我等ノ鞭撻《べんたつ》者タリシ佐々木君ハ逝ケリ君ハ明治ノ初年ニ方《あた》リ夙《つと》ニ大勢ノ趨《おもむ》クトコロヲ察シ頑然應セサルノ同輩ヲ慰諭訓誡シテ克ク大業ヲ爲セリ陸運元會社ノ創立内國通運會社ノ今日旺《さか》ンナル所以實ニ君ノ力克《よ》ク致セシトコロ君生平穏厚勤勉ノ資ヲ以テ衆社員ヲ統督シ細事ト雖《いえど》モ苟モセズ往々當務ノ及ハザルトコロヲ示教シテ背後ニ汗セシム晨《あさ》ヨリ夕ニ及ブマテ社務ヲ見テ倦《う》マス放肆《ほうし》安逸ハ其好ムトコロニアラズ通運會社ヲ以テ終世身ヲ任スルノ所ト爲ス君ノ如キハ世又多ク其比ヲ見ズ茲《ここ》ニ此良社長ヲ失フ哀カナ悲カナ會社ニ列スルモノ孰《いず》レカ君ノ澤ヲ蒙ラザルモノアランヤ皆尽ク誠心誠意清酌《せいしゃく》ノ典ヲ以テ君ヲ祭ルベシ地下ノ霊位尚《たっと》クハ饗《うけ》ヨ」(71)

さて、ここに我々はひとりの男の五八年におよぶ生涯をたどり終えた。これからしばし、佐々木荘助の人生の意味について考えてみたい。

まず、荘助自身にとって、みずからの人生とはいかなる意味を持ったのだろうか。荘助はみずからの人生になにを望み、なにをえたのだろうか。

無論、このようなことは他人にわかるはずもなく、それどころか本人さえも明確に認知していたかどうか疑問である。『三都美家計』や『祝文』にみるように荘助は相当な文章家であったが、みずからの思いを吐露した文書は、子どもたちに宛てた『処世上の心得』があるのみ。日記や手記の類いは

現時点でみつかっていない。

振り返ると、荘助は少年期に儒学者をめざしていたこともあったようだが、結局は親戚縁者の強い勧めで商の道に入り、そこで異例の出世を果たして、明治政府の手厚い支援を受けながら、今日いうところの業界ナンバーワン企業を作りあげた。この事績に照らせば、まさに黎明期実業界のなかでも最大の成功を収めた人物のひとりにまちがいはない。

想像するに、荘助が生きる道としてみずからに定めたのは、「輔佐《ほさ》」に徹することではなかったのか。実際、「父」と慕う吉村甚兵衛のもとで、緻密な論理的思考に裏打ちされた戦略を着実に遂行し、和泉屋とその後身たる内国通運を繁盛させることに無上の喜びを感じ、それを糧としてさらなる戦略を練りあげた。

裏を返せば、荘助を襲った晩年の悲劇は、甚兵衛という将の恩と信に報いるべく軍略を巡らしてきた参謀の荘助が、将の引退というやむをえぬ事情によって、みずからが将となって軍である内国通運を指揮し、士卒たる管理者と従業員を統率しなければならなくなったという、運命の皮肉に起因するものであった、といえなくもない。甚兵衛が長逝したとき、荘助は劉備《りゅうび》玄徳《げんとく》より後事を託された諸《しょ》葛亮《かつりょう》のごとき心境ではなかったか(72)。

また、師と仰ぐ前島に対しても、荘助は「輔佐」という意識を以て接していた節がある。このふたりの関係について、平原は「自分には前島という後楯がついているといった自信があり（中略）それがプラスして、荘助をして相当大きな業績ないし功績をあげさしたのではあるまいか」(73)と述べているが、荘助はおそらく前島を「後楯」という以上に、甚兵衛と並んで、みずからが忠誠を尽くして仕えるべき存在と位置づけていたようにもみえる。

思えば、権力筋とのあいだに持ちつ持たれつの関係を築くことは、内国通運にとって定飛脚問屋時代から続く事業方針の核であった。だからこそ、荘助は前島が内国通運に約した郵便物御用を、同社に対して付与された恩恵であると同時に、その恩恵に報いるべく同社が果たすべき奉公として捉えていた。

「嗚呼《ああ》星移り物換《かわ》れば　昔時の情も稍《よう》く滅尽するは　世事皆然らざるなしとは云ひながら　知らず二十四年　内国通運会社の状態に対し帝国郵便は如何なる眼を以て　之を観たるが　故社長佐々木荘助氏の　余之を語るに忍びざるなり」(74)

これは前島の口述筆記『帝國郵便創業事務余談』のなかの一節である。「之を語るに忍びざるなり」という慨嘆には、郵便創業以来、民側の忠実な支援者《サポーター》として新たな通信・輸送体系の確立に尽力してきた荘助を心ならずも傷つけ、自死へと追いやることとなった悔恨の念がにじむ。

もともと志《こころざし》のない人間が傷つくことなどない。志が、そしてそれに支えられた誇りがあるからこそ、人間は傷つき、また絶望するのだ。前島は荘助という人間のうちに自分と同じ志と誇りを感じたからこそ、「陸運の政商」たる地位を保証したのではなかったか。

前島がこの一節を語ったとき、すでに荘助の死から七年の歳月が流れていた。荘助のいまわの望みどおり、内国通運は力強い再起を遂げて、鉄道各駅で営業する傘下運送店の中央統轄会社へと生れ変わり、社名も内国通運株式会社と改めて、一〇代甚兵衛を社長に戴き、小運送を事業の主軸《ドメイン》に据えた新たな発展段階に入っていたのだ。

その悲劇的な晩年も含めて、佐々木荘助という黎明期実業家の生きた人生は、私益を求める事業欲と公益に奉仕する責任感の狭間《はざま》で激しく振幅した。これは「人の為　吾が身の為や　国の為」という辞世からもあきらかである。

もっとも本人はそのようなことを格段意識せずに、絶えず前へと足を踏みだしていただけであろう。よろず物事を成しうる人間とは、欲望の充足や責任感の達成に人生を賭するというよりも、自分ではない誰か、自分ではないなにかとのかかわりのなかで、人生がみずからに向けて発してくる問いに答えようとして欲望や責任感を使役する。

結局のところ、荘助はこうした営みを、「輔佐」という役割をになうことによって全うしようとした。が、その役割をどれほど手際よく遂行したとしても、それは荘助がみずから求めたというよりも、むしろ周囲が望むものを荘助もまた望んだ結果にすぎない。そして、最終的には「輔佐」を超えた役割を背負い込み、それを果たせないと悟ったとき、みずからの意志で死を求めたのである。

荘助にとっての人生の意味を問うのは、このくらいにしよう。おそらく終極の答えはないだろう。なによりも荘助自身があきらかにしていない。

そこで、視点を変えて、荘助が生きた人生の意味を、我が国実業史のなかに探ってみたい。その際に基準とするのは、資本主義にとって最適の動力機構にして、近代経済に生まれくるのが必然ともいうべき存在、すなわち企業の成立である。

まず、企業の本質とはなにか。それは体裁の如何を問わず「営利を目的として永続する事業組織」、英語でいう「ゴーイングコンサーン（going concern）」である、ということだ。よって、企業はみずからが置かれた環境に適応しながら、「永続」的に必要な利益を生みだすために、ありとあらゆる手段を動員し駆使する。逆に、企業の体裁は「営利を目的とした永続」という使命の実現に必要か否かを以て決まる属性のひとつにすぎない。

アルフレッド・チャンドラー・ジュニア（Chandler, Jr. Alfred DuPont：一九一八～二〇〇七）は一九七七年刊行の名著『経営者の時代（*The Visible Hand：The Managerial Revolution in American Business*）』のなかで、合理的な組織を備えた近代企業の嚆矢を、一九世紀中頃のアメリカにおける鉄道会社に求めた。単線運行が一般的であった当時の鉄道では、列車同士の衝突事故を防止するために正確な運行管理をおこないながら、広大な国土に散在する駅や営業拠点を有機的にむすびつけ、そこで働く多数の従業員を一元的に統括せねばならなかった。そのために鉄道会社は強い権限を保証された最高経営者と専門的な知識や技能を持つ現業管理者が運営する巨大な事業組織を先駆的に形成していくこととなった——これがチャンドラー・ジュニアの主張である[75]。

言い換えれば、企業が「ゴーイングコンサーン」であろうとすれば、環境に適応した戦略の策定を不断に実行せねばならず、事業組織はその戦略にしたがって姿を変えていかねばならない、ということであろう。ただし、語るに易く、為し難し。この点にかんしてチャンドラー・ジュニアは、『経営者の時代』にさきだつ一九六二年の著書『経営戦略と組織（*Strategy and Structure : Chapters in the History of the Industrial Enterpris*）』序文で、「歴史を顧みると、管理者（administrator）というものは、強い圧力が加えられないかぎり、めったに日常業務と権力の座を変えようとはしないものである」(76)と喝破している。

チャンドラー・ジュニアは歴史的視座に立った事例分析から一般論にいたるという研究手法を採っている。そこから導きだされた環境対応→戦略策定→組織変化という企業の行動原則にしたがえば、欧米に後《おく》れて近代資本主義への歩みを開始した明治日本において、この行動原則をいち早く、そして本格的に体現した企業こそ内国通運であり、実践した人物こそ佐々木荘助ではなかったのか。

振り返れば、若き荘助が人生の置き所として選んだ江戸の定飛脚問屋は、明治維新の動乱期において経営上の難題に直面し、事業存続の岐路に立たされる。それはひとつに「幕府から公許された特権的な営業形態を、新政権下でいかに維持していくのか」ということであり、いまひとつは「江戸後期より徐々に衰勢へとむかってきた家業の再建をいかにすすめるのか」ということであった。

このふたつの難題を克服するには、旧幕府に代わった明治政府との協調的関係の構築と、それを実現するための事業改革が必須となる。幸いにも荘助が支配人を務めた和泉屋甚兵衛は、出資者たる株主の共同経営体である嶋屋佐右衛門や京屋彌兵衛とは異なり、代々吉村甚兵衛を以て継承する当主型経営体であった。そこで九代当主の絶大な信頼をえた荘助には、店の命運を左右する意思決定にあずかる権限が保証されることとなった。

しかも和泉屋は江戸資本であったことから、東京に本拠を置いた政府にとっては、飛脚問屋の交渉窓口として都合がよい。このような地の利も活かして、和泉屋を定飛脚仲間のなかで指導的な地位につけ、陸走会社の創始→前島との会談→官民棲み分け体制の確立→陸運元会社への改組→各宿陸運会社の統合→内国通運の設立という陸運業の一大改革を推進したのである。

内国通運の実質的な総帥となった荘助は、会社定款の作成、複式簿記の導入、損害保険制度の実施、社長制の採用と株主決議による取締役の選出、株式の上場といった企業経営上の近代化を図り、曲がりなりにも欧米型の株式会社に近い全国規模の事業体を明治初期の実業界に出現させた。

まさに八面六臂の活躍で内国通運を「陸運の政商」へと押しあげたわけだが、この政商路線を破綻させたのは政治環境の激変であり、それによってみずからの戦略が限界にいたったことを悟った荘助は経営危機の責任を一身に背負って死を選んだ。

企業総帥としての荘助の最期をめぐっては、精神的な脆《もろ》さや度量の狭さを指摘するむきもあろう。たしかにそのあっけない幕引きの様は、「海運の政商」三菱の総帥である岩崎彌太郎が「三菱潰し」を企図して設立された半官半民企業＝共同運輸会社[5]に対峙し、死の直前まで壮絶な価格競争を貫徹した姿勢とは著しい対照をなす(77)。

5共同運輸会社　一八八二年に三井組が中心となり、三菱による海運独占の打破をめざして設立。三菱と激しい競争を繰り広げるも、一八八五年に政府の調停で三菱と合併して日本郵船会社となる。

思えば、岩崎は明治八年五月制定の『三菱汽船会社社則』に「第一条　当商会はかりそめに会社の名をつけ会社の体《てい》をなすといえども、その実全く一家の事業にして（中略）会社に関する一切のこと及び賞罰や地位の上下などは、全て社長に理非の判断を仰ぐべし。第二条　故に、会社の利益はすべからく社長の一身に帰し、会社の損失もまた社長の一身に帰すべし」(78)と謳い、堂々と社長独裁を宣言していた。

これに関連して半ば伝説化している逸話がある。「三菱の暴富は国賊同様なり」という西郷従道（一八四三～一九〇二）の痛罵に対して、岩崎が「政府がそのつもりならば、俺は所有汽船を残らず遠州灘で焼き払い、いまあるすべての資本を自由党に渡して政府を転覆させてやる」と放言した、というものだ(79)。

一見乱暴かつ破天荒にみえながら、「岩崎ならば、さもありなん」と納得せざるをえない面もある。もし事実であれば、右記社則の「会社の利益はすべからく社長の一身に帰し、会社の損失もまた社長の一身に帰すべし」という文言に見事なほど合致しており、後世まで語り継がれてきたのも故なしとしない。

荘助の立場はしかし、岩崎のそれとは決定的に異なる。荘助はその卓越した職務遂行能力を株主連に見込まれたがゆえに、事業経営にかかわる強力な権限を付託されたにすぎない。よって、彼らの期待する業績をあげられないばかりか、事業自体を存亡の瀬戸際に立たせたとき、信頼に応えられなかった責を負うべく自身に相応の処断を課すことが当然の義務となる。

それを自死によって果たしたのは、精神面の脆さや度量の狭さというよりは、むしろ他者からの信頼をえて選出された立場にある人間としての倫理感によるものだろう。これについては『読売顚末』が荘助の自殺の動機を左のように推測している。

「已れ人を用ふるの明に乏しく徒《いたずら》に会社の規模を拡張して今日の衰運を来し、来る二十五日の定会に於て株主諸氏に面会するを慚愧《ざんき》したる事（中略）通運会社万般の失敗は其責已れに在り、自今以後同社を維持せんには、已れ身命を擲《なげうち》て内外の人に謝し、以て其後を善くせんと杞憂したる事」(80)

民業に疎《うと》い真中のような人物を幹部に招聘し、その軽卒で放漫な拡張主義を制御できず、社運の衰退を招いたことをすべて自分の失態としたうえで、社長の責務を果たせなかった自分にみずから処分を下した、ということである。

そう考えると、辞世の「今の様かな」という一節は、やるせなさや自嘲を込めた詠嘆ではなく、むしろ社長としての職責を果たせなかった自身の力不足を潔く認めたうえで、自裁に臨む覚悟を表明したもの、と解することもできよう。

また、いささかうがった推測をおこなえば、みずからを撃った短銃が内務省より拝領したものだったとすれば、「長年にわたり忠義を尽くしてきた国家より死を賜る」という意味合いを持ち、政商たるにふさわしい幕引きを図ろうとする荘助の意志の表われではなかったのか。

これについては、荘助が武士の血を引く人間としての矜持《きょうじ》を自死によって示した、という見方も成り立つ。この場合の矜持とは、新渡戸《にとべ》稲造《いなぞう》（一八六二〜一九三三）が武士の生き方を律する概念として提起した〝noblesse oblige〟＝「高貴な身分（支配階級や社会的指導者）にともなう義務（責任や自覚）」につうずるものだ。新渡戸によると、この義務を果たすことが武士にとっての名誉であり、逆に果たせぬことが恥となる。恥は死を以て雪《そそ》がねばならない(81)。

本来は長谷川姓であった荘助が、自立を機に士分であった実父の姓たる佐々木を名乗ったのは、武士に対する憧憬や武士的な心性《メンタリティ》への共感《シンパシー》が働いたためではなかろうか。ために、荘助は「士魂商才」を以て実業人としての人生を歩み、「商才」が限界を迎えたとき、「士魂」にしたがってみずからを裁いたのかもしれない。

福澤は「一身にして二生を経るが如く、一人にして両身あるが如し」(82)と、明治維新を境とした時代の急転を述懐したが、荘助もまた旧と新、和と洋の混沌をその内部に蔵《かく》しながら、みずから先頭に立って江戸期の飛脚問屋を新時代に適応した陸運企業へと変貌させる道を拓いた。

伝統的な倫理観と革新的な事業理念、国益に奉仕する志と私益を求める営利心が、矛盾を孕みながらも佐々木荘助という一個人のなかに脈々と息づき、彼をして事を成さしめる原動力となったことは疑いえない。その意味でも、荘助は近代化への歩みを開始した明治日本を文字どおり体現した実業家であった。

「国用弁理之家業」という飛脚問屋の事業理念は、官営郵便物御用を拝命した内国通運にも受け継がれた。荘助は飛脚問屋を近代企業へと生まれ変らせる途上でこの理念に殉じたが、彼の遺志は同社に奉職する人びとにも継承されていく。

このことは、既出『通運』に掲載された左の「本誌發行ノ主意」の一節からもみてとれる。

「運送業ハ個人營利ノ目的ノミニアラス社會ニ對シテ充分ノ責務ヲ負フモノトス若シ夫レ運送業カ個人營利ノ目的ニノミ出フルモノトセハ商業ハ如何ニシテ低廉ニ需《もと》メ得ルカ畢竟《ひっきょう》商業ノ消長ハ商品聚散《しゅうさん》ノ便否緩急ニ基クモノニシテ商品送運ノ遅速及ヒ運送賃ノ多少ハ實ニ商業ノ消長ヲ左右スルモノトス故ニ運送業者ハ商品送運ニ對シテ充分ナル責務ヲ負償シ商業發達ノ主働者タラサルヘカラス」(83)

通信・輸送体系の転換期を駆け抜けた佐々木荘助の職業人生を改めて我が国実業史のなかに定置するなら、株式市場も銀行も未整備だった資本主義の原初的段階において、出資者の選任を受けた専門経営者に指揮される株式会社型の巨大企業が産声をあげていた証左になる。

新たな時代に対峙して伝来の家業を再建すべく荘助が実践した事業技法の数々を、いまだ謎に包まれた彼の前半生を含めてもう一度丹念に洗い直すことは、我が国における陸上輸送の近代化ならびに物流の発展をめぐる史的研究にさらなる質的な拡がりと深みをもたらすはずだ。

改めていいたい。過去を直視したときにみえる死者たちの風景。彼らの営為をじっくりと眺め、その声に静かに耳を傾けるとき、はじめて私たちは未来にむけてゆっくりと着実に前進していくことができる、と。

あとがき

以下は後日談である。『中川史料』収録「史料　交通沿革畧歴年表稿後編」によると、荘助の自殺から二〇日を経た明治二五（一八九二）年四月二五日、内国通運は当初の予定どおり株主総会を開催した。定例総会に続く臨時総会では、籾山半三郎が社長に、荘助の臨終に立ち会った佐久間精一が副社長に選任されている[1]。

同年五月二四日付『中外商業新報』に掲載された「佐々木社長自殺後の内國通運」は、左のような動向を伝える。

「業務紊乱《びんらん》して麻の如しとの世評ありし内国通運会社も、大倉喜八郎、籾山半三郎、森岡平右衛門氏等熱心整理に従事し着々其歩を進むれども、何分不始末の事多く容易に整理を全《まっと》ふすること能《あた》はざる由《よし》。尤《もっと》も右等の諸氏は自から閻魔《えんま》を以て任じ不始末の廉《かど》は容赦なく断然たる処分を施し毫《わずか》も事情に纏綿《てんめん》さるゝことなくして整理を全ふし、以て確固不抜永遠其業務の維持隆盛を期せんとするの覚悟なりと云ふ（中略）同会社の整理其緒に着く暁《あかつき》には大いに内部を改革し社員の淘汰を行ふ由、尤《もっと》も淘汰さるべき者は洋服連中に多くして前垂《まえだれ》連中に少《すく》からんと云ふ」[2]

大倉喜八郎は陸軍御用達で財を成し、大倉財閥を築いた政商である。幕末の一時期、乾物店大倉屋を営んでいたことから、同業者の籾山とは懇意であったと考えられる。明治二二年四月より内国通運の協議委員に名を連ねていた。森岡平右衛門は日本橋本材木町《ほんざいもくちょう》の銅鉄刃物商であり、東京商業会議所の有力会員として荘助とも親交があった(3)。

彼らはいずれも荘助の手腕を高く評価し、その着実主義にもとづく事業経営に共感を抱き、荘助の遺志を尊重していた。ために、荘助の着実主義に反して野放図な事業拡張策を唱え、社運を傾けて荘助を死地へと追いやった「洋服連中」を、閻魔となる覚悟を以て厳しく処断しようとしたのだろう。

再建への兆しは意外なほど早く訪れた。ひとつには籾山―佐久間体制が峻厳な社内整理を断行したためである。まず不良資産の切り捨てや減資計画がすすめられ、これと併行して営業内容にも全面的な見直しが加えられた。

明治二六年五月には、従来の事業区分を見直して各道継立所を廃止し、資力と信頼を兼備した業者だけを改めて代理店・取引店・取次人に採用したうえで、長距離道路輸送から鉄道貨物取扱業務への大胆な転換を図っている(4)。

内国通運が短期のうちに社業再建にむけた態勢を整えたのに対して、二年連続で郵便物御用を拝命した日本運輸は馬脚を露呈《あらわ》した。明治二五年七月に同社金沢支店長による逓信用金の横領、翌二六年三月には甲府管理店での逓信省為替資金の未納といった不祥事が続く。

さらに、ダンピング紛《まが》いの入札によって三年連続で郵便物御用を拝命したものの、結局はその金額での御用遂行が困難となり、会社としての信用をいちじるしく失墜させたことから株価も反落した(5)。

この状況のもとで内国通運は、
「着実主義で押し通し」
という生前の荘助が残した言葉に導かれるかのように、日本運輸の失態を尻目に全社一丸となって再建への取り組みを加速させていく。

じつは大規模な社内整理がはじまる二六年五月、内国通運は荘助の遺児である佐々木正三に対して年金三〇〇〇円――一カ年三〇〇円×一〇年間――を贈与した。そのときの贈与状には「故佐々木荘助殿在職中ノ功労ニ因《よ》リ」という一節がある(6)。翌月に開催された臨時総会では一一二万円の減資が決定されると同時に、社名も「内国通運株式会社」に変更された(7)。

やがて迎えた明治二七年二月の入札において、新生内国通運は一五〇円七〇銭差で日本運輸との一騎打ちを制し、ようやく郵便物御用の請負権を奪回した。九月には日清戦役(一八九四～九五)の勃発にともない、軍需品運送取扱も拝命している(8)。

そして、『中川史料』収録「史料　交通沿革畧歴年表稿後編」によると、明治二八年四月二一日、「勲功者故佐々木荘助君紀念の建碑式を墨田川上流木母寺《もくぼじ》畔に於て執行す」(9)ることとなった。それにさきだち建碑委員が編纂した追悼文集『春のかたみ』には、荘助とともに創業期を支えた村井彌兵衛が一首を献じている。

友もなく花をそ見つるさひしさに
　世になき人の忍はるゝかな(10)

俗に「虎は死して皮を残す」というが、荘助の死を境として、内国通運は長距離道路輸送から鉄道網の全国的拡張に便乗した小運送への業態転換を本格的に推進していく。刀折れ矢尽きた荘助が最後の気力を振り絞って自死の直前まですすめた経営改革は、内国通運再建の踏み台《ステップボード》になると同時に、陸運業が近代物流の中核へと発展していく扉を開けたのである。

＊　＊　＊　＊　＊　＊

筆者が佐々木荘助の生涯をたどるきっかけとなったのは、自身の担当する「経営管理総論」の講義で宅配ビジネスの小史にふれた際、「動物戦争」と呼ばれる出来事に論及したことである。

これは宅配便サービスに対する需要が急増した一九八〇年代に小口貨物輸送業者が繰り広げた熾烈な市場シェア争いをさす。彼らは自社の商標《トレードマーク》として、クロネコ（ヤマト運輸株式会社）、こぐま（名鉄運輸株式会社）、カンガルー（西濃運輸株式会社）、パンサー（トナミ運輸株式会社）、ペリカン（日通）などの動物名をもちいていたことから、動物戦争と呼ばれるようになった――

そんな逸話を紹介したのだが、ある学生が冗談半分に、

「飛脚も動物に含まれるのですか？」

と訊ねてきた。

なるほど飛脚人足を商標にしている配送会社(11)もあるな、と心中苦笑いしつつ、

「人間も霊長類に属する動物であることから、飛脚マークの会社も当然、動物戦争に含めるべきでしょう」

そんな旨をことさら真面目に答えた。実際、件《くだん》の会社は動物戦争の中心にいた。場が和《なご》んだのもつかのま、別の学生から、

「ペリカンはもうありませんよ」

という指摘を受けた。

おっと迂闊《うかつ》だったな、と反省しながら、

（そういえば、「日通のペリカン便」はどうなったのだろうか？）

とふと思った。同時に、

（それにしても、飛脚を商標にしているあの会社は、元がほんとうに飛脚だったのであろうか？）

という疑問も俄《にわ》かに湧いてきた。

かくして勉強不足を痛感した筆者は、飛脚の起源とペリカンの行方《ゆくえ》を追いはじめた。そして、飛脚を商標としている会社がじつは江戸期の飛脚業とは無関係なこと、日通こそが飛脚問屋を母体として成立した企業であること、日通は陸運元会社として創業した当初より国家の通信・輸送行政と密接なつながりを維持しながら発展してきたこと、しばしば取沙汰されてきた日通と行政の癒着は飛脚問屋の商法にその根本《ルーツ》を持つことなどを知った。

（ペリカンがアマゾンの激流に呑まれることなく飛び去ったのは、そういう歴史的な背景が作用していたからなのか……）

と改めて気づいた。

当初は「来年度の講義では遺漏《いろう》なきように」という程度の心積もりであったが、気がつけば我が国の輸送と物流の近代化というディープな世界《テーマ》に足を踏み入れていた。やがて暗い縦穴を手探りで降りていき、なんとか地底に足が着きそうになったとき、佐々木荘助の姿が忽然《こつぜん》と闇のなかに浮かんだ。門外漢であった筆者の頭のなかで、飛脚とペリカンが期せずして手をつないだ瞬間でもあった。

あたかもＩＣＴの驚異的な進化が既存の輸送システムを揺るがし、物流の在り方を根底から変えようとしている。私たちはその真っ只中に生きている。そして、これからも生きねばならない。そう考えたとき、

（電信・電話・郵便が文明開化の名のもとに大挙して押し寄せた一五〇年前の元祖ＩＣＴ革命に対して、書状や物財を運ぶという日常生活に密着した生業《なりわい》とそれを営む人びとは、いったいどのようにしてそのインパクトを受け止め、また適応したのだろうか？）

という歴史への問いが筆者の胸中に勃然と芽生えた。

江戸期に書状送達をになった飛脚は、官営郵便の創業にどのようにかかわったのか。二〇〇〇年にわたり長距離通信を支えた飛脚は、なぜ俄《にわ》か出の郵便のまえに姿を消したのか。明治国家の強権だけがその原因であったのか――そう考えて、

「佐々木荘助の忘れられた人生をよみがえらせることで、これらの問いの答えにせまってみよう」

と決意した次第である。

ここで国民的なスポーツである野球に託《かこつ》ければ、荘助は「チーム事情が最も苦しい時期におこなわ

れた重要な三連戦の初戦で先発を任された投手」であり、「序盤からヒットを許しながらも、粘り強い投球で五回を及第点の三失点にまとめ、六回塁上にランナーを残したところで降板した」というところであろうか……。結局、「チーム（＝内国通運）は、先発降板（＝荘助の自死）後のマウンドに上がった投手陣（＝荘助の跡を継いだ経営陣）が踏ん張り、打線も奮起して逆転（＝郵便物御用の奪回と小運送への事業転換）、三連戦に勝ち越し（＝業界支配の維持）」たわけである。

そう考えると本書は、チームに貴重な勝利をもたらしながら、自身には「勝ち星」がつかなかった悲運の投手の「投球内容」と、そこにいたるまでの「刻苦勉励の姿」を再現した物語《ストーリー》ということになろう。

だが、勝ち星のつかなかった投手（＝荘助）の存在を抜きにして、チームの勝利（＝内国通運の再建）もなかったことはたしかである。それどころか、「シーズン」に喩《たと》えた通信・輸送体系の近代化への道のりもまた、別の様相を呈したに相違ない。

にもかかわらず、荘助の奮闘は実業史上にほとんど記録されることがなく、荘助に対する人びとの記憶も歳月を経るほどに薄れている。いま悪戦苦闘の末に、何とか荘助の栄光と挫折を描き、我が国物流事業の創成にもふれることができたが、荘助の前半生についてはいまだ埋まり切らぬ空白《ブランク》も残っており、その限りで隔靴《かっか》掻痒《そうよう》の感は免れないだろう。今後、荘助にかんする新たな史料の発掘や事実の発見につながることを祈るばかりである。

そういえば、前出『輝く茨城の先人たち』は、「人物選定の考え方」として、⑴江戸時代以降に顕著な功績があり、既に亡くなっている人物、⑵茨城県出身か居住実績がある人物、⑶次の視点から、県民に元気と希望を与える人物――日本初や全国的に活躍した功績がある人物／全国的には知られていないが、郷土の発展に貢献した人物／生き方や努力に共感できる人物／子どもたちにもわかりやすい功績がある人物――、⑷ゆかりの施設（生家・資料館・記念碑など）がある人物、と明記している⑿。現在、私たちの生活に密着した通信と輸送の関係の原型を築いた荘助は、右記⑴・⑵・⑶をクリアしている。⑷についても「荘助碑」が隅田川神社境内に立つ。また、すでに紹介したように、荘助関連の史料を多数所蔵する物流博物館では、二〇一五年に『物流人物伝　佐々木荘助』と題する小展示も開催された。

こうしたことから、荘助は右記の選定資格を十分に満たしていると思うのだが、いかがであろうか。あまつさえ下妻時代の荘助の動向には謎が多く、郷土の方々の御力《おちから》で是非とも失われた環《ミッシングリンク》をつないでいただければと思う。

本書がそのささやかな糧となるには、近い将来、「上書き」がおこなわれねばならない。いささか倒錯した物言いとなるが、書き手の立場からすれば、否定されたり批判されたりするのは、じつのところ嬉しいものである。けだし、自分が書いたものを叩き台としてつぎの作品が生まれた、研究を新たな段階《ステージ》へと導けた、と実感できるからだ。

唯一悩ましいのは、それが自分の願うときに、願うようなかたちではやってきてくれないことである。それこそ自分が世を去ったあとに、全く知らない誰かがそっと感謝してくれることもあろう。新たな岐路に立たされた通信・輸送体系の現在《いま》と将来《これから》を考えるとき、荘助の成し遂げた仕事が持つ意味もまた、そうしたものではないだろうか。

＊　＊　＊　＊　＊　＊

本書を執筆する過程では、多くの皆様の御支援と御協力にあずかっている。

物流博物館学芸員の玉井幹司氏には、草稿作成の段階から懇切丁寧なコメントを賜るとともに、筆者の知識不足から生じる誤解や曖昧な表現を指摘・修正いただいた。玉井氏のご尽力がなければ、本書の完成はなかったであろう。

下妻市ふるさと博物館学芸員の菊池桃子氏、下妻市教育委員会教育部生涯学習課文化係係長の赤井博之氏は、謎の多い荘助の出自を探る筆者に、長谷川家や佐々木氏に関連する貴重な情報や史料をご提供くださった。

江東区中川船番所資料館の久染健夫氏には、同館所蔵の『内国通運会社社史関係史料』の閲覧と撮影、本書への掲載についてお世話になった。

公益財団法人琴平海洋会館理事相談役の田井啓三氏、同館専務理事の谷岡英俊からは、貴重な史料の提供や有益な御助言・御教示を頂戴した。

水戸地方法務局下妻支局員の方々には、旧土地台帳の閲覧・複写につき、格別のご配慮を賜った。

右記いずれの方々にも、この場を借り、伏して御礼を申しあげたい。

また、今回は飛脚や宿駅制度を知るよすがとして、身近にある旧宿場を巡ってみた。

筆者の住む宝塚市には有馬街道・京伏見街道・西宮街道が交わる旧小浜《こはま》宿（現・兵庫県宝塚市小浜）がある。そこから有馬街道を西に約四キロメートルほどすすむと旧生瀬《なまぜ》宿（現・兵庫県西宮市生瀬）にいたる。この地の浄橋寺は元会社・内国通運関連の文書九点――金子入書状逓送配達心得（明治六年六月）、諸物貨差立受渡方法（明治六年一〇月）、陸運元会社諸物貨取扱規則（明治六年一〇月）、各地継立取扱申合規則（明治七年）、陸運元会社定款（明治七年三月）、公私諸荷物継立規則（明治七年九月）、内国通運会社之中天災非常難事之節共救及約定人馬救助貸附金方法協議書（明治七年一〇月）、真誠講申合書（明治七年）、内国通運会社旅行案内切手（明治七年）――を含む明治初期の貴重な陸運関係の文書類を所蔵している(13)。

そのほか、東海道五六番目にして淀川水運の要衝であった旧枚方《ひらかた》宿（現・大阪府枚方市）、東海道と中山道が交わる旧草津宿（現・滋賀県草津市）、「京発ち石部泊まり」といわれた旧石部宿（現・滋賀県湖南市石部）、中山道六一番目の旧醒井《さめがい》宿（現・滋賀県米原市醒井）も歩いた。

旧枚方宿については、枚方市教育委員会が同地の宿駅制度の実態にかんする優れた調査資料を発行している。旧草津宿の草津宿街道交流館は、旧宿場を持つ市町村史を揃えて入館者の閲覧に供している。本論でもふれたが、前島の右腕となった山内頼富の実家は草津宿問屋役を務めたことから、交流館には前島をはじめとする駅逓関係者とのあいだで交わされた書簡類も保管されている(14)。

旧石部宿には荘助の勧誘に即応して元会社に加入した小島雄作の旧本陣跡がある。敷地内にはいまも御子孫の方が暮らしておられる。また、旧醒井宿には問屋場の建物が保存されている。

いずれの地でも、資料館の関係者や学芸員の諸氏、地元に暮らす方々より、貴重なお話を聞かせていただいた。心よりの謝意を表したい。

本書の制作にあたっては、株式会社冨山房インターナショナルの坂本嘉廣会長、坂本喜杏代表取締役より温かな配慮と励ましを賜り、新井正光編集主幹には割付から校正まで編集作業において一方ならぬ苦労をおかけした。この場をお借りして心より御礼申し上げたい。

最後に、筆者の健康を毎日気遣い、取材時には有能な助手として思わぬ気づきや発想を与えてくれた妻の克江に感謝して擱筆《かくひつ》したい。

二〇二〇年四月

自邸書斎の窓辺にて

松田裕之

註一覧

はじめに

(1) 古代の石材の海上輸送から現代のトラック輸送にいたる我が国物流の発展を概説した業績として、玉井幹司（二〇一三年）『物流今昔』全日本トラック協会がある。

(2) 前島の自叙伝は、明治一四（一八八一）年一一月の退官直後に記した『行き路のしるし』という自筆手記（墨消跡あり）が最初のものと考えられる。これを底本に、前島の口述筆記を加えた市島謙吉編（一九二二年）『鴻爪痕』が刊行され、のちに他の手記数編を加え、逓信協會編・刊（一九三六年）『前島密遺稿集　郵便創業談』として世にでた。また、前島密伝記刊行会発刊の前島密（一九五六年）『前島密自叙伝』が、前島密『前島密自叙伝』（人間の記録21（一九九七年）日本図書センター）として再刊されている。『行き路のしるし』はのちに完全復刻され、これに前島の口述筆記「帝国郵便創業事務余談」・「帝国郵便創業逸事」と大内青巒《せいらん》「大日本郵便創業期」を加え、橋本輝夫監修（一九八六年）『前島密生誕一五〇年記念出版　行き路のしるし』日本郵趣出版として刊行された。いまのところ同書が前島の事績を知るうえで、最も基本的にして重要な文献となっている。

(3) 平成二七（二〇一五）年四月一一日〜六月二一日開催「前島密 生涯とその業績展―前島密生誕一八〇年&郵便貯金一四〇年―」：平成二八年四月九日〜二二日開催「郵政記念日ミニ展示　前島密展」：平成二八年四月二〇日〜七月一日開催「明治改元一五〇年展　幕臣たちの文明開化」：平成三一（二〇一九）年四月一九日〜令和元（二〇一九）年六月一六日開催「前島密没後一〇〇年記念　鴻爪痕―HISOKA

MAEJIMA―展」。

(4) 荘助の伝記としては、一隅社編集部編(一九五八年)『通運読本・通運資料　佐々木荘助篇』通運業務研究会(以下『荘助篇』)が現時点で最もまとまったものである。同書を執筆した平原は、物流史の泰斗であり、加藤朔郎との共著『通運読本　歴史』(一九五三年)通運業務研究会(以下『歴史』)および『通運史稿―通運の誕生から成長まで―』(一九五三年一一月)私家版(以下『史稿』)、そして『物流史談―物流の歴史に学ぶ人間の知恵』(二〇〇〇年)収録「日本物流開拓に命をささげた佐々木荘助・その足跡と自殺の真相」流通研究社(以下「自殺の真相」)においても、荘助の事績を丹念に紹介している。交通史家の笠松慎太郎がものした私家文書『通運の父　佐々木荘助の碑を仰ぎて』(出版年不詳)も数少ない評伝のひとつである。荘助の小伝としては、本戸偉太郎編纂(一八九〇年)『常総名家傳　第一巻』収録「佐々木荘助」會始書館(以下『名家傳』)、坪谷善四郎(一八九二年)『実業家百傑傳　第二巻』収録「佐々木荘助君」(以下『百傑傳』)が挙げられよう。本戸による略伝は荘助の生前に発表されており、荘助の事績紹介としては時期的に最も早いものと考えられる。

(5) 同館の一階にある「物流の歴史展示室」にミニコーナーを設けて開催された。広報ポスターには荘助の油彩肖像画とともに、「佐々木荘助は江戸の飛脚問屋・和泉屋の支配人でしたが、明治初期に従来の封建的な陸上輸送制度にかわる、全国規模の最初の近代的な運送会社の設立を主導、輸送の近代化に貢献しました。(改行)明治政府が官営郵便を開始した際、手紙の輸送を重要な家業としてきた飛脚問屋は危機に立たされます。その際、飛脚側の代表として、郵便創業の父・前島密との交渉を担ったのが佐々木でした」という簡潔にして的確な紹介文が載せられている。

(6) 藪正一編・発行(一八九二年四月二九日)『通運』第壹號(一隅社編集部〔一九五〇年〕『通運第一

號』一隅社復刻版）二八ページ。

(7) 笠松『前掲書』一六ページ。

(8) 内国通運株式会社編・刊（一九一八年）『内国通運株式会社発達史』七四ページ：国際通運株式会社編・刊（一九三八年）『国際通運株式会社史』一五二ページ。

(9) 日本通運株式会社編・刊（一九六二年）『社史』一六九ページ。

(10) 横山源之助（一九〇七年）『怪物伝』収録「佐々木荘助」平民書房、一〇〇～一〇一ページ。なお、横山は同書を「有磯逸郎」のネームで上梓している。

(11) ポール・ヴァレリー／吉田健一訳（二〇一七年）『精神の政治学』中公文庫プレミアム、六五ページ。

Ⅰ 佐々木荘助の誕生

(1) 本戸『名家傳』一一七ページ。

(2) 朝野新聞（一八九二年四月一〇日付）「佐々木荘助社長自殺（佐々木氏の略伝）」（明治ニュース事典編纂委員会・毎日コミュニケーションズ出版部編〔一九八四年〕『明治ニュース事典　第四巻』毎日コミュニケーションズ、五七三ページ）。

(3) 坪谷『百傑傳』一四〇ページ。

(4) 改進新聞（一八九二年四月一二日付）「佐々木荘助氏の死状」（一隅社編集部『荘助篇』五五ページより）。なお、荘助の女婿となった薄木保吉は内国通運社員であり、鉄道時刻表の嚆矢ともいうべき『通運便覧』を明治二五（一八九二）年二月に編集・発行した。そこには、内国通運の支店・出張所・出張店の所在地、鉄道の時刻・運賃表、鉄道駅里程表、航路里程標などが収録されている。

(5) 平原・加藤『歴史』／平原『史稿』五五ページ。
(6) 一隅社編集部『荘助篇』七ページ。
(7) 流通経済大学物流科学研究所平原直物流資料室蔵『佐々木荘助遺文書目録（佐久間精一家所蔵）』（文書現物については、一部を物流博物館が、一部を佐久間家が保管）。
(8) 我が国戸籍制度の創始については、田中彰（二〇〇三年）『明治維新』講談社学術文庫、三四九〜三五四ページを参照。
(9) 一隅社編集部『荘助篇』九三ページ。
(10) 平原直「自殺の真相」二九二ページ。
(11) 一隅社編集部『荘助篇』七七〜九一ページ。
(12) 笠松『前掲書』一四ページ。
(13) 千葉忠也（一九六四年三月）「日立地方陸運継立所の設置出願人　吉村甚兵衛・佐々木荘助の人物について」郷土ひたち文化研究会『郷土ひたち』第10・11合巻号、一六ページ。
(14) 平原「自殺の真相」二九二ページ。
(15) 茨城県立歴史館（二〇〇八年）『輝く茨城県の先人たち』茨城県生活環境部生活文化課、一〜八二ページ。
(16) つぎの三冊。松田裕之（二〇一二年）『高島嘉右衛門　横浜政商の実業史』日本経済評論社：松田裕之（二〇一四年）『草莽の湊　神戸に名を刻んだ加納宗七伝』朱鳥社：松田裕之（二〇一七年）『港都神戸を造った男　〝怪商〟関戸由義の生涯』風詠社。
(17) ここからの記述は下妻市史編纂委員会（一九七九年）『下妻市史』下妻市長・下妻市役所：下妻市史

編さん委員会（一九九四年）『下妻市史　中　近世』／同左（一九九五年）『下妻市史　下　近現代』下妻市『下妻市史』（昭和版）：『下妻市史』中・下（平成版）に依るところ大である。

(18) 下妻市史編さん委員会『下妻市史　中　近世』二四〜三九ページ。

(19) 下妻市史編纂委員会『下妻市史』一六六〜一六七ページ。

(20) 下妻市史編纂委員会（一九七二年）『井上家譜　附　井上氏一門略系・下妻藩分限帳・下妻藩領村高』旧下妻藩主井上家墓碑移処協賛会、一〜一三ページ：下妻市史編さん委員会『下妻市史　中　近世』一一九〜一三二ページ。

(21) 下妻市史編纂委員会『下妻市史』一九八〜一九九ページ。

(22) 下妻市史編さん委員会『下妻市史　中　近世』二〇四ページ：中村貞夫「下妻藩」木村礎・藤野保・村上直（一九八九年）『藩史大辞典　第二巻　関東編』雄山閣出版、六九ページ。

(23) 吉田伸之（二〇一五年）『都市　江戸に生きる　シリーズ日本近世史④』岩波新書、一九ページ。

(24) 長谷川伸三・糸賀茂男・今井雅春・秋山高志・佐々木寛司（一九九七年）『茨城県の歴史』（県史8）山川出版社、一五一ページ：角川日本地名大辞典編纂委員会（一九八三年）『角川日本地名大辞典8　茨城県』角川書店、五一四ページ：下妻市史編纂委員会『下妻市史』一八三ページ：下妻市史編さん委員会『下妻市史　中　近世』一三九ページ。

(25) 下妻市史編さん委員会『下妻市史　中　近世』一五七ページ。

(26) こうした身分的な流動性の一端については、深谷克己（二〇〇六年）『江戸時代の身分願望—身上りと上下無し—』吉川弘文館を参照。

(27) 下妻市史編さん委員会『下妻市史　中　近世』一六九〜一七一ページ。

(28) 下妻市史編纂委員会『井上家譜 附 井上氏一門畧系・下妻藩分限帳・下妻藩領村高』一七〜二三ページ。この分限帳の作成時期の推定については、下妻市史編さん委員会『下妻市史 中 近世』一四七ページ。
(29) 国立歴史民俗博物館『旧高旧領取調帳データベース検索』収録「常陸国筑波郡高道祖村」一〜一〇を閲覧。
(30) 小川恭一編(一九八九年)『江戸幕府旗本人名事典 第2巻』原書房、六四ページ。
(31) 寛政年間(一七八九〜一八〇一年)のものと推定される『旗本武鑑』は知行取二九〇八人の石高を収録しているが、内訳は三〇〇〇石以上が二四九人(八%)、三〇〇〇〜五〇〇石が一三六八人(四七%)、五〇〇〜一〇〇石が一一八六人(四一%)、一〇〇石以下が一一一人(四%)となっている(川村優(一九八八年)『旗本知行所の研究』思文閣出版、二〇ページ)。幕末期には武家の窮乏が顕著となっており、佐々木勘四郎の知行した七四二石は比較的恵まれた部類に入るだろう。
(32) 二〇一九年八月二一日に下妻市ふるさと博物館より複写を拝受。
(33) 下妻市史編纂委員会『下妻市史』二五一ページ。
(34)『同前書』二〇四ページ:下妻市史編さん委員会『下妻市史 中 近世』三八〇〜三八一ページ:平凡社地方資料センター『茨城県の地名』五一四ページ。
(35) 本戸『名家傳』一一七ページ:坪谷『百傑傳』一四〇ページ:朝野新聞「佐々木荘助社長自殺」(『前掲書』五七三ページ)。
(36) 下妻市史編纂委員会『下妻市史』一八三ページ。
(37) 林玲子(一九九二年)「新旧商人の交代」林玲子編『日本の近世 5 商人の活動』中央公論社、六〇〜六一ページ参照。

(38) 本戸『名家傳』一一七～一一八ページ。
(39) 結城紬にかんする記述は、矢口圭二（一九八九年）「結城紬―主婦の手紡ぎによる高級織物（結城）」『全国の伝承　江戸時代人づくり風土記（8）ふるさとの人と知恵茨城県』農山漁村文化協会、一二四～一二五ページ：長谷川伸三・糸賀茂男・今井雅春・秋山高志・佐々木寛司（一九九七年）『茨城県の歴史』（県史8）山川出版社、一九一～一九四ページによる。
(40) 林玲子「遥かなり綿の道」林玲子編『日本の近世　5』二八～四二ページ：林玲子・大石慎三郎（一九九五年）『流通列島の誕生』（新書・江戸時代⑤）講談社現代新書、四五～四九ページ。
(41) 中村貞夫「下妻藩」木村・藤野・村上『前掲書』七六ページ。
(42) 巻島隆（二〇一五年）『江戸の飛脚　人と馬による情報通信史』教育評論社、一四二～一四三ページ。
(43) 朝野新聞「佐々木荘助社長自殺」（『前掲書』五七三ページ）。なお、「泉屋（和泉屋）」の所在を「日本橋瀬戸物町」としているのは誤りである。和泉屋は江戸中期から明治維新まで江戸橋を数丁ほど南に下った両側町である佐内（左内）町に店舗を構えていた。
(44) 坪谷『百傑傳』一四〇～一四一ページ。
(45) 下妻市史編さん委員会『下妻市史 中 近世』五一九～五二〇ページ。
(46) 新井白石著／松村明校注（一九九九年）『折たく柴の記』岩波文庫、一三～一六ページ：新井白石著／桑原武夫訳（二〇〇四年）『折りたく柴の記』中央公論新社、六～八ページ。
(47) 一関博物館編・刊（二〇〇四年）『大槻盤渓―東北を動かした右文左武の人―』三三～三七、四六ページ。
(48) かつて筆者は、大阪府豊中市岡町在住の故・山崎岳麿氏が所蔵した家祖・山崎養麿《ようまろ》の文書類をもとに、日本の草分け的なモールス電信士の生涯を描いた（松田裕之〔二〇〇四年〕『通信技手の歩いた近代』日本経済評論社）。養磨文書のひとつ『山崎養磨の手記』には、養磨の父で旧土佐藩の足軽だった山崎咸策《かんさく》が文久年間に江戸勤番を務めた折、「歌会で仙台藩士の大槻盤渓と知り合った」旨の記載がみられる。
(49) 一隅社編集部『荘助篇』六八ページ。
(50) 巻島隆（二〇一七年三月）「近世における飛脚関係の金石史料―常夜灯、道標、墓誌を中心に―」郵政博物館『研究紀要』第8号、一五四ページ。
(51) 一隅社編集部『荘助篇』七七～九一ページに建碑費寄附者全員の氏名が掲載されている。
(52) 白石著／松村校注『折たく柴の記』一六～一七ページ：白石著／桑原訳『折りたく柴の記』八ページ。
(53) 国際通運株式会社『前掲書』四三～四七ページ。
(54) 一隅社編集部『荘助篇』二八～二九、三三ページ。
(55) 本戸『名家傳』一一八ページ。
(56) 朝野新聞「佐々木荘助社長自殺」『前掲書』五七三ページ。
(57) 山本弘文「吉村甚兵衛」丸山雍成・小風秀雅・中村尚史編（二〇〇三年）『日本交通史辞典』吉川弘文館、九〇六ページ。
(58) 巻島『前掲書』一九〇～一九一ページ。
(59) 国際通運株式会社『前掲書』四三ページ
(60) 最高経営責任者は、一般的には「代表取締役」をさし、会社業務全般を統括する。最高執行責任者は、会社運営にかんする業務執行全般を統括する。

Ⅱ　飛脚問屋の幕末維新

(1)　巻島『前掲書』一八〜一九ページ。

(2)　以下の継飛脚、大名飛脚にかんする説明は、阿部昭夫（一九九五年）『記番印の研究—近代郵便の形成過程—』（第二刷）名著出版、三九〜四〇ページ：巻島『前掲書』四四〜七五ページ：児玉幸多編（二〇一九年）『日本交通史〈新版〉』吉川弘文館、二八九〜二九八ページ：丸山・小風・中村編『日本交通史辞典』四二九、五三一、五七二、八二九〜八三〇ページを参考にした。

(3)　児玉幸多編（一九七四年）『近世交通史料集七　飛脚関係史料』吉川弘文館収録「定飛脚発端旧記」四七〇ページ：玉井『前掲書』三九ページ。

(4)　阿部『同前書』四〇ページ：広岡冶哉著／一隅社編集（一九五八年）『通運読本　通運資料　江戸定飛脚問屋』通運業務研究会、三三一〜三三五ページ。

(5)　巻島『前掲書』八二〜八三ページ。

(6)　出久根達郎（二〇〇一年）『おんな飛脚人』講談社文庫：同（二〇〇四年）『世直し大明神　おんな飛脚人』は、元武士の娘まどかが日本橋瀬戸物町の飛脚問屋十六屋に脚夫として雇われ、仲間たち協力して事件や難題を解決していく姿を描く。NHK金曜時代劇『人情とどけます—江戸・娘飛脚』として二〇〇三年に放映されて人気を博した。ただし、定飛脚問屋と市中特化型飛脚業者の区別にかんする出久根の理解はかなり曖昧である。

(7)　児玉『近世交通史料集七』収録「定飛脚冥加金演舌書」四二六〜四二九ページ参照。

(8)　「駅逓志料」を読む会（二〇一一年）「郵政資料館蔵「東海道宿毎応対日記　下」」郵政資料館『研究紀要』第2号、一四七ページ。

(9) 大阪市参事会編・刊（一九一五年）『大阪市史　第二』二三四ページ。

(10) 以下、江戸定飛脚問屋にかんする説明は、国際通運株式会社『前掲書』五三〜五五ページ：巻島『江戸の飛脚』一四六〜一六六ページ：物流博物館編（二〇一七年）『飛脚問屋・嶋屋佐右衛門日記の世界』公益財団法人利用運送振興会、一、六ページによる。

(11) 平原・加藤『歴史』／平原『史稿』三五ページ。

(12) 外山淳（二〇一六年）『城下町・門前町・宿場町がわかる本』日本実業出版社、一九三〜一九四ページ。

(13) 丸山雍成（一九九二年）「街道・宿駅・旅の制度と実態」丸山雍成編『日本の近世　6　情報と交通』中央公論社、一九二ページ。

(14) 今戸榮一編（一九八四年）『目で見る日本風俗誌⑥　宿場と街道』日本放送出版協会、一二八〜一三一ページ：藪内吉彦（二〇〇〇年）『日本郵便発達史　付　東海道石部駅の郵便創業史料』明石書店、五〜六ページ：外山淳『前掲書』一九四ページ。

(15) 運輸五十年史編纂局編・発行（一九二一年）『運輸五十年史　下巻』六〜七ページ。

(16) 国際通運株式会社『前掲書』二九ページ。

(17) 広岡／一隅社編集部『前掲書』四七〜四八ページ。

(18) 巻島『前掲書』一九六〜一九八ページ：物流博物館『嶋屋佐右衛門日記の世界』一〇、四三ページ。

(19) 巻島『同前書』二〇二〜二〇四ページ。

(20) 飛脚井戸の寄進を呼びかけた臼井金八は、五軒仲間いずれかの抱宰領であろう。物流博物館蔵『西行急行便継立賃銭帳　第三号』（一八七六年六月）に「内國通運会社　宰領　臼井金八」の名がみられる。「臼井金八」は世襲名で、『賃銭帳』の金八は飛脚井戸を寄進した金八の名跡を継いだ者と推測される。

(21) 児玉『近世交通史料集七』収録「仲間仕法帳」には、「第弐　御上納金之事」として「毎年十一月十五日定日ニ相心得、朝五ツ半時馬喰町御郡代　大貫次右衛門様御役所に年行司之者罷出、相納可申候、差出シ書之文言左之通　覚　一、金五拾両也　但し、文字小判金也　何町　定飛脚問屋年行司　惣代誰」という記載がある（三四七〜三四八ページ）。

(22) 幕末期の内憂外患から開国を経て明治維新前夜の政争にいたる時代状況については、藤田覚（二〇一五年）『幕末から維新へ　シリーズ日本近世史⑤』岩波新書を参考にした。

(23) 以下の説明は、丸山「街道・宿駅・旅の制度と実態」『前掲書』一九四〜一九六ページ：星名定雄（二〇〇六年）『情報と通信の文化史』法政大学出版局、三〇〇ページ：「駅逓志料」を読む会「東海道宿毎応対日記　下」一四六ページを参考にした。

(24) 株仲間の停止が飛脚問屋仲間の事業経営に与えた影響については、日本通運株式会社『前掲書』九二〜九四ページを参照。

(25) 巻島『前掲書』三二八〜三二九ページ。

(26) 西川武臣（一九八六年）「幕末〜明治初年の飛脚問屋京屋弥兵衛　横浜人物小誌⑫」（横浜開港資料館『開港のひろば』第16号、七ページ）。なお、修好通商条約に定められた開港予定地は「神奈川」であったが、幕府は攘夷熱の高まりを警戒し、繁華な「神奈川」を避け、閑静な海岸沿いの村にすぎなかった「横濱」に居留地と港を建設した。

(27) 島崎藤村（一九五五年）『夜明け前』第一部（下）新潮文庫、一〇ページ。

(28) 東京都編・刊（一九五九年）『東京市史稿　市街篇　第四十八』四〇九〜四一四ページ。

(29) 土木学会（一九三六年）『明治以前日本土木史』岩波書店、八七六～八七七ページ。

(30) 巻島『前掲書』三二九～三三一ページ。

(31) 日本通運株式会社『前掲書』九四～九五ページ。

(32) 内閣官房局編・刊『法令全書　明治元戊辰年』七八～七九ページ。

(33) 『同前書』八一ページ。

(34) 『同前書』一八五～一八六ページ。

(35) 『同前書』二〇九～二一三ページ。

(36) 政府による一連の通信・輸送体系改革にかんする山本弘文の見解は、正鵠を射たものと考えられる。すなわち、「旧制度の不統一を多少整理、統一したという点をのぞけば、ほぼ旧幕時代の基準をそのまま踏襲（中略）一見同情と譲歩の姿勢をとりながらも、基本的には従来の定賃銭体系と賦役制度を堅持し、宿郷の組替えその他の方法によってその困難を切り抜けようとした」と（山本〔一九九〇年〕『維新期の街道と輸送（増補版）』法政大学出版局、二七ページ）。

(37) 日本通運株式会社『前掲書』一二六ページ：巻島『江戸の飛脚』一三四ページ。

(38) 日本通運株式会社『同前書』一二六、九七五ページ：山本弘文「吉村甚兵衛」『前掲書』九〇六ページ。

(39) 内閣官房局『法令全書　明治二年』一二三ページ。

(40) 『同前書』一五七～一五八ページ。

(41) 日本通運株式会社『前掲書』一二〇～一二三ページ。

(42) 江東区中川船番所資料館の許可をえて掲載。『中川史料』は『内国通運史』編纂のための下書きや参考資料（雑誌・新聞記事を含む）と思われる綴りを中心に構成されており、各綴りは社業にかんする史料の写しや手書きの年表・表などを収録している。「沿革史資料」（罫紙一六枚）は時事新報社の取材要請に応じて、明治一八（一八八五）年一二月に光林乾吉・若目田晋三郎・杉浦光義が荘助からの聞き取りをもとに作成していることから、記述には一定の信頼が置けるだろう。

(43) 同書の概略については、松崎欣一「西洋事情」福沢諭吉事典編集委員会（二〇一〇年）『福沢諭吉事典』慶応義塾、六一三～六一五ページ。また、同書が通信・輸送体系の近代化に与えた影響とその意義については、松田裕之（二〇〇一年）『明治電信電話ものがたり　情報通信社会の《原風景》』日本経済評論社、一三～一六ページ参照。

(44) 福澤諭吉纂輯（一八七〇年）『西洋事情　巻之二』尚古堂、十二丁。

(45) 内閣官房局『法令全書　明治三年』一〇九～一一八ページ。

(46) 山本『前掲書』五〇～五二ページ。

(47) 農商務省駅逓局編『大日本交通史（全）原名　駅逓志稿』朝陽会、四八八ページ。

(48) 東京―横浜間電信線路は、横浜外国官判事兼神奈川府判事の寺島宗則が主導し、明治二（一八六九）年に東京築地運上所伝信機役所―横浜裁判所伝信機役所間の約三二キロメートルに架設された。同年、紀州商人岩橋萬造が紀萬汽船を創業し、横浜―神戸間に本邦初の蒸気船航路を開設している。鉄道敷設計画はイギリス駐日公使ハリー・パークスの進言を受け、大隈重信・伊藤博文が推進。明治二年末、東京―京都間の幹線鉄道と東京―横浜間、琵琶湖近傍―敦賀間、京都―大坂―神戸間の支線の敷設が決定された。

(49) 藪内吉彦（一九七五年）『日本郵便創業史―飛脚から郵便へ―』雄山閣出版、六三ページより転載。

(50) 稗治文撰・箕作阮甫訓點（一八六四年）『聯邦志畧　上巻』竪川三之橋（東都）、三十一丁。

(51) 郵政省編（一九六八年）『郵政百年史資料　第12巻』「駅逓明鑑（郵便上）」吉川弘文館、一三三～一三七ページ。

(52) 渋沢青淵記念財団竜門社編（一九五五年）『渋沢栄一伝記資料　第二巻』渋沢栄一伝記資料刊行会、五五六～五五七ページ。

(53) 日本通運株式会社『前掲書』九七五ページ。

(54) 巻島『前掲書』一三五ページ。

(55) 山内頼富については、八杉淳（二〇〇七年三月一五日）「草津・伝馬所から郵便局へ～山内家文書管見～」草津宿街道交流館『街道文化　通信vol.14』二～三ページ：同（二〇一五年三月三〇日）「東海道草津宿山内家文書前島密書簡と「飛脚から郵便へ」展」郵政博物館『研究紀要』第6号、九一～九五ページ。

(56) 巻島隆は、幕府、大名、旗本といった公的権力の御用こそが飛脚問屋の主要且つ安定した収入源であったと述べつつ、郵便創業前の飛脚問屋と政府の関係も、こうした江戸期からの延長だったと捉え直すことができると結論している（巻島〔二〇一五年三月〕「定飛脚日記からみる飛脚問屋：『御用』記述に関する検討」郵政博物館『研究紀要』第6号、二九～三〇ページ）。

(57) 前島による和泉屋召喚から飛脚業務報告書の提出にいたる経緯については、内国通運株式会社『前掲書』一三～一四ページ：国際通運株式会社『前掲書』六一ページ。

Ⅲ　陸運独占への道のり

(1) 逓信協會『前島密遺稿集』二六～二七ページ：橋本監修『行き路のしるし』二八ページ。

(2) 杉浦譲の郵政改革については、土屋喬雄代表編集（一九七八年）『杉浦譲全集　第三巻』／（一九七九年）『杉浦譲全集　第五巻』杉浦譲全集刊行会参照。また、杉浦の伝記としては、初代駅逓正杉浦譲先生顕彰会編・刊（一九七一年）『初代駅逓正杉浦譲伝』：高橋善七（一九七七年）『初代駅逓正　杉浦譲―ある幕臣からみた明治維新―』日本放送出版協会がある。

(3) 郵政省『郵政百年史資料　第12巻』一〇四ページ。

(4) 逓信協會『前島密遺稿集』七九ページ：前島密『前島密自叙伝』八三～八五、八六～八七ページ。

(5) 内閣官房局『法令全書　明治三年』二五八ページ。

(6) 農商務省駅逓局『大日本交通史（全）』四八九ページ：郵政省『郵政百年史資料　第12巻』一〇七～一〇九ページ。

(7) 農商務省駅逓局『大日本交通史（全）』四九三～四九四ページ：郵政省『同前書』一一〇ページ。

(8) 新修石部町史編さん委員会編（一九八九年）『新修石部町史　通史篇』石部町、五六一ページ。

(9) 江東区中川船番所資料館の許可をえて掲載。

(10) 大阪商工会議所編・刊（一九六四年）『大阪商業史資料　第一五巻』一九ページ。この「飛脚ノ話」は、大阪商工会議所が明治三二（一八九九）年より経済調査の一環として収集・編纂した聴き取りのひとつで、談話者は江戸末期から明治初期に大阪の飛脚問屋に勤めていた人間と推測される。

(11) 原文は土屋喬雄『杉浦譲全集　第三巻』二四六～二四七ページ：杉浦譲先生顕彰会『初代駅逓正杉浦譲伝』二〇二～二〇六ページ：金子一郎（一九八一年）「陸走会社について」日本歴史学会『日本歴史』第三九六号、七四～七五ページに収録。

(12) 土屋喬雄『杉浦譲全集　第三巻』一五四～一五七ページ：金子一郎「同前論文」七〇～七三ページ。なお、『杉浦譲全集　第三巻』は嘆願書にある「陸走運輸」を「陸送運輸」と誤記している。

(13) 郵政省『郵政百年史資料 第12巻』一一〇ページ。
(14)、(15) 日本通運株式会社『前掲書』一二三〜一二四ページ。
(16) 物流博物館『嶋屋佐右衛門日記の世界』二七、三一ページ。公的権力筋の「御用」をめぐる問屋同士の競争については、巻島「定飛脚日記からみる飛脚問屋」二八〜二九ページを参照。
(17) 日本通運株式会社『前掲書』一二六ページ。
(18) 物流博物館『嶋屋佐右衛門日記の世界』六二ページ。
(19) 内閣官房局『法令全書 明治四年』五五〜六四ページ。
(20) 杉浦譲先生顕彰会『初代駅逓正杉浦譲伝』二一四〜二一六ページ。
(21) 土屋喬雄『杉浦譲全集 第三巻』一六、二九〇〜二九一ページ。
(22) 野口雅雄（一九二九年）『日本運送史』交通時論社、六二〜六三ページ。
(23) 太田久好著・刊（一八九二年）『横濱沿革誌』一四七ページ。
(24) 土屋喬雄『杉浦譲全集 第三巻』一三六ページ。
(25) 郵政省編（一九六八年）『郵政百年史資料 第13巻』「駅逓明鑑（郵便下）」吉川弘文館、一〇九ページに「近キニ達スル信書ハ皆飛脚屋等ノ手ニ落チ政府ノ郵便ハ唯遠方ニ達スル信書ノ往復ニ当ルノミ」とある。
(26) 逓信協會『前島密遺稿集』一一六ページ。
(27) 内閣官房局『法令全書 明治四年』二九四ページ。
(28) 杉浦譲先生顕彰会『初代駅逓正杉浦譲伝』二五八〜二五九ページ。
(29) 内閣官房局『法令全書 明治四年』三二一〜三二二ページ。

(30) 農商務省駅逓局『大日本交通史（全）』五一七、五一九ページ。
(31) 杉村廣太郎（一九二〇年）『濱口梧陵傳』浜口梧陵銅像建設委員会、二九四ページ。
(32) 『同前書』二九〇ページ。
(33) 逓信協會『前島密遺稿集』三四～三五ページ。
(34) 前島密『前島密自叙伝』九〇ページ。
(35) 逓信協會『前掲書』一一七ページ。
(36) 『同前書』一一八ページ。
(37) 内国通運株式会社『前掲書』一六ページ：日本通運株式会社『前掲書』一二七ページ。
(38) 農商務省駅逓局『大日本交通史（全）』五二四ページ。
(39) 内閣官房局『法令全書　明治四年』五八四～五九九ページ。
(40) 内閣官房局『法令全書　明治五年』七一三ページ。
(41) 以下の荘助—前島会談の描写は、逓信協會『前島密遺稿集』一一九～一二一ページ：内国通運株式会社『前掲書』一六～一七ページを下敷きに、筆者独自の解釈を施したものである。
(42) 田中彰（二〇〇三年）『明治維新』講談社学術文庫、一七六～一八七ページ。
(43) 国際通運株式会社『前掲書』六九ページ。
(44) 井上卓朗（二〇一一年三月）「日本における近代郵便の成立過程—公用通信インフラによる郵便ネットワークの形成」郵政資料館『研究紀要』第2号、二四ページ：玉井『前掲書』三九、四四ページ。
(45)、(46) 江東区中川船番所資料館の許可をえて掲載。
(47) 内国通運株式会社『前掲書』一七ページ：日本通運株式会社『前掲書』一二八ページ。

(48) 農商務省駅逓局『大日本交通史』五四一ページ。なお、『陸運元會社定則書』明治五壬申年六月付によると、「略ス」とされた「外四人」は京屋の村井彌兵衛、和泉屋の吉村甚兵衛、山田屋の山田八左衛門、江戸屋の西村仁三郎であると推定される（内国通運株式会社『前掲書』二六～二七ページ）。そのうち山田八左衛門は、国際通運株式会社『前掲書』六三、六六、八〇ページ：日本通運株式会社『前掲書』一二四、一二五ページ：野口『前掲書』八一ページ：中野金次郎（一九二五年）『内國通運株式會社の沿革と業務の擴張』私家版一四ページなどに「山田（屋）八右衛門」と表記されているが、江戸期の文書類（物流博物館『嶋屋佐右衛門日記の世界』五八、五九ページ参照）、『信義取為替証文之事』、『会社規則之事』、また『中川史料』収録「内國通運會社沿革史資料」には、「山田（屋）八左衛門」と記されている。おそらくは社史編纂作業に際して誤記あり、それが以降の社史などに継承されてしまったのではなかろうか。

(49) 広岡／一隅社編集部『前掲書』一二～一三ページ。

(50) 農商務省駅逓局『大日本交通史（全）』五四三～五四七ページ。

(51) 内国通運株式会社『前掲書』一八ページ。

(52) 国際通運株式会社『前掲書』八一ページ：日本通運株式会社『前掲書』一二九、一三四、一四一、一四八ページ。

(53) 内国通運株式会社『同前書』二〇、二二、二三ページ。

(54) 江東区中川船番所資料館の許可をえて掲載。

(55) 日本通運株式会社『前掲書』一三四ページ。

(56) 江東区中川船番所資料館の許可をえて掲載。

(57) 一隅社編集部『荘助篇』一八ページ。

(58) 日本通運株式会社『前掲書』一三〇～一三四ページ。

(59) 逓信協會『前島密遺稿集』一二〇ページ。

(60) 巻島『前掲書』三三九ページ。

(61) 逓信協會『前島密遺稿集』一二〇ページ。

(62) 後世「海舟」の号で知られる勝義邦の談話を脚色して吉本襄が編纂した『氷川清話』に「坂本龍馬。彼れ《ママ》は、おれを殺しに来た奴だが、なかなか人物さ」（江藤淳・松浦玲〔二〇〇〇年〕『勝海舟 氷川清話』講談社学術文庫、八六ページ）という一節があり、それをモチーフにして両名の出会いを司馬遼太郎が名作長編『竜馬がゆく』で劇的かつ魅力的に描いたことから、広く知られるようになった（司馬〔一九九八年〕『竜馬がゆく　第三巻』文春文庫、一五八～二〇九ページ）。実際、坂本と勝の邂逅については不明な点も多く、ふたりを引きあわせた人物についても複数の説が存在する。

(63) 日本放送協会制作「日本郵便の父・前島密」一九六四年ラジオ放送。脚本に記述は、平原『物流史談』三〇一～三〇二ページを参照。

(64) 日本放送協会制作「にっぽん郵便創業物語　前島密の挑戦」二〇〇五年五月一一日放映。

(65) 童門冬二（二〇〇四年）『小説　前島密　天馬陸・海・空を行く』郵研社、一七〇ページ。

(66) 逓信協會『前島密遺稿集』一二二ページ。

(67) 藪内吉彦『前掲書』一四四ページ。

(68) 野口雅雄『前掲書』八二～八三ページ。

(69) 飛脚研究の泰斗・藤村潤一郎は、「明治期には三者（三都の飛脚問屋）のうち江戸が中心になって郵便の成立に対処し、内国通運になっていく」と述べ、「郵便の開設は飛脚の実績の上に成立したと考えるべき」であると提起している（藤村〔一九九二年〕「情報の伝達者・飛脚の活動」丸山『日本の近世　6』三二二、三四八ページ）。

Ⅳ　佐々木荘助の事業戦略

(1) 山路愛山（一九〇八年）『現代金権史』服部書店、三四ページ。
(2) 『同前書』一二二ページ。
(3) 藤井光男編著（一九八二年）『経営史―日本』日本評論社、一三ページ。
(4) 『同前書』三〇、六二～六三ページ。
(5) 『同前書』六五～六六ページ。
(6) 前島密『前島密自叙伝』一〇九ページ。
(7) 伊井直行（二〇一〇年）『岩崎彌太郎「会社」の創造』講談社現代新書、二五二ページ。
(8) 日本通運株式会社『前掲書』一三六ページ。
(9) 『新修石部町史　通史篇』五五八ページ。
(10) 農商務省駅逓局『大日本交通史（全）』五五一ページ。
(11) 『新修石部町史　通史篇』五五九ページ。
(12) 内閣官房局『法令全書　明治五年』六九三～六九四ページ。
(13) 日本通運株式会社『前掲書』一四〇ページ。
(14) 農商務省駅逓局『大日本交通史（全）』五五一～五五二ページ。
(15) 日本通運株式会社『前掲書』一三八ページ。

(16)『同前書』一三九～一四〇ページ。
(17)内閣官房局『法令全書　明治六年』三〇九ページ。
(18)農商務省駅逓局『大日本交通史（全）』五七五～五七九ページ：国際通運株式会社『前掲書』九〇～九四ページ。
(19)日本通運株式会社『前掲書』一四一ページ：国際通運株式会社『同前書』九六～一〇一、一〇二～一〇八ページ。
(20)日本通運株式会社『同前書』一四八～一四九ページ。
(21)『同前書』一四九～一五〇ページ。
(22)内閣官房局『法令全書　明治八年』八八三～八八四ページ。
(23)『同前書』九〇八～九一四ページ。
(24)田中『前掲書』三三七ページ。
(25)広岡／一隅社編集部『前掲書』一四～一五ページ。
(26)日本通運株式会社『前掲書』一四六ページ。
(27)国際通運株式会社『前掲書』八二～八五ページ。
(28)内国通運株式会社『前掲書』五〇ページ。
(29)『同前書』五〇～五一ページ：国際通運株式会社『同前書』一二九～一三〇ページ：日本通運株式会社『同前書』一五一ページ。
(30)大矢誠一（一九八〇年）『マルツウ考』交通日本社、四四～五一ページ。
(31)物流博物館（二〇一〇年）『物流博物館の収蔵資料～日本通運（株）コレクションから～』財団法人

利用運送振興会、二ページ。

(32) 星名定雄『前掲書』三四〇~三四四ページ。

(33) 国際通運株式会社『前掲書』一〇五~一〇八ページ。

(34) 福澤諭吉（一八七三年）『西洋旅案内　巻の下』（再刻）慶應義塾出版局、七〇ページ。

(35) 国際通運株式会社『前掲書』一六三ページ。

(36) 平原・加藤『歴史』七三~七五ページ：平原『史稿』七三~七五ページ。

(37) 西川孝治郎（一九六〇年一〇月）「V・E・ブラガと簿記」『会計』第78巻第5号：西川（一九七四年九月）「造幣寮お雇いブラガと英学」『英学史研究』通号7号。

(38) H・B・ブライヤント、H・D・ストラットン原著／福沢諭吉訳（一九八五年復刻）『帳合之法　全四冊合本一冊』雄松堂出版。

(39) 土屋喬雄（一九六九年）『お雇い外国人⑧　金融・財政』鹿島出版会、六四~七四ページ：片岡泰彦（二〇〇八年二月）「アラン・シャンド『銀行簿記精法』に関する一考察」大東文化大学経営学会『経営論集』第15巻、四三~六二ページ。

(40) 福沢諭吉著（一八九八年）『福澤全集　巻二』時事新報社、一二ページ。

(41) 浪花講の成立年については、文化元（一八〇四）年と文化一三年の二説があり、いずれも子年《ねどし》であることから議論が分かれている（山本光正「浪花講」丸山・小風・中村『日本交通史辞典』六七〇ページ：高橋陽一（二〇一七年三月）「近世の定宿講と旅行者—浪花講の事例から—」郵政博物館『研究紀要』第8号、四六ページ）。農商務省駅逓局『大日本交通史（全）』は「文化元年」としている（三二七ページ）。甚四郎と源助による優良旅宿の選定自体は、文化一三年以前に開始されていたようである。

(42) 井上敏子（一九六七年三月）「信州の真誠講」東京女子大学『史論』第17集、四五ページ。
(43) 今戸榮一『目で見る日本風俗誌⑥』一一八、一五四～一五五ページ。
(44) 島崎藤村（一九五四年）『夜明け前』第一部（上）新潮文庫、一二〇ページ。なお、高橋陽一は浪花講加盟旅宿の実態を左のように総括している。「他の宿屋と比べて宿泊料金が低いことから、商用以外の講定宿の利用者に道中日記として記録が残らないような、経済的に余裕のない旅行者が多くいたのではないかと考えている。また、講の鑑札を所持していなくても利用が可能であったとみられること、全体の状況は不明ながら、現実には売女を置く講定宿がみられたことから、旅行者にとっての講定宿の利点は、売女を勧められないという意味での健全さではなく、各宿駅の有力な、なおかつ全国の旅館チェーンに加盟している家にリーズナブルな値段で手軽に宿泊できる利便性のよさと安心感にあったと考えたい」と（高橋「前掲論文」五一ページ）。
(45) 井上「前掲論文」四六～四七ページ。
(46) 飛脚取次所の役割については、巻島『江戸の飛脚』一六六～一七八ページ参照。
(47) 井上「前掲論文」五三ページ。
(48) なお、これについては玉井幹司も「飛脚取次所は、明治以降、内国通運会社の輸送ネットワークを支える存在として、改めて再編されていくことになる」という展望を示している（「駅逓志料」を読む会「前掲資料」『前掲雑誌』「史料解題」玉井幹司記、一〇五ページ）。
(49) 江東区中川船番所資料館の許可をえて掲載。
(50) 内国通運株式会社『前掲書』四五ページ。
(51) 津川正幸（一九六六年）「明治初年の陸運における共同企業：陸運元会社関係資料を中心にして」関

西大学経済学会『関西大学経済論集』第15巻第4-6号、三〇五～三〇六ページ。
(52) 一隅社編集部『荘助篇』四七～四八ページ。
(53) 以上の経緯は、井上「前掲論文」五五～五八ページを参照。
(54) 江東区中川船番所資料館の許可をえて掲載。
(55) 井上「前掲論文」六三ページ。
(56) 佐々木荘助(一八七六年)『真誠講三都美家計　全』佐々木荘助蔵版「序」一～二丁。
(57) 佐々木荘助『前掲書』「東京之部」一～二丁。
(58) 『同前書』二十二丁。
(59) イザベラ・バード著/金坂清則訳(二〇一三年)『新訳　日本奥地紀行』平凡社、一四〇～一四一ページ。
(60) 井上「前掲論文」六五～六六ページ。
(61) 国際通運株式会社『前掲書』一一四～一一五ページ。
(62) 『同前書』一三七ページ:日本通運株式会社『前掲書』一四六ページ。
(63) 内閣官房局『法令全書　明治六年』八四九～八五〇ページ。
(64) 日本通運株式会社『前掲書』一五五ページ。
(65) 久留島浩(一九九二年)「江戸の道はきれいだったか」高橋敏編『見る・読む・わかる　日本の歴史3近世』朝日新聞社、一二〇ページ。
(66) 内閣官房局『法令全書　明治五年』一三二ページ。
(67) 内閣官房局『法令全書　明治六年』九三四～九三八ページ。

(68) 内閣官房局『法令全書　明治九年』三〇七～三〇八ページ。
(69) 日本通運株式会社『前掲書』一四三ページ。
(70) 小野武雄（一九八三年）『江戸物価事典　江戸風俗図誌　第六巻』展望社を参考にした。
(71) 内閣官房局『法令全書　明治九年』五七九ページ。
(72) 山本『前掲書』二八六、二八七～二八八ページ。
(73) 物流博物館編（二〇一三年）『明治・大正・昭和の鉄道貨物輸送と小運送』公益財団法人利用運送振興会、七ページ。
(74) 玉井『前掲書』三八ページ：東京の川研究会編（二〇〇一年）『「川」が語る東京―人と川の環境史―』山川出版社、一二四ページ。
(75) 吉田伸之『前掲書』二〇六～二〇七ページ。なお、内務省東京土木出張所が昭和九（一九三四）年にまとめたところでは、「（徳川時代の中葉）上利根川は八丁河岸、渡良瀬川は猿田・築田、思川は壬生黒川河岸、鬼怒川は阿久津河岸を最上流とし、以下河港の數、慶應年間に於て上利根川二十六港、江戸川の松戸以上十五港と云ふ盛況」であった（内務省東京土木出張所〔一九三四年〕「利根川・江戸川・渡良瀬川低水工事」日本港湾協会『港湾』12巻11号、一二ページ）。
(76) 江東区中川船番所資料館の許可をえて掲載。
(77) 川名登（二〇〇七年）『河岸《かし》　ものと人間の文化史139』法政大学出版局、二七三～二七四ページ。
(78) 江東区中川船番所資料館の許可をえて掲載。
(79) 琴平海洋博物館所蔵資料「陸送問屋案内広告」（資料番号135　ハ-29）を同館の許可をえて掲載。
(80) 福澤『西洋事情　巻之一』四十七～四十八丁。

(81) 内閣官房局『法令全書　明治二年』三九八ページ。
(82) 川蒸気合同展実行委員会編・刊（二〇〇七年）『図説　川の上の近代―通運丸と関東の川蒸気船交通史―』二、一八四ページ。
(83) 村越博茂「明治期・関東地方における蒸気船交通史の概観―利根川流域を中心に―」『同前書』一一三ページ。
(84) 松浦茂樹・藤井三樹夫（一九九三年六月）「明治初頭の河川行政」土木学会『土木史研究』第13号、一五六ページ。
(85) 吉田伸之（二〇〇四年）『21世紀の「江戸」』山川出版社、二〇、四二～六八ページ参照。
(86) 江東区中川船番所資料館の許可をえて掲載。
(87) 内国通運株式会社『前掲書』六八ページ。
(88) 国際通運株式会社『前掲書』八二～八五ページ。
(89) 川名登『河岸《かし》』二六三ページ。
(90) 生命保険会社協会編・刊（一九三五年）『明治大正保険史料』第一巻第二編第一類及追補、八〇～八五ページ。
(91) 日本通運株式会社『前掲書』一五七ページ。
(92) 内務省東京土木出張所「利根川・江戸川・渡良瀬川低水工事」一五ページ。
(93) 古谷昌二編（二〇一三年）『明治産業近代化のパイオニア　平野富二伝　考察と補遺』朗文社、二三三、二三九ページ。
(94) 川蒸気合同展実行委員会『前掲書』一七九ページ：古谷『前掲書』二四一～二四二ページ。

(95) 江東区中川船番所資料館の許可をえて掲載。
(96) 古谷『前掲書』二三七～二四〇ページ参照。
(97) 川蒸気合同展実行委員会『前掲書』一〇二～一〇四ページ。
(98) 『同前書』六、二五ページ。
(99) 『同前書』三〇ページ。
(100) 『同前書』二七ページ。
(101) 国際通運株式会社『前掲書』一四三～一四四ページ。
(102) 日本通運株式会社『前掲書』一五七～一五八ページ。
(103) 川蒸気合同展実行委員会『前掲書』五ページ。
(104) 東京の川研究会編（二〇〇一年）『「川」が語る東京　人と川の環境史』山川出版社、二三ページ。
(105) 江東区中川船番所資料館の許可をえて掲載。
(106) 川蒸気合同展実行委員会『前掲書』八ページ。
(107) 内閣官房局『法令全書　明治十二年』四六ページ。
(108) 川蒸気合同展実行委員会『前掲書』九～一〇、一七九、一八〇、一八一ページ。
(109) 明治一三（一八八〇）年八月二九日付『郵便報知新聞』が報じたところでは、八月二七日に第一二通運丸と永島丸が江戸川から利根川にかけて互いに航路妨害を繰り返した挙句に衝突。興奮した水夫同士が竹竿で乱闘し、仲裁に入った乗客にも怪我をさせている。
(110) 江東区中川船番所資料館の許可をえて掲載。
(111) 国際通運株式会社『前掲書』一四五ページ。

(112) 伊井『前掲書』二七九ページ。

(113) 以下の岩崎三菱の利根川水運進出の件については、国際通運株式会社『前掲書』一四五〜一四六ページ参照。

(114) 河田章（二〇一八年二月）「明治期旧岡山藩池田家の投資―横浜「永島店一件」と家政改革―」社会経済史学会中国四国部会事務局『社会経済史学會中国四国部會會報』第53号、七〜八ページ。

(115) 国際通運株式会社『前掲書』一四七ページ。

V　陸運の政商が遺したもの

(1) 国際通運株式会社『前掲書』九六〜一〇一ページ。

(2) 『同前書』一三一〜一三六ページ。

(3) 内国通運株式会社『前掲書』七七〜八〇ページ。

(4) これら内国通運最高幹部の月給額は、日本史籍協会編（一九八八年）『太政官沿革史四』東京大学出版会が掲載した明治五〜一六（一八七二〜八三）年の官員数と俸給額のデータに照らすと、明治官僚機構の最下位に位置する判任官の第9〜11等級とほぼ同額。甚兵衛の六〇円は各省大録（判任官8等級）七〇円と権大録（判任官7等級）五〇円の中間。荘助の五〇円は権大録と同じで、武田の四〇円は中録（判任官10等級）、取締役連の三〇円は権中録（判任官11等級）にそれぞれ該当する。政府から手厚い優遇措置を受けている手前、内国通運には官員に対してある種の遠慮が働いたものとも推測される。

(5) 平原『荘助篇』四三〜四四ページ。

(6) 野口『前掲書』一二四ページ。

(7) 内閣官房局『法令全書　明治十二年』六三一～六三二ページ。
(8) 山本『前掲書』二七四ページ。
(9) 老川慶喜（二〇一四年）『日本鉄道史　幕末・明治篇』中公新書、七〇ページ。
(10) 玉井幹司は河川舟運について「時間はかかっても安い運賃で荷物を運び、小回りが利くというのが特徴といえ、輸送手段の選択肢として存在意義があった。（中略）最終的には自動車輸送が水運に終止符を打ち（中略）東京では運河での艀などによる都市内水運が重要な役割を果たし、昭和三〇年代まで活躍していた」と述べている（玉井『前掲書』四六ページ）。
(11) 福澤『西洋事情　巻之一』四十九～五十丁。
(12) 物流博物館『明治・大正・昭和の鉄道貨物輸送と小運送』四ページ。
(13) 物流博物館『同前書』五ページ：横浜開港資料館編・刊（一九八五年）『「横浜毎日新聞」が語る明治の横浜　第2集（六年）』一四〇ページ。
(14) 日本通運株式会社『前掲書』一六四、一六六ページ。
(15) 垣貫興祐編・刊（一八八二年）『神兵豪商　湊の魁』神戸史学会、一九七五年複製版より。
(16) 鉄道省編・刊（一九九二年）『日本鉄道史　上篇』二四八～二五四、二六四～二七二、三〇三ページ。
(17)『同前書』三九五～四〇六ページ。日本鉄道会社の詳細については、野田正穂・原田勝正・青木栄一（一九九六年）『明治期鉄道史資料　日本鉄道株式会社沿革史（第一篇）』／（一九八〇年）『明治期鉄道史資料　日本鉄道会社沿革史（第二篇）』日本経済評論社：松平乗昌編（二〇一〇年）『図説　日本鉄道会社の歴史』河出書房新社。
(18) 川蒸気合同展実行委員会『前掲書』一七八ページ。

(19) 渋沢青淵記念財団竜門社編（一九五六年）『渋沢栄一伝記資料　第八巻』渋沢栄一伝記資料刊行会、五七四、五七五ページ。
(20) 日本通運株式会社『前掲書』一六四ページ。
(21) 『同前書』一六三ページ。
(22) 平原『荘助篇』二二ページ。
(23) 藪正一編・発行『通運』第壹號（一隅社編集部『通運第一號』）にも「鐵道ノ布設ハ未タ全國ニ普及セス滊船ノ運送ハ亦各港ニ止マルヲ以テ其各港ヨリ内地ノ各部及ヒ鐵道マテ又タ鐵道ヨリ内地各都ニ至ルモノヲ相串連シテ運送スルノ便ヲ有スルモノハ吾人會員カ従事スル所ノ本社アルノミ」（九ページ）と誇らしげに記されている。鉄道＝大運送によって貨物を長距離輸送したうえで、駅から先の小口荷物の輸送をになう小運送が、陸走会社から陸運元会社を経て内国通運へといたる全国規模の陸運事業体の生成と発展をその前史として持つことについては、物流博物館『明治・大正・昭和の鉄道貨物輸送と小運送』を参照。
(24) 内国通運株式会社『前掲書』七三ページ。
(25) 日本通運株式会社『前掲書』綴込「陸運元会社及び内国通運会社役員表」九八〇ページ：国際通運株式会社『前掲書』三九二ページ。
(26) 江東区中川船番所資料館の許可をえて掲載。
(27) 日本通運株式会社『前掲書』綴込「陸運元会社及び内国通運会社役員表」九八一ページ。
(28) 江東区中川船番所資料館の許可をえて掲載：日本通運株式会社『同前書』九八一〜九八三ページ。
(29)、(30) 江東区中川船番所資料館の許可をえて掲載。

(31) 山本弘文「吉村甚兵衛」『日本交通史辞典』九〇六ページ：巻島隆「近世における飛脚関係の金石史料」一五三ページ。
(32) 人事興信所編・刊（一九一五年）『人事興信録　第四版』「よ」四〇ページ、「も」三三ページ：（一九二八年）『同前　第八版』「モ」一五ページ、「ヨ」六六ページ。また、一〇代甚兵衛と佐平の吉村兄弟については、遠間平一郎（一九一二年）『財界一百人』中央評論社、二〇八～二一一ページに「内國通運の實權者　吉村甚兵衛（附　吉村佐平）」という小伝が収録されている。
(33) 神戸大学附属図書館デジタルアーカイブ新聞記事文庫第一一一六八「内国通運紛擾」。
(34) 日本通運株式会社『前掲書』二〇四ページ。
(35) 江東区中川船番所資料館の許可をえて掲載。
(36) 内国通運株式会社『前掲書』七七ページ：国際通運株式会社『前掲書』一五四～一五五ページ。
(37) 内国通運株式会社『同前書』七三～七四ページ：国際通運株式会社『同前書』一四九～一五〇ページ。
(38) 平原『荘助篇』表紙見返部に全文掲載。
(39) 日本通運株式会社『前掲書』一六四～一六五ページ。
(40) 内閣官房局（一八八九年九月五日）『官報』第一八五七号、四二～四三ページ。
(41) 逓信省の設立をめぐる諸事情については、山根伸洋（二〇〇二年）「工部省の廃省と逓信省の成立―明治前期通信事業の近代化をめぐって―」鈴木淳編『工部省とその時代』山川出版社、一八七～二二八ページ。
(42) 逓信協會『前島密遺稿集』二二、三八ページ。
(43) 江東区中川船番所資料館の許可をえて掲載。

(44) 篠田正作編（一八九一年）『明治新立志編』鐘美堂、三七一ページ。
(45) 『官員録』については、国立国会図書館参考書誌部編（一九八五年）『官員録・職員録目録：明治元年～昭和二二年 国立国会図書館所蔵』国立国会図書館を国立国会図書デジタルコレクションで検索・閲覧ができる。
(46) 平原『荘助篇』九～五三ページ：坪谷『前掲書』一四六～一四七ページ：平原「自殺の真相」三一九ページ。
(47) 坪谷『前掲書』一四七ページ。
(48) 『同前書』一四八ページ。
(49) 国際通運株式会社『前掲書』四五ページ。
(50) 渋沢青淵記念財団竜門社編（一九五八年）『渋沢栄一伝記資料 第一九巻』五五六ページ：同前（一九五九年）『同前書名 第二八巻』五五七、五六七、五六八、五七〇、五七四、六一一ページ。
(51) 同前（一九五六年）『同前書名 第八巻』三四六～三五二ページ：国際通運株式会社『前掲書』一四八～一四九、一七九ページ。
(52) 坪谷『百傑傳』一四八ページ。
(53) 平原『荘助篇』二九ページ。
(54) 日本通運株式会社『前掲書』一六八ページ。
(55) 電話を先行の電信・郵便と同じく官営とするのか、国庫逼迫の折から民営とするのかという運営方針をめぐって省内に対立が生じた。大臣の榎本は民営を、次官の野村靖は官営を押し、互いに譲らぬまま電話創業は一時宙に浮いた（松田『明治電信電話ものがたり』一〇四～一〇六ページ）。

(56) 松田『同前書』一一〇ページ。
(57) 後藤入閣の裏には、大久保死後の明治政界に君臨した伊藤博文の画策があった。伊藤は自由民権運動の隆盛が国家の屋台骨を揺るがしかねないとの危惧を抱き、日本をアジア初の立憲国家へと脱皮させ、不平等条約の改正を実現することで、この難局を乗り切ろうとした。その際、大臣職を「餌」に政敵をつぎつぎと懐柔していく。後藤に逓信大臣の地位を与えたのもそのひとつであった（松田『同前書』一一一～一一二ページ）。
(58) 日本通運株式会社『前掲書』一六六ページ。
(59) 『同前書』一六七ページ。
(60) 松田『明治電信電話ものがたり』一一三～一一四ページ。
(61) 後藤逓信大臣のもとで内国通運が郵便物御用の特権を失った経緯については、日本通運株式会社『同前書』一六七～一六九ページ。
(62) 平原・加藤『歴史』／平原『史稿』五五ページ：平原『荘助篇』二八～二九ページ。
(63) 『荘助碑』撰文によると、中野家から嫁いだ前妻の朝子とのあいだに二女をもうけ、大田家より迎えた後妻の久美子とのあいだにも二男二女をえていた。なお、朝子と久美子の墓はともに荘助墓の傍らに立ち、朝子墓には「明治一一年九月二六日逝去」、久美子墓には「大正六年一月六日逝去」と刻まれている。
(64) 平原『荘助篇』四七ページ。
(65) 『同前書』四八ページ。
(66) 『改進死状』のみが荘助の自殺時刻を四月六日の朝食後――「家族と団欒し朝餐を吃し一室に閉居すると間もなく」――としている（『同前書』五三ページ）。

(67) 近藤・佐藤両医師については、菊地清隆（一八八六年）『現世日本名醫高評傳』簾清堂の一～三ページに「佐藤進君　本郷區」、四六～四八ページに「近藤玄齡君　本所區」の紹介がある。近藤は本所区医界の泰斗と称され、内科・外科ともに精通、貴賤の隔てなく診療したという。また、佐藤は荘助と同じく常陸国の出身。順天堂医院初代院長佐藤尚中の養子となり、陸軍医監を経て、尚中が本郷区に設立した順天堂医院長となっている。

(68) 平原『荘助篇』五三～五四ページ。

(69)『同前書』三三ページ。

(70)『同前書』五五ページ。

(71) 藪正一編・発行『通運』第壹號、一〇ページ。

(72) 二二三年に蜀漢帝国の丞相・諸葛亮こと孔明は、重態に陥った国王・劉備玄徳から、長男である劉禅（幼名は阿斗《あと》）の後見と漢王室の再興を託された。以後、諸葛亮は生涯をつうじて劉備の遺志を忠実に守り、劉禅を盛りたてて蜀漢の内治充実と漢王室の再興に腐心する（早稲田大学編輯部編〔一九一一年〕『通俗三國志　下』早稲田大学出版部、二〇三～二〇五ページ）。

(73) 平原『荘助篇』三〇ページ。

(74) 橋本輝夫『行き路のしるし』一一四ページ。

(75) アルフレッド・D・チャンドラーJr.著／鳥羽欽一郎・小林袈裟治訳（一九七九年）『経営者の時代―アメリカ産業における近代企業の成立―（上）』東洋経済新報社、一一～二〇、一五二～ページ。

(76) アルフレッド・D・チャンドラーJr.著／三菱経済研究所訳（一九六七年）『経営戦略と組織―米国企業の事業部制成立史―』実業之日本社、一八ページ。

(77) 山路愛山（一九一四年）『岩崎彌太郎』東亜堂書房、二二八〜二三二、二四三〜二四六ページ。
(78) 伊井『前掲書』二五六ページ。
(79) 南海漁人（一八九八年）『岩崎彌太郎』集文館、一〇一ページ。
(80) 平原『荘助篇』五二ページ。
(81) 新渡戸稲造著／櫻井彦一郎訳（一九〇八年）『武士道』丁未出版社、五、九九〜一〇六ページ。
(82) 福澤諭吉（一九三一年）『文明論之概略』岩波文庫、九ページ。
(83) 藪正一編・発行『通運』第壹號、九ページ。

あとがき

(1) 江東区中川船番所資料館の許可をえて掲載。
(2) 平原『荘助篇』五五ページ。
(3) 山寺清二郎編（一八九二年）『東京商業会議所会員列伝』聚玉館、三四、二三六〜二三七、二三九ページ。
(4) 日本通運株式会社『前掲書』一七六ページ。
(5) 『同前書』一七三ページ。
(6) 平原『荘助篇』五六ページ。
(7) 日本通運株式会社『前掲書』一七四ページ。筆者所蔵の『明治二十七年十一月三十日現在　内國通運株式會社株主名簿』・『明治廿八年十一月三十日現在　内國通運株式會社株主名簿』には、「サ之部」の筆頭に「佐々木正三　東京市本所區相生町五丁目廿七番地　二〇〇（株）　八、〇〇〇、〇〇〇（円）」とある。

(8) 内国通運株式会社『前掲書』九二ページ。
(9) 江東区中川船番所資料館の許可をえて掲載。
(10) 平原『荘助篇』七四ページ。
(11) 佐川急便株式会社のこと。同社は一九五七年に京都―大阪間で小荷物輸送サービスを開始した佐川清が、有限会社佐川を経て一九六五年に設立したもので、江戸期飛脚業とは何ら関係を持たない。ただし、社是《モットー》として「飛脚の精神《こころ》」を継承し、「お預かりした大切なお荷物を『お客さまの心とともに』お届けする」ことを掲げている（SGホールディングス株式会社ホームページ「企業情報」・「採用情報」参照）。
(12) 茨城県立歴史館『輝く茨城県の先人たち』冒頭「『輝く茨城県の先人たち』について」。
(13) 西宮市史編集委員会（一九五六年）『西宮市史編集資料目録集　第二』浄橋寺文書目録「一六　運輸」二〇〜二一ページ：武藤誠・有坂隆道編（一九六四年）『西宮市史　第六巻　資料編3』西宮市役所、七三七〜七七九ページ。
(14) 田宮久史（二〇〇一年）『東海道枚方宿』枚方市教育委員会：草津市所蔵『草津宿問屋山内家文書』。

図版出典一覧

図版1　風刺錦絵『開化旧弊興廃くらべ』（左は円内の拡大）
芳藤筆「開化旧弊興廃くらべ」一八八二年二月出版〔筆者所蔵『日本郵便錦絵集』より転載〕
図版2　前島　密（右は幕臣時代、左は官僚時代）
国立国会図書館蔵「近代日本人の肖像」
図版3　佐々木荘助（右から盛年期、壮年期、晩年期①、晩年期②）
物流博物館提供
図版4「佐佐木荘助君之碑」（右から全体、題字部拡大、「以病歿」の記載部拡大）
筆者撮影〔二〇一八年三月一〇日〕
図版5「故内國通運會社社長佐々木荘助墓」
筆者撮影〔二〇一八年三月一〇日〕
図版6　第九代吉村甚兵衛
物流博物館提供
図版7「飛脚」図
左：初代広重筆『東海道五拾三次之内　平塚』一八三三年出版〔筆者所蔵『日本郵便錦絵集』より転載〕
右：北斎筆『富嶽百景』三編「暁の不二」一八三五年出版〔筆者所蔵『日本郵便錦絵集』より転載〕
図版8「ちりんちりんの町飛脚」

国立国会図書館デジタルコレクション「江戸名所画賛・町飛脚」
図版9　江戸・大坂飛脚問屋の相仕関係
大阪市参事会編・刊（一九一四年）『大阪市史　第二巻』一二三四ページより筆者作成
図版10　幕末期の江戸定飛脚問屋所在図（中央円枠「日本橋」）
国際通運株式会社『国際通運株式会社史』五三～五四ページ／巻島『江戸の飛脚』一三四～一三六、一五〇、一五六ページの記述をベースに、『三層　江戸・明治・東京重ね地図』エーピーピーカンパニー収録「日本橋八丁堀」を使用して筆者作成
図版11　江戸期の和泉屋甚兵衛店舗
国際通運株式会社『国際通運株式会社史』寫眞版口繪「江戸定飛脚問屋和泉屋」転載
図版12　問屋場での継立風景
国立国会図書館デジタルコレクション「東海道五十三次　一」藤枝人馬継立
図版13　江戸定飛脚仲間定則運賃（1830～1864年）
横井時冬（一九一〇年）『日本商業史』金港堂、一九二一～一九四ページをもとに筆者作成
図版14　街道をゆく宰領の姿
国立国会図書館デジタルコレクション「東海道名所図絵　巻四　名産瀬戸染飯」
図版15　山科徳林庵の飛脚井戸（左は円枠部の拡大）
筆者撮影〔二〇一八年四月七日〕
図版16　『西洋事情初編』（表紙扉絵）
国立国会図書館デジタルコレクション「西洋事情初編巻之一」

図版17 「収税法　飛脚印」
国立国会図書館デジタルコレクション「西洋事情初編巻之一」
図版18 杉浦　譲
国立国会図書館デジタルコレクション「横浜鎖港使節・パリ万博使節他写真（杉浦譲）」
図版19 「信義取為替証文之事」／図版20 「会社規則之事」
国際通運株式会社『国際通運株式会社史』寫眞版挿繪「定飛脚問屋仲間の信義取爲換證文と會社規則」
転載
図版21 定飛脚陸走会社
東京都立中央図書館TOKYOアーカイブ提供「全盛富貴寿古録」部分
図版22 「陸運会社規則」（一部欠損）
筆者所蔵のものを撮影〔二〇一九年一〇月四日〕
図版23 太政官布告第二三〇号
物流博物館提供
図版24 陸運元会社への入社資格
内国通運株式会社『内国通運株式会社発達史』三〇～三三ページをもとに筆者作成
図版25 内国通運会社本社
国立国会図書館デジタルコレクション「東京商工博覧絵　上」
図版26 通信・輸送体系の変遷図（宿駅制度から官民棲み分け体制へ）
野口雅雄『日本運送史』一四一ページ／物流博物館『物流博物館の収蔵資料～日本通運（株）コレク

ションから〜』二ページ／玉井幹司（二〇一二年九月二九日）「千葉県の内陸輸送ネットワークの展開」
千葉古文書の会公開講座レジュメ四ページを参考に筆者作成
図版27　内国通運会社株式証書
物流博物館提供
図版28　株主名簿（明治7年1月〜8年4月）
物流博物館提供
図版29　「E㊂E」マーク
国際通運株式会社『国際通運株式会社史』寫眞版口繪「社章」転載
図版30　内国通運会社の『会社結算報告書』
物流博物館提供
図版31　「浪花講発祥の地」碑
筆者撮影（二〇一八年八月八日）
図版32　浪花講の看板（レプリカ）
筆者撮影（二〇一九年八月二二日）
図版33　真誠講看板
物流博物館提供
図版34　真誠講旅行案内書
物流博物館提供
図版35　真誠講継立休泊申合書

物流博物館提供
図版36　『真誠講三都美家計』表紙部・序（右）と「東京之部」（左）
国立国会図書館デジタルコレクション「三都美家計」
図版37　東京湾内和船航路の広告
琴平海洋博物館所蔵「陸送問屋案内広告」（資料番号135　ハ-29）筆者撮影〔二〇一九年八月三〇日〕
図版38　第三六通運丸の船体図面
国立国会図書館デジタルコレクション「日本近世造船史・附図」
図版39　通運丸航路開設一覧
日本通運株式会社『社史　日本通運株式会社』一六〇ページ／川蒸気合同展実行委員会『図説　川の上の近代』八ページをもとに筆者作成
図版40　岩崎彌之助から前島密宛書簡／図版41　前島密から佐々木荘助宛書簡
国際通運株式会社『国際通運株式会社史』寫眞版挿繪「前島驛遞頭及岩崎彌之助の手簡」転載
図版42　東京両国橋の通運丸発着所
物流博物館提供
図版43　元会社の傘下事業区分
国際通運株式会社『国際通運株式会社史』九六一〇一～ページをもとに筆者作成
図版44　内国通運の傘下事業区分
日本通運株式会社『社史　日本通運株式会社』一五二～一五三ページをもとに筆者作成
図版45　陸運元会社～内国通運会社の事業発達（明治5～26年）

内国通運株式会社『内国通運株式会社発達史』収録「内國通運株式會社事業發達表」より筆者作成
図版46　兵庫の内国通運会社分社「山中藤平」
垣貫興祐編・刊（一八八二年）『神兵豪商　湊の魁』神戸史学会、一九七五年複製版より転載
図版47「吉村家歴代墓」
筆者撮影〔二〇一八年三月一〇日〕
図版48　第一〇代吉村甚兵衛
国際通運株式会社『国際通運株式会社史』寫眞版口繪「歴代社長の肖像」第四代社長故吉村甚兵衛転載
図版49　吉村佐平
国際通運株式会社『国際通運株式会社史』寫眞版口繪「解散當時の役員」専務取締役吉村佐平（清算人）転載
図版50　籾山半三郎
国際通運株式会社『国際通運株式会社史』寫眞版口繪「歴代社長の肖像」第二代社長故籾山半三郎転載
図版51　内国通運会社通運路線略図（明治21年4月）
日本通運株式会社『社史　日本通運株式会社』一五〇～一五一ページ折込図転載
図版52　内国通運金沢支店の営業案内広告
物流博物館提供

参考文献一覧

佐々木荘助の生涯と事績、そして我が国の陸運業・物流業の歴史を知るのに有益と思われる文献を、Ⅰ～Ⅹの項目に分類・列記した。いずれも現時点で入手・閲覧・見学が可能なものである。

【Ⅰ】佐々木荘助伝記・評伝

〈1〉本戸偉太郎編纂（一八九〇年）『常総名家傳』収録「佐々木荘助」會始書館
〈2〉坪谷善四郎（一八九二年）『実業家百傑傳　第二巻』収録「佐々木荘助君」東京堂書房
〈3〉横山源之助（一九〇七年）『怪物伝』収録「佐々木荘助」平民書房
〈4〉磯ケ谷紫江（一九二八年）『墓碑史蹟研究』第六巻収録「佐々木荘助之碑」後苑荘
〈5〉宮武外骨編（一九三一年）『近世自殺者列伝』収録「佐々木荘助　内國通運會社長」半狂堂主人（宮武）外骨
〈6〉横山源之助著／立花雄一編（二〇〇四年）『横山源之助全集　第五巻』（一九〇五～〇六年刊復刻）収録「運輸事業の卒先者　佐々木荘助」法政大学出版局
〈7〉平原直・加藤朔郎（一九五三年）『通運読本　歴史』通運業務研究会
〈8〉平原直（一九五三年一一月）『通運史稿―通運の誕生から成長まで―』私家版
〈9〉一隅社編集部編（一九五八年）『通運読本・通運資料　佐々木荘助篇』通運業務研究会
〈10〉千葉忠也（一九六四年三月）「日立地方陸運継立所の設置出願人　吉村甚兵衛・佐々木荘助の人物に

ついて」郷土ひたち文化研究会『郷土ひたち』第10号第11号合巻号
〈11〉平原　直（二〇〇〇年）『物流史談―物流の歴史に学ぶ人間の知恵』収録「日本物流開拓に命をささげた佐々木荘助・その足跡と自殺の真相」流通研究社
〈12〉笠松慎太郎（出版年不詳）『通運の父　佐々木荘助の碑を仰ぎて』私家文書

【Ⅱ】佐々木荘助著作物
〈1〉佐々木荘助（一八七六年）『真誠講三都美家計　全』佐々木荘助蔵版
〈2〉講元佐々木荘助・発起内国通運会社（一八八三年一月改）『真誠講・浪速講』後藤利兵ヱ
〈3〉佐々木荘助編（一八八八年）『通運里程便覧・従東京到各地之部』内国通運会社
〈4〉佐々木荘助編（一八八八年）『通運里程便覧（従東京到各地之部）明治廿一年五月調』内国通運会社

【Ⅲ】佐々木荘助関連新聞記事
〈1〉朝野新聞（一八九二年四月一〇日付）「佐々木荘助社長自殺（佐々木氏の略伝）」（明治ニュース事典編纂委員会・毎日コミュニケーションズ出版部編〔一九八四年〕『明治ニュース事典　第四巻』毎日コミュニケーションズ、五七三ページ）
〈2〉読売新聞（一八九二年四月一〇日付）「内国通運社長自殺す」（一隅社編集部編〔一九五八年〕『通運読本・通運資料　佐々木荘助篇』通運業務研究会、四八～四九ページ）
〈3〉読売新聞（一八九二年四月一二日付）「佐々木通運会社帳の覚悟」（『同前書』四九ページ）
〈4〉読売新聞（一八九二年四月一四・一五日付）「佐々木荘助氏自殺の顛末」（『同前書』四九～五三ページ）

〈5〉改進新聞（一八九二年四月一二日付）「佐々木荘助氏の死状」（『同前書』五三〜五五ページ）
〈6〉中外商業新報（一八九二年五月二四日付）「佐々木社長自殺後の内国通運」（『同前書』五五〜五六ページ）

【Ⅳ】関連業界史・社史・伝記等

〈1〉内国通運株式会社編・刊（一九一八年）『内国通運株式会社発達史』
〈2〉生命保険会社協会編・刊（一九三五年）『明治大正保険史料』第一巻第二編第一類及追補
〈3〉土木学会（一九三六年）『明治以前日本土木史』岩波書店
〈4〉逓信協會編・刊（一九三六年）『前島密遺稿集　郵便創業談』
〈5〉国際通運株式会社編・刊（一九三八年）『国際通運株式会社史』
〈6〉前島密（一九五六年）『前島密自叙伝』前島密伝記刊行会
〈7〉渋沢青淵記念財団竜門社編（一九五五年）『渋沢栄一伝記資料　第二巻』／（一九五六年）『同左　第八巻』／（一九五八年）『同左　第一八巻』／（一九五九年）『同左　第一九巻』／（一九五九年）『同左　第二八巻』渋沢栄一伝記資料刊行会
〈8〉広岡治哉著／一隅社編集（一九五八年）『通運読本　通運資料　江戸定飛脚問屋』通運業務研究会
〈9〉広岡治哉（一九五八年）『江戸定飛脚問屋株仲間の研究―日本陸運資本前史―』一隅社
〈10〉日本通運株式会社編・刊（一九六二年）『社史　日本通運株式会社』
〈11〉松田　実（一九六四年）『関東地方通運史』（財）関東通運協会
〈12〉朝陽会（一九六八年復刻）『大日本交通史（全）原名　駅逓誌稿』清文堂出版

〈13〉郵政省（一九六八年）『郵政百年史資料　第12巻　駅逓明鑑（郵便上）／『同前　第13巻　駅逓明鑑（郵便下）』吉川弘文館
〈14〉児玉幸多編（一九七〇年）『近世交通史料集4　東海道宿村大概帳』吉川弘文館
〈15〉児玉幸多校訂（一九七四年）『近世交通史料集7　飛脚関係史料』吉川弘文館「島屋佐右衛門家声録」「飛脚問屋仲間定」「定飛脚冥加金演舌書」「定飛脚発端旧記」「仲間諸仕法取締願一件」「仲間定法帳」収録
〈16〉土屋喬雄代表編集（一九七八年）『杉浦譲全集　第三巻』／（一九七九年）『杉浦譲全集　第五巻』杉浦譲全集刊行会
〈17〉児玉幸多編（一九七八年）『近世交通史料集8　幕府法令　上』吉川弘文館
〈18〉児玉幸多編（一九七九年）『近世交通史料集9　幕府法令　下』吉川弘文館
〈19〉橋本輝夫監修（一九八六年）『前島密生誕一五〇年記念出版　行き路のしるし』日本郵趣出版
〈20〉前島密（一九九七年）『人間の記録21　前島密自叙伝』日本図書センター

【V】県史・市史・地誌・郷土史等

〈1〉垣貫興祐編・刊（一八八二年）『神兵豪商　湊の魁』神戸史学会、一九七五年複製版
〈2〉大阪市参事会編・刊（一九一五年）『大阪市史　第二』／（大阪市史　第四下』
〈3〉神戸市役所編・刊（一九二五年）『神戸市史　別録一』
〈4〉東京都編・刊（一九五九年）『東京市史稿　市街篇48』
〈5〉武藤誠・有坂隆道（一九六四年）『西宮市史　第六巻　資料編3』西宮市役所

〈6〉大阪商工会議所編・刊（一九六四年）『大阪商業史資料　第15巻』
〈7〉西宮市史編集委員会（一九六七年）『西宮市史　第三巻』西宮市役所
〈8〉茨城県史編さん幕末維新史部会（一九六九年）『茨城県史料　維新編』茨城県
〈9〉下妻市史編纂委員会（一九七二年）『井上家譜　附　井上氏一門略系・下妻藩分限帳・下妻藩領村高』旧下妻藩主井上家墓碑移処協賛会
〈10〉茨城県史編さん総合部会（一九七五年）『茨城県史　市町村編Ⅱ』茨城県
〈11〉原田勝正・田村貞雄（一九七八年）『明治大正図誌　第9巻　東海道』筑摩書房
〈12〉色川大吉・新井勝紘（一九七九年）『明治大正図誌　第7巻　関東』筑摩書房
〈13〉下妻市史編纂委員会（一九七九年）『下妻市史』下妻市長・下妻市役所
〈14〉茨城県歴史散歩研究会（一九八五年）『新版　茨城県の歴史散歩』山川出版社
〈15〉下妻市史の会・下妻市史編纂専門委員会（一九八五-二〇〇六年）『下妻市史料　井上下妻藩関係　一～一二』下妻市
〈16〉千葉県高等学校教育研究会歴史部会（一九八九年）『新版　千葉県の歴史散歩』山川出版社
〈17〉『新修石部町史』編さん委員会編（一九八九年）『新修石部町史　通史篇』石部町
〈18〉埼玉県高等学校社会科教育研究会歴史部会（一九九一年）『新版　埼玉県の歴史散歩』山川出版社
〈19〉下妻市史編さん委員会（一九九四年）『下妻市史　中　近世』下妻市
〈20〉下妻市史編さん委員会（一九九五年）『下妻市史　下　近現代』下妻市
〈21〉長谷川伸三・糸賀茂男・今井雅春・秋山高志・佐々木寛司（一九九七年）『茨城県の歴史』（県史8）山川出版社

〈22〉八杉淳（二〇〇七年三月一五日）「草津・伝馬所から郵便局へ～山内家文書管見～」草津宿街道交流館『街道文化』通信 vol.14

〈23〉茨城県立歴史館（二〇〇八年）『輝く茨城県の先人たち』茨城県生活環境部生活文化課

〈24〉八杉淳・森本英令奈（二〇一三年九月一日）「日本近代郵便の父・前島密の書簡～新発見の資料から～」草津宿街道交流館『街道文化』通信 vol.27

【Ⅵ】各種施設所蔵・保管資史料

〈1〉流通経済大学物流科学研究所　平原直物流資料室蔵「佐久間精一家所蔵　佐々木荘助遺文書目録」〔文書現物については、一部を物流博物館が、一部を佐久間家が保管〕

〈2〉物流博物館蔵「佐々木荘助関連資料」

〈3〉江東区中川船場所資料館蔵『内国通運会社社史関係史料』

・「内國通運會社沿革史資料」購37-49

・「史料　日本交通沿革略年表資料　前編」購33-37

・「史料　日本交通沿革畧歴年表稿　後編」購32-37

・「日本陸海交通沿革資料」購22-37

〈4〉東京都公文書館蔵公文書類検索項目「佐々木荘助」44件／「陸運元会社」16件／「内国通運会社」176件／「吉村甚兵衛」52件

〈5〉水戸地方法務局下妻支局保管『旧土地台帳』「下妻甲」・「同乙」・「同丁」

〈6〉浄橋寺文書

・「陸運会社設立書類」一冊（明治五年一〇月）
・「陸運会社之陸運元会社ニ合併経過」二通（明治八年）
・「内国通運取調書」一通（明治一〇年四月）
・「内国通運会社聯合荷物取次所幷人馬継立所営業御願」一通（明治一一年一一月）
・「内国通運会社退社願」（明治一一年一一月）

〈7〉琴平海洋博物館所蔵資料「陸送問屋案内広告」（資料番号135 ハ-29）

【Ⅶ】金石史料

〈1〉佐々木荘助君之碑（明治二八年四月廿一日建立）東京府南葛飾郡隅田村一五二一番地木母寺南一町墨堤側 →（現在）東京都墨田区堤通二-一七-一　隅田神社駐車場

〈2〉故内國通運會社長佐々木荘助墓（明治廿五年四月七日卒）東京都台東区谷中七丁目一　東京都谷中霊園乙四号高台側

〈3〉吉村家歴代墓・吉村家塋墓・石製角卒塔婆「九代目　甚兵衛」東京都台東区谷中七丁目一　東京都谷中霊園甲一一号ノ六

〈4〉荷馬の井戸・飛脚の釜（文政四年巳六月吉日）京都府京都市山科区四ノ宮泉水町一六　山科地蔵徳林庵境内

〈5〉浪速講発祥の地碑（平成二十六年十月吉日建立）大阪市中央区玉造二-三-八　玉造稲荷神社分社鳥居傍

【Ⅷ】筆者所蔵史料

〈1〉発起内國通運會社・講元同盟結社『E(通)E　眞誠講』諸國同盟

〈2〉発起内國通運會社・講元佐々木荘助『E(通)E　眞誠講』大坂長ほりばし南詰平野屋佐吉

〈3〉内國通運會社『公私諸荷物継立規則』（写し）

〈4〉『内國通運會社　福島縣下　社中申合定則・仝事業條例・仝人馬申合約定』（写し合本）

〈5〉『陸運元會社規則』（「天明陸運元會社取扱所」朱印有）

〈6〉『陸運会社規則』（写し）

〈7〉『明治二十六年十一月　内國通運株式會社定款』

〈8〉『明治二十七年十一月三十日現在　内國通運株式會社株主名簿』

〈9〉『明治廿八年十一月三十日現在　内國通運株式會社株主名簿』

〈10〉中野金次郎（一九二五年）『内國通運株式會社の沿革と業務の擴張』私家版（表紙裏「贈呈〔自筆〕内國通運株式會社大阪支店　支店長　宮田榮治郎」〔押印〕有）

【Ⅸ】関連二次文献・論文等（註一覧に記した著書・論文は除く）

〈1〉山寺清二郎編（一八九二年）『東京商業会議所会員列伝』収録「大倉喜八郎君の傳」「籾山半三郎君の傳」「森岡平右衛門君の傳」「中野武営君の傳」聚玉館

〈2〉浦上新吾編（一九〇二年）『立身叢談信用公録　第三編』収録「内国通運株式會社長吉村甚兵衛君」国鏡社

〈3〉岩崎勝三郎（一九〇四年）『大商店會社銀行著名工場　家憲店則雇入採用待遇法』収録「内國通運株

式會社」大學館
〈4〉横井時冬（一九一〇年）『日本商業史』金港堂
〈5〉桑村常之助（一九一一年）『財界の実力者』収録「内国通運　吉村佐平」金桜堂
〈6〉広岡治哉（一九五八年）「江戸定飛脚問屋株仲間の研究（上）日本陸運資本前史」『運輸と経済』第一八巻第四号
〈7〉広岡治哉（一九五八年）「江戸定飛脚問屋株仲間の研究（中）日本陸運資本前史」『運輸と経済』第一八巻第五号
〈8〉広岡治哉（一九五八年六月）「江戸定飛脚問屋株仲間の研究（下）日本陸運資本前史」『運輸と経済』第一八巻第六号
〈9〉松村安一（一九六一年五月）「近世わが国の道路交通」『歴史地理学紀要』第一三巻「流通の地理学」
〈10〉平野義太郎（一九六五年）『大井憲太郎』吉川弘文館
〈11〉千葉忠也（一九六五年）「「真誠講」は指定旅館の標示」郷土ひたち文化研究会『郷土ひたち』第13号
〈12〉児玉幸多（一九六六年）『宿駅』至文堂
〈13〉武知京三（一九七二年）「明治初期の陸運業について」大阪歴史学会『ヒストリア』第60号
〈14〉武知京三（一九七二年）「内国通運会社史の一断面」近畿大学青翰女子短期大学『青翰女子短大紀要』創刊号
〈15〉武知京三（一九七三年）「草創期の内国通運会社」大阪府立大学歴史研究会『歴史研究』第15号
〈16〉古澤一朗（一九七七年）『多賀谷氏の史的考察―戦国期常陸国下妻城主―』崙書房
〈17〉山下武夫（一九七七年）『日本郵便錦絵（別冊、解説）』岩崎美術社

〈18〉山本鉱太郎（一九八〇年）『川蒸気通運丸物語―明治・大正を生き抜いた利根の快速船―』崙書房
〈19〉土田良一（一九八二年六月）「江戸時代における街道交通量」『歴史地理学』第一一七号
〈20〉宮本常一編（一九八七年）『日本の宿　旅の民俗と歴史　1』八坂書房
〈21〉宮本常一編（一九八七年）『川の道　旅の民俗と歴史　9』八坂書房
〈22〉上野邦一（一九九〇年）『宿場と本陣』（日本の美術第285号）至文堂
〈23〉秋山高志・北見俊夫・前村松夫・若尾俊平（一九九一年）『図録　農民生活史事典』柏書房
〈24〉原田伴彦・芳賀登・森谷尅久・熊倉功夫（一九九一年）『図録　都市生活史事典』柏書房
〈25〉渡辺信夫（一九九三年）「近世の交通体系」朝尾直弘・網野善彦・石井進・鹿野政直・早川庄八・安丸良夫『岩波講座　日本通史　第11巻　近世』岩波書店
〈26〉佐藤誠朗（一九九四年）『幕末維新の民衆世界』岩波新書
〈27〉加藤雅彦（一九九七年）『海山越えて―維新の善能史・杉浦譲―』山梨日日新聞社
〈28〉藤井三樹夫（一九九七年六月）「河川舟運の衰退と鉄道網形成との関係に関する一考察」土木史研究委員会『土木史研究』第17巻
〈29〉吉田俊純（二〇〇一年）『常陸と水戸街道　街道の日本史　14』吉川弘文館
〈30〉江東区教育委員会生涯学習部生涯学習課（二〇〇三年）『江東区中川船番所資料館　常設展示図録』江東区中川船番所資料館
〈31〉西川武臣（二〇〇四年）『横浜開港と交通の近代化―蒸気船・鉄道・馬車をめぐって―』日本経済評論社
〈32〉繪鳩昌之（二〇一七年）『郵便史外伝』文芸社

〈33〉武田尚子（二〇一七年）『荷車と立ちん坊　近代都市東京の物産と労働』吉川弘文館
〈34〉中村尚史・大島久幸（二〇一七年）「交通革命と明治の商業」深尾京司・中村尚史・中林真幸編『日本経済の歴史　第三巻　近代1』岩波書店
〈35〉池亨・櫻井良樹・陣内秀信・西木浩一・吉田伸之編（二〇一八年）『みる・よむ・あるく東京の歴史5　地帯編2　中央区・台東区・墨田区・江東区』吉川弘文館
〈36〉鈴木浩三（二〇一九年）『地図で読みとく　江戸・東京の「地形と経済」のしくみ』日本実業出版社

【X】事典・辞典・集成等（註一覧に記した事典・辞典・集成などは除く）

〈1〉交詢社編・刊（一八八九年）『日本紳士録　第一版』
〈2〉木村礎（一九六九年）『旧高旧領取調帳　関東編』近藤出版社
〈3〉高橋善七（一九八六年）『日本小百科　通信』近藤出版社
〈4〉池田末則・丹羽基二監修（一九九二年）『歴史と文化を探る　日本地名ルーツ辞典』創拓社
〈5〉平凡社地方資料センター（一九九五年）『茨城県の地名』平凡社
〈6〉加藤友康ほか編（二〇〇一年）『日本史総合年表』吉川弘文館
〈7〉竹内誠（二〇〇九年）『東京の消えた地名辞典』東京堂出版
〈8〉旅の文化研究所編（二〇一一年）『旅と観光の年表』河出書房新社
〈9〉宮地正人・佐藤能丸・櫻井良樹編（二〇一一～一三年）『明治時代史大辞典』（全四巻）吉川弘文館

佐々木荘助君之碑撰文・訓読

「荘助碑」撰文は帝国大学前教授の重野安繹によって書かれたものだが、おそらくその元資料は生前の荘助を知る内国通運関係者や荘助の縁者が提供したものと推測される。その意味で、「荘助碑」撰文は信頼度の極めて高い最初の伝記ともいえよう。本論中にもその一部を掲載したが、改めて撰文の全文を収録し、その訓読を付しておく。

〔撰文〕

佐佐木莊助君之碑

従三位勳三等前島密篆額

君諱末金通稱莊助佐佐木氏系出自左兵衛尉盛綱常陸國眞壁郡下妻人年二十二來江戸事吉村甚兵衛吉村氏業郵信所謂定飛脚問屋者初徳川氏開府江戸令府民管通信脚夫至安政年間有五家吉村氏其一號和泉屋凡畿内七道通邑大都各有兒店彼此連絡同業相結遞送書束貨幣及大小物件行之二百有餘年以至明治革新朝廷設駅遞司将大興郵務諭旨問屋諸問屋牽戀舊業不能棄去君獨知郵信之不可不歸於官乃勸吉村氏擧從來所経験事例方法呈官以備参考明治四年三月官初設三都間郵便於東海道是年廢道傳馬所置陸運會社於各驛君將變更舊業而創物貨運送會社適驛遞寮亦諭此意乃與吉村氏謀説諭同業諸人五年五月連署請創立陸運元會社得允驛遞寮爲之保管於是合併三都乃各地鋪店與諸道同業者新結盟約兼郵便御用以開物貨運送之便至明年會社體面全成矣八年二月官罷諸道陸運會社委全國驛傳事於陸運元會社改名曰内國通運會社吉村氏爲頭取君爲之副乃派社員遴各驛幹事者申約束設人馬繼立所於是驛傳之業始成私社體裁而舊時傳馬所之情弊全除矣明治十二年君代吉村

氏爲頭取二十五年四月七日以病歿年五十有九年葬谷中墓域君父又右衛門有故冒長谷川氏至君復本姓母薄木氏君二娶前配中野氏生二女長適佐久間氏次適薄木氏繼室太田氏生二男二女長男正三嗣家次男周次尚幼二女在家君爲人温和思慮濬密容貌恂恂而氣節之堅如鐵石二十年前道路未完舟車未備世未知合資結社之利創設之難非可以今日測而君堅忍不屈遂能成之社員追悼欲建碑表其功初君受知於驛遞總官前島密君每事諮詢取決常曰吾所父事者吉村氏而所師事者前島君也乃乞前島氏書篆額而余係之銘銘曰

去私奉公　能成其私　棄舊謀新　其新孔宜
德之流行　速於置郵　業之永傳　貞珉千秋

正四位勳四等文學博士重野安繹撰

柳澤信大書

田　鶴年刻

〔撰文訓読〕

君諱《いみな》ハ末金、通称ハ荘助、佐々木氏、系ハ左兵衛尉《さひょうえのじょう》盛綱ヨリ出ズ、常陸国真壁郡下妻《ひたちのくにまかべごほりしもつま》ノ人、年二十二ニシテ江戸ニ来リ、吉村甚兵衛ニ事フ、吉村氏ノ業ハ郵信ニシテ、所謂《いわゆる》定飛脚問屋ナルモノナリ、初メ徳川氏ノ府ヲ江戸ニ開クヤ、府民ニ令シテ通信脚夫ヲ管セシム、安政年間ニ至テ五家アリ、吉村氏ハ其ノ一ニシテ、和泉屋ト号シ、凡《おおよ》ソ畿内七道ノ通邑大都、各児店アリ、彼此連絡シテ、同業相結ヒ、書束貨幣及ヒ大小物件ヲ逓送シ、之ヲ行フコト二百有余年、以テ明治ノ革新ニ至ル、朝廷駅逓司ヲ設ケ、大ヒニ郵務ヲ興サントシ、旨ヲ問屋ニ諭ス、諸問屋、旧業ニ牽恋《けんれん》シテ、棄去スル能ハズ、君獨《ひと》リ郵信ノ官ニ帰セサルヘカラサルヲ知リ、乃チ吉村氏ニ勧メ、従来経験スルトコロノ事例方法ヲ挙ケテ官ニ呈シ、以テ参考ニ備フ、明治四年三月初メテ三都間ノ郵便ヲ東海道ニ設ク、この年、諸道ノ伝馬所ヲ廃シテ陸運会社ヲ各駅ニ置ク、君將《ま》サニ旧業ヲ変更シテ、物貨運送會社ヲ創《はじ》メントスルヤ、タマタマ駅逓寮モマタコノ意ヲ諭ス、乃チ吉村氏ト謀リ、同業諸人ヲ説諭ス、五年五月、連署シテ陸運元會社ノ創立ヲ請ヒ、允《ゆる》シヲ得、驛逓寮之ガ保管タリ、ココニ於テ三都乃ヒ各地ノ舗店ヲ合併シ、諸道ノ同業者ト新タニ盟約ヲ結ヒ、郵便御用ヲ兼ネ、以テ物貨運送ノ便ヲ開ク、明年ニ至テ會社体面全ク成ル、八年二月、官諸道ノ陸運會社ヲ罷《や》メ、全国駅伝ノ事ヲ陸運元會社ニ委ネ、名ヲ改メテ内国通運會社トイフ、吉村氏頭取トナリ、君之ガ副タリ、乃チ社員ヲ派シ、各駅幹事者ヲ選ヒテ約束ヲ申ヘシメ、人馬繼立所ヲ設ク、是ニ於テ駅伝ノ業、始メテ私社ノ体裁ヲ成シ、旧時伝馬所ノ情弊全ク除カル、明治十二年、君、吉村氏ニ代ツテ頭取トナリ、二十五年四月七日、病ヲ以テ歿ス、年五十有九、谷中墓域ニ葬ル、君ノ父ハ叉右衛門、故有テ長谷川氏ヲ冒《おか》ス、君ニ至ツテ本姓ニ復ス、母ハ薄木氏、君二タビ娶《めと》ル、前配ハ中野氏、二女ヲ生ム、長ハ佐久間氏ニ適《とつ》キ、次ハ薄木氏ニ適ク、繼室ハ太田氏ニシテ、二男二女ヲ生ム、長男正三家ヲ嗣キ、次男周次尚幼ニシテ、二女家ニ在リ、君人ト為リ温和ニシテ思慮深密、容貌恂 恂《じゅんじゅん》、而シテ氣節ノ堅キコト鐵石ノ如シ、二十年前、道路未タ完《まったい》カラズシテ、舟車未タ備ハラス、世未タ合資結社ノ之ヲ知ラス、創設ノ難、今日ヲ以テ測ルヘキニ非ラス、而モ君堅忍不屈、遂ニ能《よ》ク之ヲ成ス、社員追悼シ、碑ヲ建テテ、其ノ功ヲ表セント欲ス、初メ君、知ヲ驛逓總官前島密君ニ受ク、毎事、諮詢《しじゅん》シテ決ヲ取ル、常ニ曰ク、吾カ父事スル所ハ吉村氏ニシテ、師事スル所ノ者ハ前島君ナリ、乃チ前島氏ニ篆額《てんがく》ヲ書センコトヲ乞フ、而シテ余之カ銘ニ係ハル、曰ク、
私ヲ去ツテ公ニ奉シ　能ク其ノ私ヲ成ス　旧ヲ棄テ新ヲ謀リ　其ノ新ヤ孔《あな》タ宜シ
徳コレ流行シテ　置郵ヲ速カニシ　業コレ永ク伝フ　貞珉千秋

佐々木荘助略年譜

＊『通運読本・通運資料　佐々木荘助篇』付録「佐々木荘助年譜」、『社史　日本通運株式会社』収録「前編年表」、『日本郵便創業史』収録「付・駅逓年表」、『郵便創業談』附録「帝國郵便前島密對照年譜」、玉井幹司「千葉県の内陸輸送ネットワークの展開」を参照して作成。

＊ 原則として「佐々木荘助事績／事業関連事項」は本論の記述にしたがっているが、一部本論に記載のない出来事も掲載している。

年	年齢	佐々木荘助事績／事業関連事項	政治・社会・経済等
天保5年(1834)	0歳	11月1日　佐々木荘助、常陸国真壁郡下妻（現・茨城県下妻市）の豪商・長谷川又右衛門（長谷川家に入る前は「佐々木又太夫」と称す）の第六子として誕生。諱は末金。	1月　幕府、江戸廻米を関東諸国に命ず。 6月　大坂市中で打ちこわし発生。
天保7年(1836)	2歳	9月18日　父長谷川又右衛門死去。 第九代和泉屋（吉村）甚兵衛誕生。	諸国飢饉、奥羽地方死者10万人。
弘化3年～安政3年(1846-56)	12-22歳	下総国結城郡の商家（不詳）に丁稚奉公。 江戸に出奔し、仙台藩儒者・蘭学者の大槻盤渓に学ぶ〔12～13歳〕。 儒学者を志すも、親族の勧めで商道に進む（？）。 この時期に「佐々木」姓に復す（？）。 江戸日本橋佐内町の定飛脚問屋・和泉屋甚兵衛に入店〔22歳〕。採用から支配人拝命までの人事記録見当たらず。	嘉永6年6月　ペリー艦隊が浦賀沖に来航／10月　大槻盤渓、親露説を幕府に建議。 安政元年3月　日米和親条約締結。 安政3年7月　アメリカ総領事ハリス、下田に上陸。
慶応3年(1867)	33歳	10月　幕府から廻漕方を命じられた江戸定飛脚仲間と菱垣・樽廻船問屋が提携し、委託された蒸気船を利用して、品川沖－大坂表間に「三日目着」	2月　伊勢鈴鹿郡亀山藩で助郷一揆発生。 10月　15代将軍徳川

		の飛脚航路を開設。 10月　各種助郷課役を当分廃止。人馬および木銭米代の止宿を廃止。 12月　駅逓規則の公布。	慶喜が大政奉還を上表。 12月　王政復古の大号令。
慶応4／明治元年(1868)	34歳	1月　内国事務総督が諸国水陸運輸駅路の事務を管轄。 4月　京都に宿駅役所を設置し、諸道駅逓を管轄。 閏4月　三職八局の制度を廃止、会計官中に駅逓司を置き、宿駅役所を駅逓役所と改称。 5月　諸国街道筋の関所・番所を停止。 11月　和泉屋当主の第九代甚兵衛、商法会所元締役を拝命して苗字（吉村）と帯刀を許される。	1月　戊辰戦争勃発。 1月　商法司設置。 9月　「明治」と改元。
明治2年(1869)	35歳	1月　吉村甚兵衛、会計官より為替方頭取並を拝命。 2月　吉村甚兵衛、東京商社や廻漕会所に出仕し、出納方役等を拝命。 4月　駅逓司が宿駅継立を相対賃銭でおこなうことを三都の飛脚問屋に命じ、江戸期以来の営業特権を剥奪。 5月　京都駅逓司の廃止。 7月　民部官を民部省に改め、駅逓司を管轄。 12月　廻漕会所が回漕会社に改組。吉村甚兵衛をはじめ定飛脚仲間は同会社頭を拝命。	2月　開港場に通商司設置。 12月　東京－横浜間に電信開通。
明治3年(1870)	36歳	4月　諸道駅伝助郷人馬の制を制定。 5月「宿駅人馬相対継立会社取立之趣意説諭振」を民部・大蔵両省会議で決定。	1月　回漕会社設立。 8月　大阪－神戸間に電信開通。 閏10月　工部省設

		5月　吉村甚兵衛、開拓使御用達物産取扱方を拝命。 7月　民部大蔵省が分離、民部省が駅逓司を管轄。 7月　和泉屋は駅逓司に千住宿－奥州盛岡、信州追分－越後、三国街道－越後国新潟までの飛脚便開通を請願し認可を受ける。 7月　荘助、和泉屋代理として、駅逓権正・前島密および駅逓大佑・山内頼富と面会。その後、飛脚業の実務を報告書にまとめて政府に提出。 9月　駅逓司、陸運会社設立と郵便創業の説明のために、担当官を東海道各駅に派遣。 12月2日　定飛脚五軒仲間は官営郵便に対抗し、定飛脚陸走会社を和泉屋店内に開業。 12月6日　吉村甚兵衛、回漕会社頭取を免じられる。	立。
明治4年(1871)	37歳	1月　東京・京都・大坂間に郵便法施行布告。 3月　政府は東海道で郵便制度を実施。陸送会社はこれと競争。 5月　陸運会社規則を定め、駅逓司官吏を各駅所に派遣し、会社設立の主旨を告諭。 6月　荘助、運賃改正のため東海道を巡回、信書輸送からの撤退と新運輸会社創設の意向を説く。 8月　前島密、駅逓頭となる。 9月頃　前島、駅逓寮に定飛脚五軒仲	4月　戸籍法制定。 5月　新貨条例制定。 7月　廃藩置県の詔勅。 10月　岩倉使節団を欧米に派遣。

		間を召喚して説諭。 10月　京都府および名古屋・静岡・膳所・桑名・豊橋・亀山・小田原・岡崎・水口・刈谷・淀・品川・神奈川・韮山・度会・大津・堺の17県管下に陸運会社を設立。 12月　政府、東海道に陸運会社の設立を正式に許可する旨、関係府県に布達。	
明治5年(1872)	38歳	1月　東海道各駅伝馬所を廃止、各駅付属助郷も廃止。公用旅行は相対賃銭を以て全て陸運会社に委託。 3月　荘助が単独で駅逓寮に陸運元会社の設立願書を提出。 4月　定飛脚仲間が陸運元会社の設立を追願、ほどなく認許。 6月　古河市兵衛などの陸運元会社設立請願につき、各駅に派出してその連合を勧奨することを認許。荘助は元会社副頭取を拝命。 7月　官営郵便制度の全国実施。 7月　全国に陸運会社設立の準備が整い、8月末での伝馬所・助郷廃止を布告。 7月　駅逓寮、東海道各駅へ陸運会社との連合交渉のために陸運元会社名代として出張する荘助への協力につき寮議の結果、沿道各府県に協力要請を通達。 8月　荘助ほか元会社幹部、東海道を巡回し、各駅の陸運会社に元会社への協力を依頼するも難航。	9月　新橋－横浜間に鉄道開業。 11月　太陽暦の採用を布告。

		8月　元会社、和船による河川舟運事業を企図。 11月　元会社の定めた全国普通貨物および金銀逓送賃銭通則が認可。	
明治6年(1873)	39歳	1月　全国の陸運会社が他駅発の人馬から勿銭を取ることを禁止。 4月　郵便料金の全国均一制実施。 4月～　元会社、郵便物御用として金銀封入書状の送達、駅逓寮から各郵便取扱所への郵便脚夫賃銭・手当金・切手の輸送、各郵便取扱所から駅逓寮への切手販売代金の輸送を請け負う。 6月27日　太政官布告第230号により、元会社は政府保護を受け、9月より国内の道路輸送・内陸水運をほぼ独占する権限を獲得。 6月　利根川・荒川・鬼怒川に水路物貨運送の船便を開始。 8月　元会社入社規則を制定。 9月　新橋－横浜間で鉄道貨物輸送開始（当初は三井組が独占）。 12月　太政官が大蔵省の意見にもとづき、陸運会社解散を正式に決定。	1月　徴兵令布告。 7月　地租改正条例布告。 10月　明治六年政変。 11月　内務省設置。
明治7年(1874)	40歳	1月　駅逓寮、新設の内務省に移管。前島密、内務大丞兼駅逓頭を拝命。 1月　諸国陸運元会社と北陸道陸運元会社が合併。 3月　政府の打診を受け、元会社は陸運会社に代わる全国的継立機構の整備に着手。 3月　荘助、利根川・荒川・鬼怒川の物貨運漕のために、元会社本社に水運	2月　佐賀の乱勃発。 5月　大坂－神戸間に鉄道開通。 9月　電信条例制定。

		課を、日本橋小網町に水運課出張所を開設。 4 月　元会社が諸物貨取扱規則を制定。 9 月　荘助ら役員 11 名が各宿駅を巡回し、旅宿業者に真誠講への加盟を勧誘。 11 月　元会社が神奈川（横浜）－小田原間に郵便馬車路線を開設。	
明治 8 年 (1875)	41 歳	1 月　郵便役所が郵便局と改称。 2 月　元会社は内国通運会社と改称。同社による全国的な継立網の整備がほぼ終了。 3 月　内国通運に鉄道貨物取扱を認可。 4 月 30 日　政府、5 月末を以て各地の陸運会社解散を各地方庁に通達。 5 月　各地陸運会社を解散、内国通運に荷物送達を認可。	3 月　東京－青森、津軽海峡－北海道の電信線路竣工。
明治 9 年 (1876)	42 歳	3 月　荘助、内国通運本社水運課に命じて、利根川水系の水深調査を開始。 4 月　水路運漕規則を制定。 4 月 21 日　荘助、内国通運から頌功状を贈呈され、月額 30 円の生涯賞与支給を保証される。 5 月　内務省、金銀封入書状・郵便物関連諸費の輸送を担当する内国通運の護送人に短銃の携帯を許可。 8 月　郵便馬車路線を京都まで延長。	3 月　廃刀令布告。 12 月　地租改正反対大一揆が三重・愛知・岐阜・堺 4 県下で勃発。
明治 10 年 (1877)	43 歳	1 月　内国通運、内務省と関係各府県に中川・江戸川・利根川の浅瀬浚渫願を提出。	2 月　西南戦役勃発。

		2 月　内国通運、外輪蒸気船・通運丸の試験航行を実施。 3 月　内国通運、通運丸の試験航行の結果を受けて、自社費用で水上障害物除去と江戸川・利根川の浅瀬浚渫に着工。 5 月 1 日　内国通運、東京深川扇橋－思川沿い生井村間の河川航路を開業。	
明治12年(1879)	45 歳	5 月　内国通運、東京－高崎間で馬車による貨客輸送開始。 5 月　太政官布告第 16 号発令、内国通運は国内輸送の独占権を喪失。	1 月　万国電信条約に加盟。
明治14年(1881)	47 歳	4 月　内国通運、東京－大阪間に郵便馬車の定期路線を開設、貨客輸送を開始。 8 月　吉村甚兵衛、体調崩して頭取を退任する。荘助、内国通運頭取を拝命（明治 12 年説と明治 15 年説あり）。	10 月　明治十四年政変の勃発によって前島密が下野。 11 月　日本鉄道会社設立。
明治15年(1882)	48 歳	8 月　前副頭取で現取締役の武田喜右衛門が死去。	3 月　立憲改進党結成。前島参画。
明治16年(1883)	49 歳	10 月　内国通運、神戸－姫路間の郵便関連物の人力車輸送を請け負う。 11 月 20 日　荘助、東京商工会創立発会に出席する。同会会員名簿「ナノ部」に「内国通運会社　佐々木荘助　本所区本所相生町三丁目二十四番地」と記載される。	1 月　郵便条例施行。 10 月　東京商工会設立認可。
明治17年(1884)	50 歳	12 月 25 日　荘助、東京商工会臨時会で、米・酒等 15 種の商品荷造方法の審査委員に指名される。	4 月　長浜－敦賀間に鉄道全通。 6 月　日本鉄道会社上野－高崎間開通。

明治18年(1885)	51歳	12月　時事新報社員から内国通運の沿革にかんする取材を受け、荘助が記憶するところを光林乾吉・若目田晋三郎・杉浦光義に語る。 (不詳)荘助、病気で体調を崩して療養。	9月　日本郵船会社設立。 12月　太政官制を廃止し、内閣制度を設置。逓信省創設。
明治19年(1886)	52歳	9月　日本鉄道会社百株以上株主人名簿に「二〇〇　佐々木荘助」と記載される。 11月26日　吉村甚兵衛死去。	2月　逓信省官制公布。
明治20年(1887)	53歳	5月　内国通運定時株主総会で資本金100万円への増資を決議。荘助、会後の宴席で「臨時総会の祝ひふみ」を披露。	2月　逓信省徽章を(〒)とする。 12月　海外電報取扱を開始。
明治21年(1888)	54歳	4月　内国通運、資本金を100万円に増資。頭取を社長、副頭取を副社長と改称。これにともない、荘助は内国通運会社社長に就任。 6月　前東京逓信管理局長・真中忠直を内国通運顧問に招聘。	1月　山陽鉄道設立。 4月　市制・町村制公布。 6月　九州鉄道設立。
明治22年(1889)	55歳	10月14日　内国通運は、東京平野汽船組合、第二房州汽船会社、三浦汽船会社と合併し、東京湾汽船株式会社を資本金50万円で設立。荘助、発起人に名を連ねる。 11月14日　東京湾汽船会社、東京商工会議場にて 第1回 株主臨時総会開催。荘助が取締役、真中忠直が相談役に就任。	2月　大日本帝国憲法発布。 3月　後藤象二郎、逓信相就任。 4月　市町村制施行。 7月　東海道本線全通。
明治23年(1890)	56歳	6月　内国通運、140万円に増資。 秋頃　経理内容をめぐり、株主の大井憲太郎による訴訟事件が発生。	4月　電話交換規則公布。 12月　東京－横浜間

			に電話開設。
明治 24年 (1891)	57歳	3月　内国通運の郵便物御用の契約満期。 4月　郵便御用契約の入札により、日本運輸会社が落札。以後、郵便物御用は内国通運の手を離れる（明治26年に復活）。	3月　後藤象次郎逓信大臣に就任。 3月　前島密、逓信次官を退任。
明治 25年 (1892)	満58 歳	3月　郵便物御用が入札を経ずに日本運輸会社に更新される。 4月6日　荘助、相生町自宅にてピストル自殺を図る。 4月7日　荘助死去。 4月10日　谷中共斎場で荘助の葬儀が催される。「行年五十有九」、戒名は「大徳院通運荘寿居士」。	7月　鉄道庁、内務省から逓信省に移管。 10月　小包郵便法施行。
明治 28年 (1895)		4月21日　隅田河畔木母寺側に追悼記念碑建立（昭和26年8月、隅田川神社に移転）。	4月　日清講和条約調印。

松田裕之（まつだ ひろゆき）
昭和33(1958)年、大阪市生まれ。
神戸学院大学経営学部教授。ヒストリーライター。博士［商学］関西大学。本務校で経営管理総論・労務管理論を講じながら、情報通信史や実業史に関する著書を執筆。
主な著書：
『ATT労務管理史論―「近代化」の事例研究―』『明治電信電話（テレコム）ものがたり―情報通信社会の《原風景》―』『モールス電信士のアメリカ史―IT時代を拓いた技術者たち―』『高島嘉右衛門―横浜政商の実業史―』『草莽の湊神戸に名を刻んだ加納宗七伝』『港都神戸を造った男―《怪商》関戸由義の生涯―』

佐々木荘助　近代物流の先達
――飛脚から陸運の政商へ

松田裕之　著

二〇二〇年六月二四日　第一刷発行

発行者――坂本喜杏
発行所――㈱冨山房インターナショナル
東京都千代田区神田神保町一-三　〒一〇一-〇〇五一
電話〇三（三二九一）二五七八
印　刷――㈱冨山房インターナショナル
製　本――加藤製本株式会社

ISBN 978-4-86600-077-0　C0063

冨山房インターナショナルの本